I0839252

Diversidades

Ensayos sobre ciencia, naturaleza,
cultura y arte

Diversidades

Ensayos sobre ciencia, naturaleza, cultura y arte

Patricio Mena Vásconez

Esta es una recopilación de ensayos divulgativos, la mayoría aparecidos en diversos medios a lo largo de varios años (se puede ver una cronología en el anexo de las últimas páginas).

Citas sugeridas:

De todo el libro:

Mena Vásconez, P. 2021. Diversidades. Ensayos sobre ciencia, naturaleza, cultura y arte. Quito: EntreTextos.

De cada artículo:

Mena Vásconez, P. 2021. Nombre del artículo. En: Diversidades. Ensayos sobre ciencia, naturaleza, cultura y arte. Quito: EntreTextos.

Del prólogo:

Salvador Crespo, Í. 2021. Prólogo. En: Mena P. Diversidades. Ensayos sobre ciencia, conservación, biodiversidad, viajes, lenguajes y música. Quito: EntreTextos.

ISBN 9798723156074

El árbol de las diversidades (Karla Jiménez, 2021)

Dedicado a Rossana y Mateo

Parte de la naturaleza humana es que no aprendemos la importancia de nada hasta que se nos arrebata algo de nuestras manos.

Malala Yousafzai (2014)

Nos hemos convertido, por el poder de un glorioso accidente evolutivo llamado inteligencia, en los administradores de la continuidad de la vida en la tierra. No solicitamos este papel, pero no podemos renunciar a él. Puede que no estemos preparados para ello, pero aquí estamos.

Stephen Jay Gould,
La Sonrisa del Flamenco *(1985)*

Contenido

Prólogo

Íñigo Salvador Crespo

CUANDO en 1996 volvimos al país después de una larga ausencia europea, mi esposa, Jimena, probablemente velando por nuestra reintegración al medio después de tantos años fuera, me introdujo (y no estoy traduciendo el verbo del inglés) a su jorga de antiguos compañeros en la Escuela de Biología de la Pontificia Universidad Católica de Quito. La verdad es que al principio temí que esa fuera una mezcla muy poco auspiciosa: yo, abogado, diplomático recién desertado, formalito (hasta tímido, se me ha dicho), con pujos de intelectual; ellos, una decena de científicos, personas notables en sus campos, irreverentes y extrovertidas. En el fondo confié en la intuición de Jimena; al fin y al cabo, ella nos conocía a todos. Y no se equivocó: estos tipos me recibieron como a uno más de ellos y al poco tiempo terminamos siendo grandes amigos. Nuestras parejas (todos estamos casados) alientan esta relación, quizás porque ven en ella una amistad sana y transparente, en la que participan entusiastas (tres de ellas también son biólogas y miembros originales del grupo por derecho propio).

Pretextos para reunirnos nunca han faltado, pero el más frecuente es la llegada de alguno de sus miembros del exterior. Y, entonces, estos bribones se ponen insoportables al hablar de sus respectivas áreas de especialidad en la biología, en las que todos son autoridad reconocida dentro y fuera. Afortunadamente les resulta inevitable derrapar hacia juegos de palabras elaboradísimos, chistes rebuscados solo para iniciados y anécdotas que únicamente podrían ser atribuibles a una imaginación desbordante de no haber sido presenciadas por testigos más confiables. Y entonces nuestras reuniones terminan siendo una experiencia desopilante, donde la alegría es el denominador común. Y el cariño y el respeto, por supuesto; pero sobre todo la alegría.

Debo confesar que desde el principio creí detectar en la relación entre ellos una especie de escalafón no escrito, de carácter tal vez espontáneo e instintivo (como lo que más tarde conocería que en el ámbito de la etología se denomina un "*pecking order*"); un comportamiento que podría graficarse mediante una pirámide aplanada en cuya somera cúspide hay un personaje al que todos los demás prodigan un trato particularmente deferente y al que voltean a ver inconscientemente, como buscando anuencia (pese a la similitud de edades). Él, siempre con una sonrisa, con su mirada infantil, en tono suave reía, comentaba, aclaraba, complementaba, sentenciaba. Humildemente, pausadamente, alegremente. Quizás sin reparar en el rol que cumplía.

Para entonces ninguno de ellos era la lumbrera que hoy todos han llegado a ser. Y el motivo de respeto creí encontrarlo en que la relación de nuestro personaje con sus amigos data de cuando él terminaba su carrera de pregrado, mientras el resto la estaba iniciando. Tal vez porque fue uno de los pocos que ya se ayudaba de un computador personal, esos de discos *floppy* de tamaño inversamente proporcional al de su minúscula capacidad de memoria. O porque subvertía el orden establecido por el *Manual de metodología* del padre Nieto Pinteño S.J., incitando a los alumnos de cursos inferiores a que desecharan las vetustas máquinas de escribir y redactaran sus tesis de licenciatura en unos mágicos "procesadores de texto" (programas con nombres tan evocadores de lo prodigioso como "WordStar"). Más tarde reparé en que sus amigos veían en él, sobre todo, a un pensador profundo, lo cual en un universitario de veinticinco años no es rasgo común. Eso le hacía más serio y le daba cierta autoridad. Ahora lo estamos constatando en este libro.

Hoy, los otros son curadores botánicos internacionales, profesores universitarios nacionales e internacionales, directores de ONG ambientalistas locales y extranjeras, descubridores de nuevas especies de plantas, concejales capitalinos, suscitadores de nuevas vocaciones para la ciencia... "*Eppur...*" (y, sin embargo), ese *pecking order* inexplicable (o no tanto) subsiste y, en el tope de ese escalafón, permanece el mismo referente.

Refirámonos, entonces, como debe ser, al referente, o sea a Patricio Mena Vásconez, autor de este libro, y veamos por qué los otros así lo miramos.

Para entenderlo, hablemos de esta obra, que lleva el sugestivo título de Diversidades: una variada recopilación de ensayos, la mayor parte ya publicados, que podría ser catalogada como de divulgación científica; categoría que tiene desde los años sesenta del pasado siglo un auge comparable solamente al de los libros de auto ayuda y realización personal. (Curiosa y paradójica esta tendencia paralela de dos temáticas al parecer opuestas: por un lado, la humanidad —y no solamente los sabios— busca comprender el universo asombroso en que vivimos; pero, por otro, hombres y mujeres pareceríamos encontrarnos cada vez menos a gusto en nuestra propia realidad y necesitamos libros para conocernos a nosotros mismos).

Mi biblioteca tiene muchos libros de la primera categoría. Fue mi abuelo quien me regaló en mi noveno cumpleaños mi primer libro de divulgación científica: *Las aves*, de un tal Roger Tory Peterson. Fue el primer tomo de una colección maravillosa que después mi papá completaría: en cada ocasión especial iríamos juntos a la vieja Librería Selecciones, en la casa de Sucre, y me compraría otro de esos libros, sobre primates, peces, el mar, la tierra, conducta animal, el hombre primitivo... Cuando ya pude comprar mis propios libros, Carl Sagan me deslumbró con *Cosmos*. Y qué decir de David Attenborough y su maravillosa colección iniciada con *La vida en la tierra* y las demás obras que son versiones impresas de sendos documentales de la BBC. El mundo de Konrad Lorenz se abrió ante mis ojos en *El anillo del rey Salomón*, gracias también a Jimena. Después llegarían Paul Davis y sus obras de astrofísica para legos. Para comenzar.

Lo maravilloso de las obras de divulgación es justamente eso: hacen la ciencia accesible al público general. Su mérito principal es su cometido pedagógico: hacer fácil lo difícil, traducir conceptos complicados a un idioma que el lector no especializado pueda comprender y permitirle continuar el camino de entender el universo. No pretenden que al terminarlas el lector sea un científico, pero le facultan tomar vuelo para pasar de lo vulgar a lo erudito, de lo pedestre a lo infinito. El lector se ha despegado del suelo y puede volar hacia horizontes más amplios y más complejos. (Bueno, en realidad, esto, que se puede predicar de la literatura científica, es atributo de toda buena literatura).

En todo caso, digresiones aparte, al leer *Diversidades* viajé en el tiempo a esos momentos de mi iniciación a la literatura científica, en que con los ojos asombrados me adentraba en los misterios de la naturaleza. Pero también aprendí cosas nuevas.

Y dentro de esa categoría general de divulgación científica, los ensayos recopilados en el libro pueden agruparse *grosso modo* así: biología, conservación, literatura, lingüística, geografía, música.

Esta sola clasificación plantea algo que parecería un dilema: la tendencia general a la especialización, particularmente en el ámbito de las ciencias exactas y naturales, versus la universalidad creciente del conocimiento en todos los campos.

En cuanto al primer elemento del dilema, el de la especialización, utilizaré el manido símil del mar y el conocimiento. Un generalista, se dice, es una persona que tiene un conocimiento tan amplio como el mar, pero a apenas un centímetro de profundidad; un especialista, en cambio, es alguien que posee un conocimiento tan profundo que llega al fondo marino, pero solo por debajo de un centímetro cuadrado de la superficie.

Otra ingeniosa definición de especialista es la de aquel que conoce mucho acerca de algo y va conociendo cada vez más acerca de cada vez menos, hasta que termina conociéndolo casi absolutamente todo acerca de casi absolutamente nada.

Las ciencias naturales, ámbito de conocimiento en que principalmente ha transitado Patricio Mena Vásconez, ilustran bien este fenómeno de la especialización. En algunos de sus ensayos del libro, el autor nos habla de los esquemas cladísticos. Pues sería interesante utilizar esta metodología para determinar las ramificaciones del conocimiento de las ciencias naturales, que corresponden a otras tantas disciplinas de especialización, a fin de trazar el camino de sus respectivos cultores, que se van aislando más y más en sus personalísimas parcelas, a la medida que las ramificaciones de las ramificaciones se van alejando cada vez más del tronco original, renegando, de alguna manera, de la misma savia que corre por sus vasos.

Pienso simplemente, por ejemplo, en cómo los botánicos que han optado por la taxonomía (que es apenas una de las posibles aproximaciones al estudio de las plantas) han llegado a especializarse en determinadas familias de plantas, cuando no en géneros concretos dentro de cualquiera de esas familias, hasta un punto en que unos y otros parecen ocupar compartimentos estancos, terminando por olvidar que, antes de una fortuita ramificación evolutiva, esta planta y aquella fueron una misma especie.

En cuanto al segundo elemento del dilema, el de la universalidad del conocimiento, tengo para mí que Patricio es uno de los pocos casos que conozco de alguien que, habiéndose especializado en el páramo como ecosistema (lo cual es ya bastante más amplio que un solo género, como *Arcytophyllum*, en el que fue alguna vez especialista mundial), ha logrado mantener abierto el horizonte de sus inquietudes para no terminar hundiéndose en su centímetro cuadrado de mar. Lo demuestra perfectamente en *Diversidades*, pues Patricio consigue escribir con el mismo rigor sobre el monje Mendel y el velocirráptor, los visigodos y *Led Zeppelin*, o el gallo de la peña y Jerusalem (nuestro bosque de Jerusalem) con la versatilidad de un intelectual renacentista y el alcance del conocimiento que permiten las herramientas informáticas a un hijo de la generación del primer hombre en la luna.

Otra característica interesante de este libro, ya pasando a su contenido (y procurando no arruinar su lectura al revelar por adelantado sus historias, como suele ocurrir con buena cantidad de malhadados prólogos), es la de que, no obstante su intrínseca variedad, tiene unos como *leitmotivs* (ejes transversales, diría hoy algún tecnócrata), unas ideas que vuelven de modo un tanto obsesivo a lo largo de las trescientas cincuenta páginas de la obra, a la manera de los temas que cada loco que se precie tiene a lo largo de la vida.

He mencionado ya uno de ellos: la cladística, metodología que sirve para explicar la evolución, cualquier tipo de evolución, pero particularmente aplicada a la de las especies, surge una y otra vez, de forma evidente o velada, en más de un ensayo. Otros los enuncio ahora: los dinosaurios, rezago de una afición infantil, generalmente asociada primero a figuritas de plástico y después a libros o películas de ciencia ficción, pero finalmente sublimada como constancia de la supervivencia del más adaptable (no del más grande, no del más fuerte; del más adaptable); el reencuentro de las viejas figuras del rocanrol como manifestación de la misma reaparición de los grandes reptiles, condenados a la extinción; el idioma como ser vivo, sujeto a la evolución lamarckiana, con extinciones y transformaciones similares a las de las especies biológicas.

Otro rasgo permanente a lo largo de esta obra es el subyacente sentido del humor. Una visión alegre y hasta cómica de las cosas, que aflora particularmente en *Sangay: el parque…* y *Espagueti Junction*.

Atención a los hilarantes episodios que involucran a un tapir desbocado y a una fila de espejos retrovisores; no digo más.

"Leed mucho, pero no muchas cosas", reza la cita clásica, atribuida a Plinio el Joven (no confundir con su tío Plinio el Viejo, de mayor celebridad entre biólogos por su Historia Natural). Más allá de la filiación científica del citado, conviene retomar la frase célebre evitando interpretarla y, faltando al más básico deber frente a la propiedad intelectual, cercenarla, despojándola de su segundo componente, de modo que nos quedemos solamente con la consigna de leer abundantemente.

En *Diversidades* se evidencia un autor de muchas y variadas lecturas. Un autor que ha logrado conciliar la dilemática contradicción de la oceanografía del conocimiento: ¿superficie o profundidad?; y que nos ofrece ahora una obra que sin duda será un referente en la literatura de divulgación científica ecuatoriana por su estilo ameno, directo, claro y pedagógico, por lo interesante de los temas abordados y por lo variado y honesto de sus enfoques.

Ahora, cercenemos aún más la frase de Plinio: "*Leed*".

Introducción

PONERLE título a una obra como esta ha resultado más complicado que buscar nombre para un hijo…. Y digo hijo porque solo tengo uno, que podría haber sido hija. De hecho, Rossana y yo estábamos convencidos, por alguna razón no del todo científica, de que iba a ser mujercita. Juliana. Esa la teníamos clara. Desde siempre nos encantó ese nombre, alegre y elegante, moderno y sin embargo clásico, musical, no del todo común. Pero nació varoncito… y Julián no nos cuadraba. A la final nos decidimos por Mateo, que igual siempre nos había gustado.

Pero para este libro…

De alguna manera también resultó más complejo que escribir los textos que lo componen y compilarlos en un texto más o menos consistente. Incluso, un tanto desesperado, llegué a consultar fuentes para seguir ciertos pasos. Había muchas páginas web para obras de ficción y unas pocas para no ficción, y algunas hasta hacían el trabajo por ti si les dabas unas cuantas palabras clave. Pero salían cosas como "Los siete pasos básicos para promover la biodiversidad" o "Ambiente para dummies".

En cualquier caso, parecía obvio que debía ser un título con ciertas características: corto, claro, distintivo, descriptivo… En realidad eso no ayudó mucho, al menos al inicio, entre otras cosas porque no es un libro sobre "algo" que debería estar en el título. O por lo menos no es algo preciso… trata sobre varias cosas que me atraen y sobre las que he escrito a lo largo de varias décadas. Tiene un poco de ciencia (dura y suave, pura y aplicada), un poco de viajes (hechos y frustrados), un poco de música (aún oída y siempre extrañada) y un poco de temas relacionados con las letras y los idiomas. ¿Qué tiene todo esto en común, más allá de mis intereses?

Me puse a pensar en libros que me han marcado para ver si por ahí salía algo. Recordé de inmediato de uno de mi autor favorito de este tipo de compilaciones relacionadas con la historia natural, Stephen Jay Gould. Él escribió una obra espléndida sobre los esquistos de Burgess, un sitio repleto de fósiles extraordinarios en el Canadá: seres que parecen extraterrestres poblaron los mares de hace millones de años y no sobrevivieron, excepto justo los que dieron lugar a nuestro propio linaje. Esa suerte cósmica (que a la final no significa nada pero que de todas maneras nos maravilla profundamente y genera a la vez alivio y compromiso) de que siempre nuestros antecesores sobrevivieron no solo a esa extinción masiva sino a todas las demás, ha sido un elemento que me ha guiado siempre en muchos de mis textos. El título de ese libro es simplemente *La Vida Maravillosa*. ¿Podría encontrar algo parecido para estas páginas?

Otro libro fundamental para mí es *Armas, Gérmenes y Acero* de Jarred Diamond. Es una historia socioambiental del género humano sobrecogedora y alarmante, pero a la vez optimista, que no voy a intentar resumir aquí de ninguna manera, pero que, entre otras cosas, me llevó a pensar que un título de este tipo podría servir. Tres o cuatro palabras colocadas de manera atractiva y que dieran una idea general del contenido. Sí, tal vez: "Plantas, Perros, Paisajes y Planetas"... Pero no.

Un último ejemplo es el de una escritora de ficción y de ensayos periodísticos sencillamente fantástica, Rosa Montero. No he leído toda su obra, y no creo que lo haga, pero la decena de libros que he leído de ella han sido la base de algunos de los momentos más intensos y memorables de mi vida de lector empedernido. Todos sus títulos son increíbles. Comencé leyendo *La Hija del Caníbal*, poco después estuvo *Historia del Rey Transparente* y hace poco terminé la alucinante trilogía de *Bruna Husky*. El que Rosa Montero haya escrito novelas de ciencia ficción es una alegría poderosa en mi existencia. Los títulos de esta trilogía son: *Lágrimas en la Lluvia*, *El Peso del Corazón* y *Los Tiempos del Odio*. ¿Cómo encontrar títulos así para una obra de artículos variados de no ficción? Misión imposible...

Tal vez era buena idea entrar por el lado de mis objetivos al escribir estos artículos, y más tarde de compilarlos en un solo tomo. ¿O con eso me metería en otro laberinto? ¿Realmente tengo un objetivo claro al hacerlo? Uno hace ciertas cosas sin entrar, al menos conscientemente, en esas reflexiones. Yo escribo porque me gusta, comencemos por ahí. Por supuesto, hablo de escribir sobre ciertos temas que me atraen más y sobre los que me siento mínimamente capacitado. Pero incluso cuando he *tenido* que escribir, por obligaciones estudiantiles, académicas o contractuales, no me ha resultado demasiado cuesta arriba. Pero no solo es el gusto como tal. Si así fuera, tal vez jamás hubiera pensado en publicar. El que hace años El Comercio de Quito tuviera una apertura grande para permitir que personas como yo escribiéramos largos ensayos me hizo ver que, en efecto, me encantaba no solo plasmar palabras sobre el papel (o la pantalla) sino que estos textos, más allá de su valor real, estuvieran desplegados ante el público. Y no a un público especializado como en el caso de tesis y *papers* académicos. En otras palabras, caí en la cuenta de que me fascinaba *divulgar* cosas que me gustaban, ya sea a través de ideas ajenas o de experiencias propias (o una combinación de ambas), y que podrían entretener y ojalá educar de alguna forma a un público más o menos amplio. Siempre me gustó dar clases y tal vez en estos textos divulgativos había encontrado el protocolo perfecto para juntar estas dos aficiones, que tal vez tengan alguna connotación deontológica que no me atrevo a analizar.

Otra vez, si de lo que se trataba era de encontrar el título perfecto para estas páginas, no me sirvieron de mucho estas disquisiciones sobre aficiones y públicos meta. Para no ahondar demasiado en el tema, decidí dejar que, cualquiera terminara siendo el título, este se constituyera sin tanto lío en el portal de lo que contienen las páginas. Permítanme en este sentido un último análisis, este más personal. Me parece que la palabra realmente unificadora en estos textos es diversidad. Diversidad, como me lo hizo entender de una vez por todas mi querido prologuista, es el *leitmotiv* del libro.

Esto seguramente tiene que ver con la educación que me dieron mi papá Patricio y mi mamá Susana; con mi amistad eterna desde hace tanto tiempo con un grupo heterogéneo de compañeros y compañeras del Colegio Alemán; con la suerte en mi propio cosmos de haber estudiado directamente la enorme pero no eterna biodiversidad de la naturaleza del Ecuador y sus problemas crecientes; de haber compartido en varios centros de estudio o por pura diversión con gente de todos los rincones del planeta, en sucesos que me han llevado a rincones de ensueño a la vuelta de la equina y en el fin del mundo; de haber tenido gurús que rompieron mi represa melómana; de contar con una veintena de amigos y amigas entrañables (tal vez muy pocos, pero con una calidad humana que llena estadios); de estar compartiendo al menos la mitad de mi vida con una persona tan maravillosa y en sí misma diversa como Rossana; de haber producido con ella un eslabón de la cadena universal que está desarrollando sus propias diversidades: Mateo, y de haber tenido una familia donde madre y padre, hermanos, cuñadas y cuñado, sobrinos y sobrinas, primas y primos, tíos y tías, suegro y suegra, muchos otros parientes biológicos y políticos, y, más que nada, abuelas y abuelos (Gemma, Susana, Alfonso y Jorge) de quienes y con quienes disfruté plenamente durante un tiempo que atesoro.

Así que de lo que trata este libro medio caótico es de un planeta, corriente y único a la vez, donde la diversidad, *las diversidades* más bien, no pueden desaparecer ni convertirse en una alternativa. Steven Pinker, en otro libro maravilloso, *La Tabla Rasa*, habla del perdurable dilema: los seres humanos, ¿somos natura o cultura? Haciendo un resumen caricaturesco, en los extremos están, por un lado, quienes dicen que todo nuestro comportamiento y nuestra cultura son productos de la bioquímica tras procesos de selección natural sobre el material genético, y que, *ergo*, son cuestiones universales que afectan por igual a todo hombre y mujer sin importar mucho el tiempo y el lugar. En el otro extremo dicen que la humanidad ha trascendido los límites de lo natural en su cultura, que todo lo que sucede en el mundo debe leerse como construcciones sociales que tienen su valor solo en un contexto, un lugar, un tiempo y un paradigma, y que varían.

Más allá de que parece obvio que "la verdad" debe estar en un punto medio, lo cierto es que debe haber elementos universales innatos que incluyen cosas tan obvias como sonreír cuando estás feliz o sonrojarte cuando ves a una persona por la que tienes un amor platónico, pero también cosas más profundas y complejas. La diversidad debe ser uno de esos universales. No podemos llegar al cinismo final de decir que la defensa de la riqueza natural, humana, cultural, sexual, política, cósmica es solo una especie de moda y que si estas desaparecen, pues así es la vida: simplemente serán remplazadas por un paradigma en el que lo monótono, lo homogéneo y lo gris uniforme sean lo normal y hasta lo preferido.

Tal vez no necesito decir que recolectar, releer, editar, actualizar, filtrar y ordenar estos textos ha resultado, además, un ejercicio de autoconocimiento y de reencuentro conmigo mismo y con mis otros yos de tierras y tiempos cada vez más lejanos: ver cómo he cambiado (para bien y para mal) no solo en cuanto al estilo y el enfoque, sino en cuanto a las maneras de ver, gozar y enfrentar la vida.

Una nota sobre la estructura del libro

Los artículos que componen esta edición tienen ese hilo conductor más o menos tácito que he tratado de encontrar en los párrafos anteriores, pero a la vez son heterogéneos en temática y cronología. Intento aquí agruparlos en temas grandes, y luego dentro de ellos hay una mezcla de criterios que espero haya generado una estructura más o menos coherente y amena. Una decisión un tanto complicada es la de, más allá de una revisión de textos general imprescindible, cambiar o no los textos más antiguos de modo que calcen o se expliquen mejor en los tiempos actuales. En ese campo también hay una mezcla de criterios. En ciertos casos decidí dejar el texto lo más intacto posible, en otros cambie algo que valía la pena actualizar directamente y en unos pocos coloque las generalmente molestas, a ratos indispensables, notas a pie de página. Por último, detrás de cada texto he añadido una coda (**en otro tipo de letra**) que de alguna forma complementa, actualiza y/o matiza el contenido original.

Agradecimientos

Acordarse de toda la gente que de una u otra manera ha tenido que ver con este libro y agradecer a cada una de esas personas específicamente parece inviable, más aún si se trata de algo que contiene textos escritos a lo largo de décadas, cruzando siglos y milenios. Me precio de tener buena memoria; desgraciadamente es mejor para nombres científicos y un montón de datos normalmente bastante inútiles. Muchas cosas importantes se me pasan.

Pero no puedo dejar de mencionar por lo menos a las personas en la lista al final de estos párrafos y a otras que aparecen de alguna manera en la introducción y en los artículos mismos. Podría haber mencionado en ella a mis artistas musicales preferidos, por ejemplo, pero eso habría hecho una lista demasiado larga y bastante pretenciosa, y a la par algo aún más lleno de omisiones.

La manera en que estas personas han contribuido ha sido muy directa o muy sutil, pero siempre fundamental. A algunos ni siquiera conozco personalmente, particularmente los autores de algunos de los libros que marcaron mi vida, pero debo decir que sí tuve el placer de conocer y escuchar en Nueva York al más apreciado de ellos, Stephen Jay Gould, y hasta de lograr no solo su autógrafo sino incluso un par de palabras amables al saber que yo venía del país de las Galápagos. A muchos los contacto todavía a menudo o no tanto, a otros nos los he visto literalmente desde el siglo XX, pero todos y todas están en el rincón más grato de mi corazón.

Sí quiero mencionar de manera particular a Íñigo Salvador Crespo, *Homo sapiens* singular a quien tengo el gusto de conocer desde hace mucho y con quien hemos reforzado nuestra amistad en años recientes junto a la tribu que menciona en su prólogo. El que Íñigo, una persona de excepcional talla moral, intelectual y humana, haya aceptado presentar esta obra (y, por cierto, encontrar mil faltas en ella) es causa de orgullo inagotable y gratitud eterna. Me acuerdo de que lo conocí a finales de los ochenta, cuando yo trabajaba en el Herbario QCA de la Católica. Había ido visitar a Jimena, que en ese entonces todavía no era su esposa, y le regaló un casete con música de Richard Stoltzman. Menciono este detalle que parecería innecesario o superfluo si no fuera porque, no mucho antes, yo había tenido el privilegio de asistir en Nueva York a un concierto de estreno de una obra con este ilustre clarinetista. Esas conexiones, aparentemente mínimas e intrascendentes, son las especias de la vida.

Tampoco puedo dejar de mencionar a Karla Jiménez, quien, entre sus múltiples habilidades, dibuja como las diosas. Karlita: me felicito por haberte convencido de que ilustraras el árbol de las diversidades para el frontispicio de la versión impresa. Y a mi cuñada Inés Manosalvas y a mi hermano Antonio por su inapreciable ayuda con la portada.

De ley me estoy olvidando de un montón de gente y pido disculpas por ello, y a la vez hago votos para que, de todas maneras, vean reflejado mi profundo y sincero reconocimiento en el simple hecho de que estas páginas están viendo la luz. Por otro lado, todos los errores, malentendidos o impertinencias, que siempre deben quedar, son de mi exclusiva responsabilidad.

Gracias a Ranferí Aguilar, Milagros Aguirre, Marco Arauz, Laura Arcos, Tina Ayers, Oswaldo Báez, Henrik Balslev, Rupert Barneby, Nancy Betancourt, Rutgerd Boelens, Brian Boom, Ximena Buitrón, Rodrigo Bustos, Ricardo Callejas, Luis Carrera, Patricio Carrillo, Margarita Castro, María Carmen Chicaiza, Steve Churchill, Juan M. Carrión, Fabián Cuesta, Gloria Dávila, Richard Dawkins, Douglas Daly, Luis de la Torre, Tjitte de Vries, Jarred Diamond, Andrés Dueñas, José Escola, Marc Figueras, Ana Farinango, Francisco Febres Cordero, Peter Feinsinger, Joseph Fernandes, Juan Fernando Freile, Alina Freire, Herr Frütze, Stephen Jay Gould, Mario García, Sara Gutiérrez, Robert Hofstede, Alberto Jácome, Carolina Jijón, María Sara Jijón, Peter M. Jørgensen, Carmen Josse, Igor Krochin, Sviatoslav Krochin, Fernando Larrea, Álvaro León, Man Fai Liu, Luis Daniel Llambí, Miguel Ángel Maldonado, Jacques Martinod, Jorge Mena D., Marcelo Moreano, Geoff Mungham, Eduardo Neira, Felipe Newlands, Juanita Ordóñez, David Paredes, José Luis Peralta, María José Peralta, Eduardo Pichilingue, Steven Pinker, Fernando Ortiz Crespo, Goy Paz, Juanita Perugachi, John Pruski, Marcelo Ramos, Matías Recharte, César Ricaurte, Armando Rivarola, Félix Rodríguez de la Fuente, Jimena Rodríguez, Katya Romoleroux, Malki Sáenz, Alfredo Salazar, Inés Sastre, Randy Scott, Santiago Silva, Adriana Soldi, Ana Cristina Sosa, Luis Sosa, Dmitri Strovski, Luis Suárez, Stella Theodorou, Bibi Thomas Gándara, Carmen Ulloa, Fausto Ulloa, Roberto Ulloa, Renato Valencia, Andrés Vallejo A., Andrés Vallejo E., Julio Vásconez, Miguel Vásquez, Jasper van der Woude, Jeroen Vos, Pascal Witmer, Vlastimil Zak, y los autores y autoras en el cajón de libros de ciencia ficción, la camada 77 del Colegio Alemán, la gallada de EcoCiencia, la tribu del Mickey Mouse Course en Cardiff, la promoción 84 de "biología pura" de la PUCE, el clan de la Sociedad del Árbol y la pandilla del Spain Practical en Valencia, en especial el club de La Albufera.

EVOLUCIONES

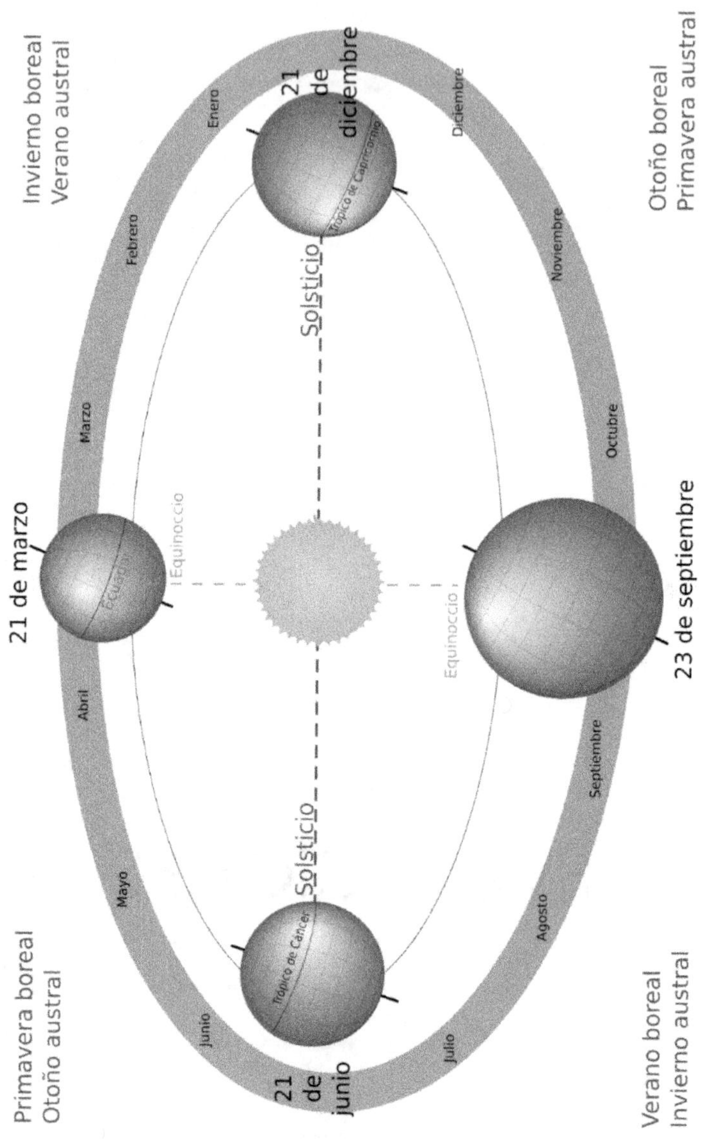

Adaptado de Four season blank.svg: Horst Frank, Gothika derivative work: El duende alegre - File:Four season blank.svg, licencia CC BY-SA 3.0.

Una buena inclinación

UNA golondrina no hace verano. De acuerdo; pero entonces, ¿qué sí hace verano? La respuesta no es "un montón de golondrinas". Las especies migratorias se mueven de latitud a latitud como una respuesta y no como una causa de las estaciones…

La respuesta está en una característica de nuestro planeta que nos enseñan ligeramente en la escuela y el colegio; algo que parece secundario ante la grandiosidad de otras peculiaridades de la Tierra en el concierto celeste, pero que es tan importante como las que se recuerdan fácilmente.

Los movimientos de la Tierra que todo el mundo recuerda son dos: el de **traslación** y el de **rotación**. El de traslación es el más vasto: es el movimiento de nuestro planeta alrededor del Sol en el transcurso de un año. Este hecho hace pensar que, al realizarse en doce meses, debe ser también el causante directo de las estaciones. En verdad, es parte de la razón, pero la principal es en realidad el otro hecho al que daremos atención en un momento.

El otro movimiento conocido es el de **rotación**, es decir, aquel que hace la Tierra sobre su propio eje y que es el causante de la existencia de la noche y el día. Debido a este giro una parte del planeta está expuesta al Sol (día) y otra está escondida (noche). Las diferentes horas se deben a la posición exacta de determinado punto entre la medianoche (justo al otro lado de donde da el Sol) y el mediodía (justo frente al astro).

Nuestro planeta ejecuta además otra danza que causa que haya las estaciones y que en unas partes del globo la duración de los días y las noches varíe durante el año, y causa también de que existan las zonas de la Tierra: polares, templadas y tropicales. Esta danza, tal vez menos espectacular que las precedentes pero muy unida a ellas, tiene relación con la inclinación que tiene nuestro planeta con respecto al plano de rotación de la Tierra alrededor del Sol. No se trata de un movimiento en sí, sino más bien del cambio en la posición que tiene la Tierra con respecto al Sol mientras gira con esa inclinación sobre su propio eje y, a la vez, alrededor de la estrella.

Así como un trompo al dar las vueltas no está totalmente erguido y perpendicular al suelo, la Tierra también gira inclinada sobre el eje norte-sur unos 23 grados. Este hecho, aparentemente trivial, permite que durante la mitad del año ciertas regiones, digamos las del hemisferio sur, reciban los rayos solares más fuerte y directamente, y otras, las del hemisferio norte, reciban los rayos muy oblicuos y con poca energía. Seis meses después, la posición relativa de estas dos regiones se invierte y es el sur el que recibe los rayos de baja intensidad y el norte el que los recibe directamente.

En otras palabras, por este fenómeno es que las regiones donde llega más directamente la energía solar están en verano y las del otro hemisferio están en invierno. La primavera y el otoño son solo los estadios intermedios cuando los rayos, en el un caso empiezan a llegar más perpendiculares y en el otro están haciéndose más inclinados.

Más que en los dos movimientos de la Tierra, que son intuitivamente comprensibles, es necesario en el caso del efecto de la inclinación del planeta hacerse una imagen del proceso, como la del inicio de este artículo; también pueden tomar una fruta redonda o una pelota y ponerla frente a una fuente de luz como una lámpara en un cuarto más o menos oscuro. Digamos que hemos conseguido una toronja.

Lo primero que salta a la vista al poner la toronja cerca de la lámpara es que, obviamente, una mitad está iluminada por su luz (día) y la otra no (noche). Esta observación casi ridícula se puede volver interesante si empezamos a pensar en el tema central de este artículo: la inclinación del planeta.

Lo más aconsejable es que dibujemos con un marcador una línea que represente la línea ecuatorial en la fruta de modo que su pupo sea el polo norte, que (por convención) se representa como la parte superior de nuestro planeta. Si hacemos girar la fruta alrededor del sol, la cantidad de luz que llega a uno y otro hemisferio es básicamente la misma, más directamente en el ecuador de la toronja, más inclinada en los polos.

Hay que recordar que mientras esto pasa, la Tierra sigue dando la vuelta sobre su propio eje, lo que produce la noche y el día. Si la fruta está perpendicular a los rayos, los días duran lo mismo en las diferentes partes del globo, más o menos 12 horas de luz y 12 de oscuridad en el ecuador, y con más y más horas de oscuridad conforme nos alejamos hacia los polos.

Pero ahora hagamos que la fruta se incline unos 23 grados en el plano de traslación alrededor del foco, lo que hace que una parte esté más directamente posicionada contra la fuente de luz, y la otra menos. La parte que está más hacia la fuente de luz recibe los rayos más fuertemente, y así amanece más temprano y anochece más tarde; al otro lado, en el otro hemisferio norte en nuestro caso, al estar inclinada la Tierra de modo que los rayos llegan así mismo ladeados, amanece tarde y anochece temprano.

Conforme uno se aleja de la línea equinoccial, debido a la curvatura propia de la superficie terrestre, la acción combinada de estos movimientos se va haciendo más drástica y en los polos la situación se hace extrema: el polo que encara al Sol casi no deja de recibir luz en ningún segundo del día durante la mitad del año, y por eso hay varios meses en que el Sol no desaparece (en latitudes como ciertos lugares de Suecia se produce el famoso "Sol de medianoche"). Por el contrario, en el hemisferio alejado del Sol, hay una noche interminable a lo largo de esos meses (el casi eterno e insufrible invierno polar).

Conforme seguimos haciendo que la toronja gire sobre sí misma y alrededor del Sol, pero manteniendo la inclinación, la situación se va alterando. Poco a poco se invierte y en un momento dado el hemisferio que estaba directo contra el Sol ahora está más en sesgo, y lo contrario para el otro hemisferio. Cada seis meses, en el caso real del planeta y el Sol, esto es lo que sucede y por eso se pasa paulatinamente de invierno a verano en un lado, y de verano a invierno en el otro.

En la zona media de la toronja, donde está la línea ecuatorial con nuestro país incluido, la situación no varía mucho. A lo largo de los 365 días la cantidad de energía solar que llega día a día es más o menos la misma, sin importar la inclinación de los 23 grados. Por eso suceden dos cosas básicas: no se presentan las estaciones como en las regiones templadas y polares, por un lado, y, por otro, la duración del día y la noche son más o menos iguales todos los días. Las "estaciones" en estas partes del globo se deben no a la inclinación sino a otras consideraciones como la altitud (que a ratos genera condiciones semejantes, pero no iguales, a las originadas por la latitud) y las corrientes marinas.

Ya hemos empezado a hablar de términos como "tropical", "templado" y "polar". ¿Qué significan realmente?

A los lados de la línea ecuatorial existen otras líneas llamadas trópicos. Al norte está el trópico de Cáncer y al sur el trópico de Capricornio. Además están los Círculos Polares, el Ártico al norte y el Antártico al sur. Por supuesto, todo lo que está entre los trópicos es la zona tropical (o intertropical, si prefieren, pero no es necesario). Lo que está entre el Trópico de Cáncer y el Círculo Polar Ártico es la zona templada del norte, y lo que está entre el Trópico de Capricornio y el

Círculo Polar Antártico es la zona templada sur. Lo que está encerrado por los Círculos Polares a uno y otro lado son las zonas polares de cada hemisferio.

Estas líneas no son líneas debidas al capricho de algún científico o viajero famoso, ni líneas que han sido puestas allí por algún tipo de conveniencia, como los meridianos (que no necesariamente tienen que ser 24 ni tienen que pasar por donde pasan). No; estas líneas imaginarias son precisamente el resultado de la inclinación de la Tierra y corresponden a esos 23 grados: el trópico de Cáncer está a 23 grados de latitud norte y el de Capricornio a 23 grados de latitud sur.

Si volvemos a nuestra toronja, podremos imaginarnos esto mucho mejor: ya hemos dicho que la Tierra se inclina en su eje ecuatorial frente al Sol. Los trópicos pasan por el punto máximo de inclinación del Ecuador. Los trópicos marcan los puntos al norte y al sur del ecuador hasta donde la línea ecuatorial se inclina, los puntos hasta donde llegan perpendicularmente los rayos solares a lo largo de todo el año. Después de estos límites objetivos se producen las cuatro estaciones. Las regiones llamadas "subtropicales" son regiones que están próximas a los trópicos y en donde se manifiestan condiciones intermedias entre lo tropical y lo templado.

Lo mismo sucede con los círculos polares. El eje polar también se inclina con el movimiento de cabeceo. Si trazamos un círculo que tenga los polos como centro y la máxima inclinación del eje polar (23 grados) como radio, se formarán precisamente los círculos polares, y así la zonificación del planeta está completa.

Cuando el ángulo de la Tierra con respecto al Sol pone al ecuador justo frente al astro rey, tenemos lo que se llama un equinoccio (del latín que significa "noche igual", porque en esos días la noche y el día duran exactamente lo mismo). En los equinoccios en Quito, por ejemplo, el Sol pasa exactamente sobre nuestras cabezas y a las 12 del mediodía no hay nada de sombra. Hay dos fechas de solsticios a lo largo del año: alrededor del 20 de marzo y el 20 de septiembre.

Por otro lado, cuando el Sol está en el límite con respecto a la inclinación de la Tierra, es decir, cuando los trópicos son los que están de cara al Sol, hablamos de los solsticios. Equivalen al centro del verano y el invierno, diferentes en el norte y el sur: cuando el 21 de junio es el solsticio de verano en el norte, es el solsticio de invierno en el sur, y al revés el 21 de diciembre. Esos días tienen respectivamente los días más largos y las noches más cortas en verano, y las noches más largas y los días más cortos en invierno. Fruto de esto es que, por ejemplo, la Navidad en París es blanca y en un día con pocas horas de sol, mientras que en Santiago de Chile cae en los días más largos y calientes del año.

Las consecuencias de la existencia de las estaciones tienen mucho que ver con la historia de la humanidad, tanto cuotidiana como a nivel de grandes episodios. Los niños no van a la escuela cuando hay una nevada espectacular; Napoleón se enfrentó con el invierno, que era tan ruso como los mismos soldados del zar; inmensas hordas de aves e insectos migratorios sienten la necesidad genética de volar para encontrar siempre pastos verdes cuando ven que los rayos del Sol les llegan muy sesgados...

En países como el nuestro, al estar inmersos al 100% en el centro mismo de la zona tropical, no se producen las cuatro estaciones en el sentido clásico, pero los términos se usan a diario: Quito, por ejemplo, es la ciudad de la eterna primavera (aunque ciertas calles como la Juan Rodríguez parecen permanecer estacionadas en el otoño).

Es obvio que también en nuestro país, donde la punta del Chimborazo es en realidad tan tropical como las playas de Esmeraldas, se producen cambios de estaciones, pero estas responden a causas diferentes a las de la inclinación planetaria, como se dijo antes. El frío del páramo no se debe a que los rayos están llegando inclinados ni mucho menos. De hecho, los rayos en el páramo llegan tan perpendiculares como en cualquier parte del país e incluso con más energía por la delgadez de la capa atmosférica en esas alturas. El frío es debido precisamente a la situación elevada de este ecosistema: la energía calórica del Sol que llega no se queda sino que rebota y regresa al espacio. Sin embargo, en el páramo también, al mediodía, la cantidad de Sol puede ser notable y genera la frase "invierno todas las noches y verano todos los días". En el páramo, que es un ecosistema netamente tropical, la estacionalidad no es anual sino diaria.

En las partes bajas también los rayos llegan a lo largo del año perpendiculares. La gran cantidad de atmósfera que hay sobre las costas o sobre la llanura amazónica hace que la energía solar quede atrapada y se concentre generando el calor típico.

El invierno en la Costa (y en todo el país), que en el Trópico tiene connotaciones más de lluvia que de frío, se debe a la llegada de aguas calientes desde el norte (el famoso y a ratos infame "Fenómeno del Niño", llamado así porque arriba en época navideña). Por razones que exceden a la intención de este artículo, tremendas cantidades de agua caliente bajan desde latitudes norteñas y producen mucha evaporación en las agua normalmente tibias (por la corriente fría de Humboldt). Esta evaporación se transforma en lluvia sobre las costas y llega el invierno tropical, a intervalos con potencia atroz.

Hablar en nuestros países de climas o ecosistemas templados, subtropicales o polares no tiene, en principio, sentido. Nuestro país, estrictamente hablando, es tropical y punto. Sin embargo, las coincidencias entre los climas producidos por las diferentes altitudes y precipitaciones con las producidas por la inclinación planetaria en otras latitudes, ha hecho que se usen aquí también estos términos. Además, son términos fáciles al compararlos con los vocablos técnicos correctos.

Parece imposible que se cambie esta costumbre de usar estos términos latitudinales para consideraciones altitudinales. Lo que sí es importante recordar es que las causas y consecuencias en cada caso son diferentes. Uno y otro suceso forman parte de la inmensa variedad de fenómenos que conforman la naturaleza. La conciencia humana, capaz de entender, catalogar y analizar esta variedad, a la final también es solo parte de ella misma.

؏

Cuando revisé el texto después de haberlo escrito hace décadas, me percaté de un par de errores. Primero: no sé de dónde había yo sacado que la inclinación de la Tierra con respecto al plano de la órbita se llamaba "nutación". Ese sí es un movimiento del planeta cuando gira sobre sí mismo y también le hace parecer a un trompo, pero por el cabeceo. Segundo: el hecho de haber creído que estaba hablando de un movimiento me llevó a pensar que el ángulo de 23 grados iba cambiando a lo largo del año y que regresaba al punto original tras 12 meses. Eso dizque era lo que causaba las estaciones. Pero eso obviamente no tiene sentido. *El ángulo no cambia*; lo que varía es la exposición de la Tierra a la luz del Sol a lo largo del año precisamente porque existe ese ángulo. Más allá de mi declaración de vergüenza por este evento, posiblemente lo más llamativo, y de alguna manera lamentable, es que nadie me haya hecho caer en cuenta.

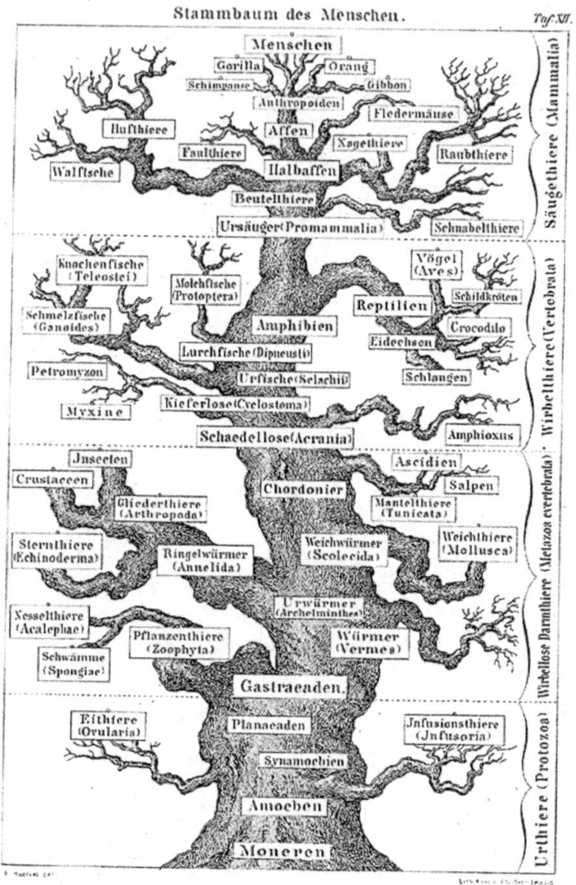

Una representación del "árbol" de la vida del siglo XIX. A pesar de que parece en efecto un árbol, más representa una escalera con cierta ramificación y un solo tronco central que culmina en los seres humanos.

Litografía de J. G. Bach de Leipzig según un dibujo de Häckel de Anthropogenie oder Entwickelungsgeschichte des Menschen. Gemeinverständliche wissenschaftliche Vorträge über die Grundzüge der menschlichen Keimes- und Stammes-Geschichte, Leipzig: Engelmann, 1874, lámina XII. 23 x 15 cm.

La evolución: una pastilla difícil de tragar

MUCHAS veces se habla de "la teoría de la evolución" cuando en realidad la evolución es un hecho aceptado casi por la totalidad de los círculos científicos, y cada vez más por la gente en general. Incluso versiones modernas de la Biblia hacen mención clara a este proceso de generación y desaparición de especies que ha marcado la mayor parte de la historia de nuestro planeta. Nuestra especie, singular como es sin duda, no está fuera de este fenómeno universal de cambios.

Las teorías sobre la evolución, es decir, simplificando, los conjuntos de ideas que tratan de explicar ese hecho, han variado mucho desde que alguien se dio cuenta de que este proceso tenía lugar. La teoría de la selección natural de Charles Darwin es una de ellas; seguramente es la más conocida y aceptada, lo que no quiere decir que sea ni la primera ni la última palabra. De hecho, los debates científicos alrededor de este punto existieron, continúan y continuarán por mucho tiempo. Estos debates son los que mantienen vivas a las ciencias; el estudio de la evolución es un campo activo y a ratos candente.

La idea de que las especies no son inmutables ha sido un concepto difícil de desarrollar y procesar a lo largo de la historia de la humanidad. En general, ha habido una lucha entre las doctrinas que mantenían que el mundo es inmutable, creado básicamente como es desde un principio por un ser superior, y aquellas que mantenían que la historia del Universo es una de cambio y desarrollo, una de equilibrio dinámico.

El filósofo John Dewey decía:

"Las ideas viejas ceden lentamente pues son más que formas lógicas abstractas y categorías. Son hábitos, predisposiciones, actitudes profundamente arraigadas de aversión y preferencia... [E]l hecho es que el progreso intelectual se da a través de un puro abandono de las preguntas y de las alternativas por ellas asumidas; un abandono que resulta de su decreciente vitalidad y de un cambio en el interés urgente. No las resolvemos: las desechamos".

En sus escritos de 1910, Dewey continúa:

"Las viejas preguntas se resuelven por desaparición, evaporación, mientras que las nuevas, correspondientes a las nuevas actitudes de interés y preferencia, toman su lugar. Sin duda, el gran disolvente de ideas viejas en el pensamiento contemporáneo...es aquel puesto en efecto por la revolución científica que encontró su clímax en el Origen de las Especies".

Durante la mayor parte de la historia de la humanidad ha habido esta aversión deweyana al cambio, y esta ojeriza casi visceral se ha permeado, obviamente, a las teorías sobre los orígenes de las cosas. Sin embargo, las observaciones del entorno poco a poco han hecho ver que nuestro universo no es algo estático sino todo lo contrario: las galaxias navegan en el espacio, las estrellas se crean, se destruyen y las más densas hasta atrapan la luz en su interior, los planetas se calientan y se enfrían, los continentes flotan a la deriva y se estrellan formando monumentales cordilleras... La vida también se genera y se destruye en los pocos lugares del Universo donde haya podido establecerse.

La aceptación de que el cosmos cambia día a día en un equilibrio dinámico y a veces violento fue aceptado, aunque les costó las cabezas o por lo menos una buena humillación a unos cuantos pioneros. La aceptación de que la vida también es parte de este dinamismo no resultó tan fácil. La evolución biológica era una pastilla mucho más difícil de tragar.

Gran parte de la "culpa" de esta dificultad en admitir la transmutación de las especies la tienen Platón y Aristóteles. Antes de ellos ya había sabios que tenían ideas muy primitivas sobre el cambio biológico a lo largo del tiempo, pero que no trascendieron. El Idealismo de Platón, que veía a las cosas de este mundo como representaciones mal hechas de las ideas o esencias que estaban en una esfera superior, estancó por siglos el desarrollo de las ideas evolutivas.

Platón pensaba en que en esta esfera superior estaban las Ideas fundamentales que resultaban la esencia perfecta de cada cosa existente en el mundo real. Por ejemplo, todos los triángulos del mundo real son solo representaciones imperfectas de este Triángulo esencial. Así mismo, hay Silla, Caballo, Ameba y Montaña, cuyas representaciones imperfectas son las sillas, los caballos, las amebas y las montañas con los que establecemos contacto cotidianamente. Dentro de este esquema, hablar de cambios y evoluciones de estas meras representaciones no tenía mucho sentido.

Se podría pensar que Aristóteles, con su agudo poder de observación y su amor por lo natural, era el candidato ideal para esbozar una primera teoría evolutiva, pero no fue así. A pesar de que el concepto de "escala natural" es suyo, esta era una escalera de los seres vivos más simples hacia los más complejos totalmente estática e inmutable: solo representaba una jerarquía esencialmente fija y no una secuencia o una ramificación dinámica.

El esencialismo griego se filtró con gran poder hacia los próximos siglos y guio, en parte, el pensamiento escolástico de la Edad Media. Además, el "argumento por diseño" fue una de las ideas antievolutivas más fuertes. Según este, en pocas palabras, si se necesita alguien que diseñe algo tan relativamente simple como un reloj, TIENE que haber alguien que diseñe algo tan complejo como un ser vivo. Durante la Edad Media no se avanzó mucho en términos de teorías evolutivas.

En el Renacimiento, incluso los mismos pioneros de la evolución universal veían la idea de los cambios biológicos como algo inaceptable: los cambios regulares en el cosmos eran una prueba de la existencia de un ente superior que había creado no solo lo que había en él sino las leyes que lo regulaban.

Sin embargo, las investigaciones se hacían cada vez más completas y la idea de cambio biológico se iba haciendo más y más común en los círculos de discusión científica. El descubrimiento de fósiles de animales y plantas que ya no existen en nuestra época, por ejemplo, fue generando ideas novedosas en personas como George Cuvier y Georges-Louis Leclerc de Buffon; la edad de la Tierra iba cambiando continuamente: esos 6000 años que calculaba el clérigo John Lightfoot (él decía que la Tierra fue creada exactamente ¡a las 9 de la mañana de un domingo 23 de octubre del 4000 AC!) iban aumentando a varios cientos de miles de años y más allá. Estas ideas culminaron con la primera teoría bien fundamentada sobre la evolución: el lamarckismo.

Jean-Baptiste Lamarck (1744-1829) es injustamente considerado hoy en día como un precursor menor que a la final estuvo equivocado y no mucho más. Sus ideas acerca de la herencia de los caracteres adquiridos, a pesar de que están erradas, fueron un avance notable y pueden considerarse parte del mecanismo que permitió que la pastilla fuera siendo tragada de manera más y más fácil y profunda con el paso del tiempo.

El monje austriaco Gregor Mendel había descubierto (al menos superficialmente) cómo se transmiten los caracteres hereditarios. Si Darwin hubiera conocido de estos hallazgos, le hubiera resultado a él mismo más fácil entender el mecanismo y aceptar sus propias ideas acerca de la evolución. Darwin tenía una idea clara de que la selección natural, un mecanismo totalmente independiente de la voluntad de un ser superior, era la responsable de la diversidad vital del planeta, pero desconocía el mecanismo interno que hacía que los hijos no nacieran idénticos entre sí y a sus padres, para que, de entre esta variedad, la naturaleza misma escogiera a los más aptos para sobrevivir y dejar descendientes con estas características favorables en determinadas condiciones ambientales.

En un principio, cuando la comunidad científica contaba ya con las ideas de Mendel y de Darwin sobre la mesa, sus miembros no se dieron cuenta de que ambos estaban hablando a la final de lo mismo. Incluso el "mutacionismo" fue desarrollado como una teoría alternativa al darwinismo por el botánico holandés Hugo de Vries y casi acaba con este a principios del siglo XX. El desarrollo de nuevas técnicas de laboratorio y de investigaciones adicionales, aparte de que el paradigma de cambio estaba prácticamente en todas la disciplinas del saber humano, hizo que estas ideas se juntaran en lo que se conoce ahora como "neodarwinismo" o la "nueva síntesis".

La dilucidación de la estructura y fisiología del material genético en 1953, a cargo de James Watson, Francis Crick, Maurice Wilkins y Rosalind Franklin, terminó por cimentar a la selección natural como uno de los mecanismos fundamentales a través de los cuales se generan las especies diferentes.

La evolución es un hecho, como lo es la caída de las manzanas de los árboles o la formación de súper novas. La necesidad de explicar estos fenómenos naturales es lo que genera las diferentes teorías. Newton y otros han explicado cómo cae la manzana; Charles Darwin y otros han explicado cómo evoluciona la vida. El problema de fondo está en que la caída de la manzana no daña (casi nunca) a nadie; en cambio, el tener antecesores comunes que nos unen con todo el resto de la creación sí hace renegar a unas cuantas personas que no se sienten todavía en el siglo XXI.

჻

Durante largos años la evolución fue mi tema favorito. Ya en la licenciatura me había encantado y después en Nueva York el interés se profundizó. En los Estados Unidos la pelea entre creacionistas y evolucionistas es mucho más encarnizada que acá. Las razones pueden ser varias y seguramente merecen un artículo propio que tal vez algún día me atreva a escribir. Pero la evolución tuvo en mi caso personal otro capítulo de alguna manera agridulce. Siempre me ha gustado dar clases y por un buen tiempo intenté dar clases de evolución en la Universidad San Francisco de Quito tras haber hecho lo propio con botánica y otras materias en la Universidad Católica. Cuando por fin lo conseguí sentí como que había logrado una de mis grandes metas. Pero en esa época estaba enfrascado en un proyecto complicado relacionado con los páramos. Retrospectivamente, creo que debí haberme negado a la cátedra, pero las circunstancias particulares hicieron que aceptara y a la final terminé dando un curso mediocre sobre mi tema favorito. Después de eso he dado muy pocas clases. Cuando lo he hecho, una nueva fuente de frustración ha aparecido. Hace poco salió una grabación de un profesor uruguayo que se rehusaba a seguir dando clases en su universidad simplemente porque sus alumnos y alumnas no le hacían caso por estar en el celular todo el tiempo, y por la escuálida calidad de los informes que les pedía, a pesar de la facilidad de acceder a información que hay hoy en día. A mí me pasó algo parecido. Por un lado, había gente que hasta se movía al ritmo de la música que oía en los audífonos, y, por otro, contestaba a mis reclamos por la pésima información presentada diciendo: "Qué quiere que haga, así dice en el Internet". ¡Fantástico!

CAROLI LINNÆI

S:æ R:giæ M:tis Sveciæ Archiatri; Medic. & Botan.
Profess. Upsal; Equitis aur. de Stella Polari;
nec non Acad. Imper. Monspel. Berol. Tolos.
Upsal. Stockh. Soc. & Paris. Coresp.

SPECIES
PLANTARUM,

EXHIBENTES

PLANTAS RITE COGNITAS,

AD

GENERA RELATAS,

CUM

DIFFERENTIIS SPECIFICIS,
NOMINIBUS TRIVIALIBUS,
SYNONYMIS SELECTIS,
LOCIS NATALIBUS,

SECUNDUM

SYSTEMA SEXUALE

DIGESTAS.

TOMUS I.

Cum Privilegio S. R. Maic Sueciæ & S. R. M:tis Polonicæ ac Elestoris Saxon.

HOLMIÆ,
IMPENSIS LAURENTII SALVII.
1753.

Primera página del Volumen 1 de la *magnum opus* de Lineo.

Carlos Lineo: el hombre que puso nombre y apellido a los seres vivos

¿SE han preguntado de donde salen y cómo funcionan los extraños nombres que la biología da a los animales y las plantas? ¿Han pensado en lo difícil que parece ser este sistema de nomenclatura? Si su respuesta a la segunda pregunta es afirmativa, deberían tratar de entender los sistemas que se usaban antes del que utilizamos hoy en día, desde hace más o menos 250 años. Esos sistemas sí que eran complicados. De hecho, la nomenclatura científica actual es más bien muy clara y fácil de entender si se comprenden algunos principios básicos.

Posiblemente la dificultad que tiene la persona no educada en ciencias biológicas para entender los nombres científicos radica en los escollos para pronunciarlos. La gran mayoría de estos nombres provienen del latín o del griego. Consideren, por ejemplo, estos casos: *Allolobrophord*, *Styphnodendron*, *Darwiniothamnus*, *Sphaedamnocarpus* o *Tmesipteris*. Verdaderos trabalenguas. Pero también hay otros, como estos: *Penelope, Musa, Carludovica, Artemisia* o *Lunaria...* Por supuesto, la mayoría está entre estos extremos, entre lo meramente impronunciable y lo bello.

Todos los nombres raros del párrafo anterior corresponden a lo que en biología se conoce como **géneros.** Los géneros son siempre la primera parte de los **nombres científicos**. La segunda parte corresponde a la **especie** a la que pertenece determinado organismo. Nuestro propio nombre científico, por ejemplo, es *Homo sapiens*. *Homo* es el género, *sapiens* la especie. Cada organismo tiene un nombre semejante. Dos organismos de la misma especie tienen el mismo nombre científico: todos los gorriones comunes en Quito son *Zonotrichia capensis*, todas las vacas *Bos taurus*, todas las estrellas de Panamá *Euphorbia pulcherrima*.

El inventor de este sistema de nombrar a los seres vivos, con el género como nombre y la especie como apellido, fue un médico y naturalista que nació en Suecia en 1707 y murió en 1778. Su nombre original es Karl von Linné, pero se ha latinizado su nombre como Carolus Linnaeus o castellanizado como Carlos Lineo.

La influencia de Lineo y su sistema es tan grande que se habla de una taxonomía (es decir, la ciencia de clasificar y nombrar a los seres vivos) prelineana y una poslineana. Ya al menos desde Teofrasto (que vivió hace unos 2300 años) se intentó clasificar de varias maneras la diversidad biológica que cada vez se documentaba mejor. Teofrasto describió y clasificó nada menos que 500 tipos de plantas en su famoso *De Historia Plantarum*. La clasificación teofrástica se permeó hacia los sistemas medievales y cabe mencionar al alemán Brunfels, que vivió alrededor de 1500, clasificó las plantas según su morfología general y contribuyó a aumentar la lista de plantas conocidas; además dejó, gracias al soberbio dibujante Hans Weiditz, una colección estupenda de grabados botánicos.

Lineo, por su parte, se dedicó a estudiar y clasificar las plantas de acuerdo con las características sexuales de sus flores. Por ejemplo, las juntaba de acuerdo con el número de estambres. Este sistema sexual sirvió muy bien para clasificar las plantas conocidas en la época, cuya lista se incrementaba casi día a día con las nuevas muestras traídas de África, América, Asia y Oceanía.

Lineo publicó en 1753 su obra cumbre, *Species Plantarum*, donde clasifica 6000 especies en 1000 géneros. Cada especie tenía una descripción en latín donde estaban sus características principales. Esta descripción comenzaba con el género, seguido de varios adjetivos. Lineo se dio cuenta de que esta frase (llamada polinomio) era poco práctica para conocer rápidamente a la planta y decidió usar el adjetivo más apropiado para ponerlo detrás del genérico. Así nació el **sistema binomial**.

La nomenclatura binomial de Lineo probó ser excelente y funciona hasta nuestros días con ciertas enmiendas y adiciones, pues los taxónomos poslineanos aceptaron, aunque no inmediatamente, el nombre científico compuesto del género y este adjetivo, que a la final llegó a ser el nombre de la especie. Hoy en día, se usan no solo nombres provenientes de adjetivos latinos que describen a la planta o a su lugar de origen, sino, por ejemplo, nombres derivados de personas famosas (por ejemplo, hay el género *Brunfelsia* derivada de nuestro conocido Brunfels) o de los colectores originales de las muestras que llevaron a reconocer que tal o cual planta o animal correspondía a una nueva especie que no había sido reconocida ni nombrada.

Lo que ha variado con el paso de la historia es el criterio que se usa para clasificar a los seres vivos. Originalmente, antes de que el pensamiento evolutivo lograra establecerse, había muchas normas. El criterio sexual de Lineo es solo uno de los muchos que primaron antes del actual.

Pero a partir de que las ideas básicas de Charles Darwin cuajaron bien y fueron aceptadas por la comunidad científica (aunque aún no del todo por la comunidad en general), el criterio para clasificar a los seres vivos es su **grado de parentesco**, o como se dice en términos más académicos, su **filogenia**. La clasificación actual intenta reflejar lo más cercanamente posible el proceso de evolución orgánica que ha producido una gran cantidad de seres vivos diferentes a partir de antecesores comunes.

Todos los organismos que pertenecen a un mismo género poseen un antecesor común que los hace más parientes entre sí que cualquiera de ellos con un miembro de otro género. Por ejemplo, los miembros del género *Felis* (pumas, gatos y tigrillos, entre otros) son más parientes entre sí que cualquiera de ellos con los miembros de los géneros cercanos *Panthera* (tigres, leones y jaguares) o *Acynonix* (chitas o guepardos).

Todos estos géneros pertenecen a una categoría taxonómica superior y más general, conocida como **familia**. En este caso, los tres géneros nombrados pertenecen a la familia de los Félidos. En los animales, las familias terminan en -idos. A su vez, las familias emparentadas, como Félidos y Cánidos, pertenecen a un mismo **orden** (en este caso el de los Carnívoros). Sucesivamente, los órdenes pertenecen a **clases** (en este caso Mamíferos), las clases a **troncos** (o **divisiones**, en este caso Cordados) y los troncos a **reinos** (en este caso Animales). La clasificación taxonómica es jerárquica: entre reinos y especies, que son los extremos de la clasificación, hay varias categorías que son cada vez más específicas e incluyen a menos y menos organismos.

Como hemos visto, dos de estas categorías, género y especie, son las que se usan para el nombre científico de los organismos y son la contribución clave que hizo Lineo para poner un poco de orden en el caos taxonómico que existía antes de sus días.

Ahora, ¿para qué sirven todos estos nombres tan extraños, llamados técnicamente **taxones**, incluso si comprendemos de dónde vienen y algo de su historia? En realidad, en la vida cotidiana posiblemente sirvan para poco y sean solo algo más que curiosidades interesantes. Pero en el mundo de la biología son parte de la sistematización indispensable dentro de la metodología científica y, además, sirven para derruir la gloriosa y a la vez horrorosa Babel que se arma cuando cada persona nombra los seres vivos con el nombre común que se estila en su comarca, provincia, nación o región.

A continuación un par de ejemplos de clasificación, con las categorías y su taxón correspondiente:

<u>Ser humano</u>
REINO: Animal
TRONCO: Cordados
SUBTRONCO: Vertebrados
CLASE: Mamíferos
ORDEN: Primates
FAMILIA: Homínidos
GENERO: *Homo*
ESPECIE: *sapiens*

<u>Eucalipto aromático</u>
REINO: Plantas
DIVISIÓN: Magnoliofitas
CLASE: Magnoliopsidas
ORDEN: Mirtales
FAMILIA: Mirtáceas
GENERO: *Eucalyptyus*
ESPECIE: *citriodora*

No hay mucho que actualizar. A más de que siempre hay cambios en la posición taxonómica de los seres vivos (por ejemplo, se dice que los cóndores son más parientes de las cigüeñas que de los halcones o que el ceibo ya no es de su propia familia sino que se junta a las cucardas en la suya), la nomenclatura lineana sigue incólume en su esencia.

La publicación original del artículo sobre los dinosaurios.

Los dinosaurios:
el *boom* mal aprovechado

TODO el mundo habla en algún momento sobre ellos en las sobremesas, en los foros, en los bares, en los periódicos. Las películas de Steven Spielberg sobre el *Parque Jurásico* han alcanzado un éxito colosal en todo el mundo, y gran éxito han tenido también otras como las varias versiones de *Godzilla*. Los libros de Michael Crichton se siguen vendiendo como si fuesen caramelos. He leído dos libros de cuentos exclusivamente dedicados a dinosaurios. Escritores de la talla de Ray Bradbury y Arthur C. Clarke se codean con jóvenes autores de ciencia ficción y logran, por lo menos en un par de ocasiones, relatos ciertamente memorables (recuerdo especialmente *El ruido de un trueno* de Bradbury, que los junta con el efecto mariposa y los viajes en el tiempo). La inventiva propia de esta gente se escapa de sus propios límites cuando se refiere a estos gigantes en los que se mezclan la ciencia y la fantasía.

La bibliografía sobre dinosaurios, tanto técnica como literaria, sigue creciendo. A pesar de que ya hace muchas décadas Edgar Rice Burroughs escribía sobre la tierra perdida (ambientada, de modo muy apropiado, en los tepuyes venezolanos) y de que existen tratados sobre las grandes bestias desde el siglo pasado, los últimos años han visto una avalancha de datos nuevos y publicaciones entregadas íntegramente a decir algo sobre ellos.

¿Qué más se puede decir sobre los dinosaurios? Parece que ya todo se ha comentado. Pero al mismo tiempo estas criaturas —mitad ciencia, mitad leyenda— son tan interesantes e importantes que siempre habrá algo, si no original por lo menos atractivo, que decir sobre ellas.

Ahora, claro que el párrafo anterior podría ser solamente una excusa razonada para poder escribir personalmente "algo más" sobre los célebres lagartos terribles. Siempre quise dedicarles un par de líneas a los monstruos antediluvianos y de pronto me di cuenta de que ya era demasiado tarde. ¿O no?... Juzguen ustedes.

Podría intentar algo acerca de uno de los escritos más sabios acerca de dinosaurios que he leído últimamente. Stephen Jay Gould, el desaparecido paleontólogo de Harvard y posiblemente el mejor escritor de ciencia para el público general que ha habido, hace un par de reflexiones sobre los extintos reptiles que vale la pena comentar brevemente.

Los dinosaurios pueden estar extintos, pero de alguna manera están más vivos que nunca. Hay dinohamburguesas, dinotriciclos y dinogalletas. Desgraciadamente, la mayoría del público solo los conoce a este nivel y poco o nada saben (o les importa) sobre el origen primario de esta manía. Es simplemente una manifestación crítica de la sociedad de consumo que encontró en ellos (no sé bien cómo) un vehículo perfecto para vender prácticamente cualquier cosa.

Si estos animales portentosos pueden ser utilizados para vender, también podrían ser utilizados para educar. El mismo tipo de atractivo que hace que los niños pequeños se vuelvan locos por una cosa normal pero convertida en algo espectacular por su vínculo (generalmente forzado) con los dinosaurios, podría ser utilizado para atraer a la infancia a aprender ciencia y tecnología de una manera amena.

Esto sí se produce, por supuesto. Los museos de ciencias naturales de todo el mundo desarrollado han caído también en una locura dinosaurística y todos poseen magníficas exposiciones relacionadas con los monstruos. Muchos niños y niñas aprenden los extraños pero de alguna manera bellos nombres latinos de estas bestias (*Gallimimus*,

Brontosaurus) antes de cosas cotidianas, ante la sorpresa de sus padres y profesores. Pero, de acuerdo con Gould, esta explosión de interés científico no les llega a los talones al interés puramente comercial en ellos. Lo más común es que la mayoría se olvide de los nombres raros después de poco y ya no les atraigan ni los dinosaurios ni otros elementos interesantes y potencialmente pedagógicos.

En el tercer mundo —en nuestro país— no hay muchos museos de ciencias grandes y poderosos; pensar en hacer una exposición de esta naturaleza que valga la pena sería pedir peras al olmo, aunque ha habido exhibiciones interesantes. Así, el desbalance se hace todavía mayor y prácticamente lo único que sabemos de dinosaurios es lo que viene en las cajas de pollo asado o en el periódico que repartían en los cines. Quienes pueden ver la televisión por cable tal vez tengan acceso a algo más profundo y penetrante de vez en cuando. O los que viajan a los grandes museos. O los que leen novelas o libros de divulgación o ciencia ficción.

Los dinosaurios nos pueden enseñar mucho acerca de varios temas: extinción, diversidad, evolución, ecología, historia. Entre otras cosas, nos hacen dar cuenta de que desaparecieron pero solo luego de haber estado reinando sobre este mundo por mucho más tiempo que nosotros, los humanos (si es que realmente podemos pretender que somos los reyes actuales de la creación).

La causa de su extinción seguramente fue algo muy superior a lo que nosotros, pequeños mamíferos de cerebro grande, podemos generar con una serie de bombas atómicas o una guerra química. Gould también nos hace caer en cuenta de esto: todo el desastre ecológico que estamos causando a quien realmente afecta es a nosotros mismos, en una escala pequeña comparada con los largos procesos naturales que se dan desde hace miles de millones de años. La naturaleza, globalmente, se podrá recuperar y seguramente estará mejor sin nosotros. Nuestra especie y las especies contemporáneas somos importantes dentro de nuestra propia escala, pero no somos indispensables para que los procesos universales continúen en su propia dimensión cósmica.

Obviamente, no se trata de salvar "la vida sobre la Tierra": no tenemos la capacidad de hacerlo ni en nuestros más desaforados sueños, si ella alguna vez se extingue del todo por un accidente universal de proporciones inconmensurables. De lo que se trata, nos enseña Gould, es de mantener este pequeño gran experimento que somos los humanos por al menos un par de segundos geológicos más. Los dinosaurios, con su inexistencia física pero con su presencia poderosa, podrían servir para generar una conciencia ambiental global en este sentido y no solo para vender más sánduches o juguetes.

Dentro de nuestra propia escala debemos velar porque nuestras próximas generaciones posean aire puro y bosques ricos, para que nuestros nietos puedan ver el vuelo del cóndor y que no sepan de este pájaro increíble como nosotros conocemos de los tiranosaurios.

Los dinosaurios desaparecieron como parte de un proceso natural y no pudieron hacer mucho por permanecer (noten que nos referimos a los dinosaurios "clásicos", porque en realidad las aves son sus representantes actuales, como se explica en el próximo texto). Hay personas que dicen que los procesos de contaminación y extinción que se dan en estos días también son un proceso natural y que hay que dejar sencillamente que sucedan. Después de todo, nuestra propia capacidad de alterar el ambiente como solo nosotros somos capaces, es también debida a un proceso natural.

Pero esta gente desecha muy fácilmente o se olvida de que los dinosaurios no tenían conciencia, no tenían cultura, no tenían religión; los dinosaurios y ningún otro animal o planta que esté o haya estado sobre la superficie del planeta posee la ética que solo los humanos tienen. Así como de manera (semi)consciente aceleramos los procesos de erosión y de extinción, también nos damos cuenta de los problemas que esto representa y podemos actuar. No somos seres gigantescos de cerebro relativamente enano que esperamos a que nos caiga un meteorito en la cabeza sin poder hacer otra cosa que correr. Somos seres morales con derechos y deberes; tenemos capacidad de decisión y de acción.

Nuestros mayores deberes son para con la gente del futuro. La ética y la estética ambiental deben entrar a nuestra cultura ahora mismo, y los sistemas de enseñanza tienen que adaptarse a esta necesidad ingente.

Y todavía queda mucho por hablar sobre dinosaurios…

No sé si todavía, casi en el 2021, la fiebre de los dinosaurios siga tan en auge como cuando escribí este artículo. Es cierto que ha habido nuevas entregas de *Parque Jurásico* y *Godzilla*, pero me da la impresión de que los guambras de ahora ya no son tan fanáticos. ¿Tendrá algo que ver en esto la otra explosión, la tecnología digital? Ahora todo se ve a través no ya de las computadoras, sino los celulares y las *tablets*. La grandiosidad de cosas como los dinosaurios en la pantalla grande se ha perdido un poco, al igual que las a ratos magníficas portadas de los LP y hasta cierto punto de los CD, que ahora ya prácticamente no tienen sentido ante el embate del MP3. Y el impacto no solo es a nivel visual: no hay punto de comparación entre oír una Obertura 1812 en unos audífonos enanos, por más *hi tech* que sean, en comparación con hacerlo en un par de parlantes enormes en un cuarto con buena acústica. Sí, se han perdido muchas cosas, sin querer decir que no ha habido cambios positivos. En cualquier caso, ya no estoy seguro del puesto que tienen los dinosaurios en estas nuevas épocas.

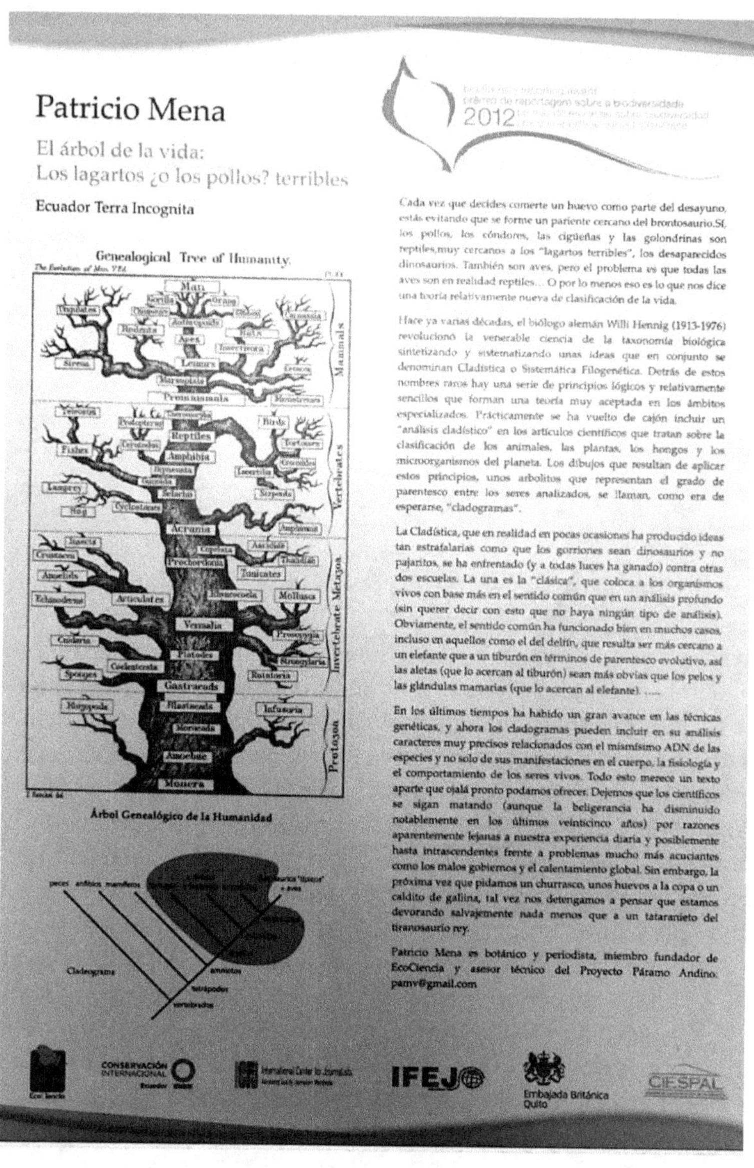

Patricio Mena

El árbol de la vida:
Los lagartos ¿o los pollos? terribles

Ecuador Terra Incognita

Cada vez que decides comerte un huevo como parte del desayuno, estás evitando que se forme un pariente cercano del brontosaurio. Si, los pollos, los cóndores, las cigüeñas y las golondrinas son reptiles, muy cercanos a los "lagartos terribles", los desaparecidos dinosaurios. También son aves, pero el problema es que todas las aves son en realidad reptiles... O por lo menos eso es lo que nos dice una teoría relativamente nueva de clasificación de la vida.

Hace ya varias décadas, el biólogo alemán Willi Hennig (1913-1976) revolucionó la venerable ciencia de la taxonomía biológica sintetizando y sistematizando unas ideas que en conjunto se denominan Cladística o Sistemática Filogenética. Detrás de estos nombres raros hay una serie de principios lógicos y relativamente sencillos que forman una teoría muy aceptada en los ámbitos especializados. Prácticamente se ha vuelto de cajón incluir un "análisis cladístico" en los artículos científicos que tratan sobre la clasificación de los animales, las plantas, los hongos y los microorganismos del planeta. Los dibujos que resultan de aplicar estos principios, unos arbolitos que representan el grado de parentesco entre los seres analizados, se llaman, como era de esperarse, "cladogramas".

La Cladística, que en realidad en pocas ocasiones ha producido ideas tan estrafalarias como que los gorriones sean dinosaurios y no pajaritos, se ha enfrentado (y a todas luces ha ganado) contra otras dos escuelas. La una es la "clásica", que coloca a los organismos vivos con base más en el sentido común que en un análisis profundo (sin querer decir con esto que no haya ningún tipo de análisis). Obviamente, el sentido común ha funcionado bien en muchos casos, incluso en aquellos como el del delfín, que resulta ser más cercano a un elefante que a un tiburón en términos de parentesco evolutivo, así las aletas (que lo acercan al tiburón) sean más obvias que los pelos y las glándulas mamarias (que lo acercan al elefante). ...

En los últimos tiempos ha habido un gran avance en las técnicas genéticas, y ahora los cladogramas pueden incluir en su análisis caracteres muy precisos relacionados con el mismísimo ADN de las especies y no solo de sus manifestaciones en el cuerpo, la fisiología y el comportamiento de los seres vivos. Todo esto merece un texto aparte que ojalá pronto podamos ofrecer. Dejemos que los científicos se sigan matando (aunque la beligerancia ha disminuido notablemente en los últimos veinticinco años) por razones aparentemente lejanas a nuestra experiencia diaria y posiblemente hasta intrascendentes frente a problemas mucho más acuciantes como los malos gobiernos y el calentamiento global. Sin embargo, la próxima vez que pidamos un churrasco, unos huevos a la copa o un caldito de gallina, tal vez nos detengamos a pensar que estamos devorando salvajemente nada menos que a un tataranieto del tiranosaurio rey.

Patricio Mena es botánico y periodista, miembro fundador de EcoCiencia y asesor técnico del Proyecto Páramo Andino. pamv@gmail.com

El afiche de presentación del próximo texto en el concurso de Conservación Internacional donde obtuvo una mención de honor.

Los lagartos terribles
¿O eran pollos?

CADA vez que decides comerte un huevo como parte del desayuno, estás evitando que se forme un pariente cercano del brontosaurio. Sí, los pollos, los cóndores, las cigüeñas y las golondrinas son reptiles, muy cercanos a los "lagartos terribles" nombrados por Richard Owen y popularizados por Isaac Asimov, los desaparecidos (¿o no?) dinosaurios. También son aves, pero el problema es que todas las aves son en realidad reptiles… O por lo menos eso es lo que nos dice una nueva teoría de clasificación de la vida.

Bueno, no tan nueva. Hace ya varias décadas, el biólogo alemán Willi Hennig (1913-1976) revolucionó la venerable taxonomía biológica sintetizando y sistematizando unas ideas que en conjunto se denominan Cladística o Sistemática Filogenética. Detrás de estos nombres raros hay una serie de principios muy lógicos y relativamente sencillos que forman una teoría muy aceptada en los ámbitos especializados. Prácticamente se ha vuelto de cajón incluir un "análisis cladístico" en los artículos científicos que tratan sobre la clasificación de los animales, las plantas, los hongos y los microorganismos del planeta. Los dibujos que resultan de aplicar estos principios, unos arbolitos que representan el grado de parentesco entre los seres analizados, se llaman, como era de esperarse, "cladogramas". El siguiente es un ejemplo de cladograma que representa la ramita donde estamos nosotros y nuestros parientes más cercanos:

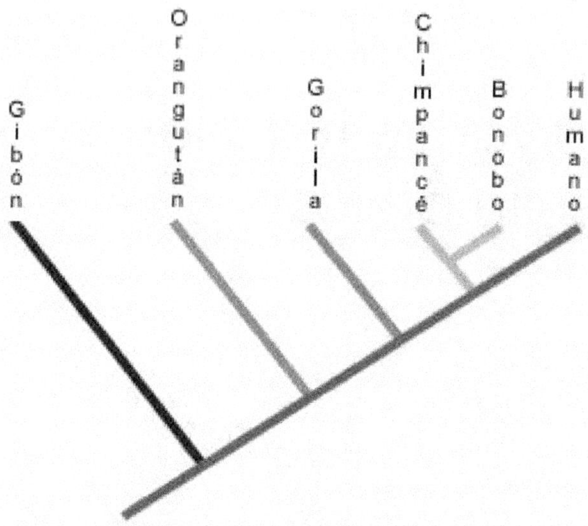

La cladística en pocas ocasiones ha producido ideas tan estrafalarias como la de que los gorriones sean dinosaurios y no simplemente pajaritos, y se ha enfrentado (y a todas luces ha ganado) contra a otras dos escuelas. La una es la "clásica", que coloca a los organismos vivos con base más en el sentido común que en un análisis profundo (sin querer decir con esto que no haya ningún tipo de análisis). Obviamente, el sentido común ha funcionado bien en muchos casos, incluso en aquellos como el del delfín, que resulta ser más cercano a un elefante que a un tiburón en términos de parentesco evolutivo, así las aletas (que lo acercan al tiburón) sean más obvias que los pelos y las glándulas mamarias (que lo acercan al elefante). La otra escuela tiene también un nombre raro: Fenética o Taxonomía Numérica. Como su segundo nombre indica, se basa en análisis matemáticos y estadísticos para establecer el grado de parentesco evolutivo entre los seres vivos.

La cladística critica, con razón, a las dos escuelas rivales. Y rivales han sido: pocas veces se han visto debates tan encarnizados como los que se dieron, especialmente entre cladistas y feneticistas, en los años ochenta del siglo pasado. Las críticas a la fenética vienen de que esta lo que hace es usar la mayor cantidad de caracteres posible (anatómicos, fisiológicos, de comportamiento, bioquímicos), ponerles valores numéricos, meter estos números en una máquina estadística sofisticada y confiar en que los resultados, por el mero hecho de ser "matemáticos", sean correctos. La cladística dice que eso no está bien porque *no todos los caracteres tienen el mismo peso* para hacer estas clasificaciones. Por ejemplo, para clasificar a un ser humano, un perro y un tiburón, no podemos usar con el mismo peso el carácter "vértebras" contra "pelos en el cuerpo". Si solo se trata de tener vértebras, los tres seres vivos mencionados son exactamente igual de parientes uno con otro (lo que obviamente no es cierto porque el tener vértebras es una característica antigua compartida por estos tres y muchísimos otros seres vivos); pero si usamos un carácter más pesado, como la posesión de pelos en el cuerpo, la cosa cambia: es obvio que ser humano y perro son más parientes entre sí —porque comparten ese carácter avanzado— que cualquiera de ellos con el tiburón —que carece de él.

En otras palabras, tiburones, perros y humanos compartimos varias características muy generales y antiguas, como tener vértebras, lo que coloca a los tres en un grupo muy amplio, el de los vertebrados (donde están muchos otros seres vivos). Pero perro y humano comparten una característica más reciente, como es la de tener pelos, y que los coloca en un grupo más restringido: el de los mamíferos. Y así podemos seguir: perros y gatos están en un grupo todavía más restringido, el de los carnívoros; perros y chacales en uno aún más restringido: el de los cánidos, y perros y lobos en uno todavía más específico: el del género *Canis*. Por último, todos los perros están en la categoría básica: la especie, que en su caso es *Canis familiaris.*(aunque también hay la opinión taxonómica de que tanto perros como lobos son de la misma especie, *Canis lupus*, siendo el perro una subespecie, *Canis lupus familiaris*). Por el lado del tiburón se puede seguir el mismo camino hasta llegar a cada una de las especies de tiburones. Y lo propio por el lado del ser humano: de vertebrados vamos a mamíferos, de mamíferos a primates, de primates a homínidos, de homínidos al género *Homo* y allí está nuestra especie, *Homo sapiens*.

Cada vez que encontramos una bifurcación en el árbol de la vida, la cladística trata de encontrar una característica que defina sin ambigüedad a la nueva rama, desde las más grandes (los llamados troncos y clases) hasta los más pequeños, terminando en las especies y pasando por familias y géneros. Los cladistas les dan más peso a los caracteres avanzados que definen estos grupos (pelos de los mamíferos), y menos peso a aquellos caracteres antiguos o primitivos, que son compartidos por un gran número de seres vivos lejanamente emparentados (vertebras de mamíferos y peces). Suena lógico, ¿no? La fenética no pone peso a los caracteres y confía en que un análisis estadístico complicado y con muchos caracteres lo arregle todo.

Con la taxonomía clásica la pelea es por otro lado. La cladística debe su nombre a la palabra griega *klados*, que significa rama. Como se vio en la discusión acerca de caracteres avanzados y primitivos, el gran árbol de la vida está formado por ramas gruesas, estas por ramas menos gruesas y así hasta llegar a ramas muy delgadas y numerosas. Una rama, en términos cladísticos, debe estar formada por todos los seres vivos a partir del punto en que esa rama se parte. En otras palabras, no pueden quedarse fuera de una rama algunos elementos que obviamente deberían estar en ella, ni tampoco se pueden incluir en una rama elementos de otras ramas separadas.

Esto es precisamente lo que ha pasado muchas veces con la taxonomía clásica: ha formado grupos "obvios" pero en los cuales o faltan elementos en una rama, o sobran elementos venidos de otras ramas (la terminología se complica aún más: los primeros grupos se llaman "parafiléticos" y los segundos "polifiléticos"). Todos estudiamos alguna vez que las plantas superiores se dividen en monocotiledóneas y dicotiledóneas según si al nacer la plantita tiene una u dos hojitas (cotiledones). Una rosa es una dicotiledónea y un maíz es una monocotiledónea, por ejemplo. La cladística, haciendo uso de su metodología estricta y lógica, ha descubierto que la característica de tener una o dos hojitas no es lo que debería definir estos grupos, que hay caracteres más "pesados" que se deben usar. Lo interesante en este momento es que los tradicionales grupos de mono y dicotiledóneas resultan ser uno de estos grupos aberrantes: las monocotiledóneas son un grupo que no incluye a todas las plantas que debería incluir (parafilético) y las dicotiledóneas tienen elementos de un grupo externo que no deberían estar allí (polifilético).

Los taxónomos clásicos se defienden diciendo que estos dos grupos, y muchos otros que se han formado, puede que no sean clados monofiléticos en el sentido estricto, pero de todas maneras son grupos naturales. Lo malo es que no explican qué mismo quiere decir "natural" en este contexto. Incluso se han esgrimido criterios estéticos para decir que la cladística, con sus métodos raros y minuciosos, afea y corrompe una clasificación que es buena, bonita y hasta posiblemente barata (las sofisticaciones metodológicas de cladistas y feneticistas pueden resultar onerosas).

¿Dónde entran los pollos y los dinosaurios en todo esto? Una aplicación de la metodología cladista demuestra que los dinosaurios simplemente no se extinguieron, sino que siguen existiendo en las aves, que no son sino reptiles especializados, con plumas y picos. Fíjense en las patas del gallo más doméstico que puedan y van a ver que, en el fondo, se diferencian poco de las garras del velocirráptor más salvaje. El grupo de las aves como tal sí es una rama separada, o sea un clado, precisamente el clado de estos reptiles especializados, y los cladistas no se hacen lío con esto. Pero si sacamos esta rama de la rama más amplia de los reptiles, ese grupo queda incompleto, es decir, es parafilético, y eso es pecado capital para la cladística, y con razón. En otras palabras, los reptiles incluyen a las aves, que no son sino dinosaurios modernos. La figura acompañante nos hace ver gráficamente el problema.

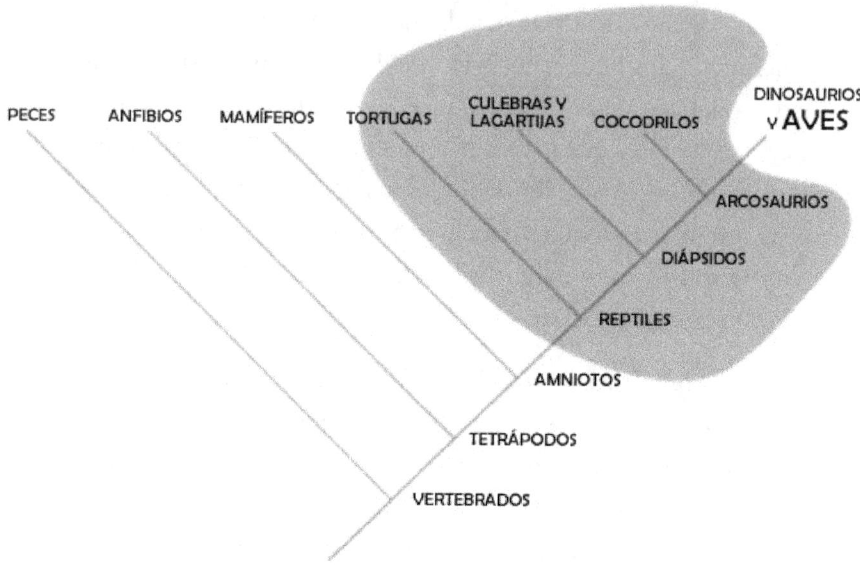

La figura, otro cladograma, ayuda a entender varios conceptos usados aquí. En primer lugar está la idea del árbol evolutivo en el que una rama grande se va bifurcando en ramas cada vez más pequeñas y específicas. En cada bifurcación hay un nombre del grupo y, tácitamente, la característica que lo define como tal. Todas las ramas de este pedacito del árbol de la vida pertenecen al gran grupo de los Vertebrados, que se caracterizan precisamente por tener vértebras. El grupo de los Tetrápodos deja fuera a los peces e incluye a todos los seres que, como su nombre indica, tienen cuatro patas. El grupo de los Amniotas deja fuera a los anfibios e incluye solo aquellos tetrápodos que tienen amnios, una membrana especializada que cubre al embrión (los anfibios y peces carecen de ella). En la parte de los reptiles, que son amniotas junto a los mamíferos, es donde hay el problema con el grupo de las aves. Dentro de los reptiles están los Diápsidos (con una forma particular del cráneo), que no incluyen a las tortugas, y dentro de estos están los Arcosaurios, que se caracterizan por tener corazón de cuatro cámaras e incluyen en esta figura a cocodrilos y a dinosaurios + aves. Las aves y los dinosaurios evidentemente forman un grupo aparte, pero igual al de las tortugas, las culebras y los cocodrilos, es decir, *no dejan de ser parte del grupo de los reptiles*. La sombra gris enmarca lo que se ha conocido como los típicos reptiles, dejando arbitrariamente fuera a la aves y también a los dinosaurios, que nadie duda que sean reptiles (en otras palabras, es un grupo parafilético). Si queremos que el gris cubra una rama entera como dicta la lógica cladista, la rama de los reptiles completos también incluye de ley las aves. En otras palabras, los pollos, las palomas y los pericos son reptiles, parientes cercanos de los dinosaurios antediluvianos.

Dejemos que cladistas y feneticistas se sigan matando (aunque la beligerancia ha disminuido notablemente en los últimos veinte años) por razones aparentemente lejanas de nuestra experiencia diaria y posiblemente hasta intrascendentes frente a problemas terribles como los malos gobiernos y el calentamiento global. Sin embargo, la próxima vez que pidamos un churrasco o unos huevos a la copa, tal vez nos detengamos a pensar que estamos devorando salvajemente nada menos que a un tataranieto del tiranosaurio rey.

La cladística se volvió parte importante de mi estadía en Nueva York, justo en la época más álgida de las disputas entre las escuelas de sistemática. Hoy en día, las aguas se han calmado. Uno de mis grandes amigos allá, Steve Churchill, era uno de los proponentes de las teorías cladistas. Un veterano de la guerra de Vietnam que, a pesar de que luchaba con esos demonios diariamente (o tal vez por eso mismo) era un tipo genial, sensible y ocurrido como pocos. Las discusiones sobre los cladogramas eran parte de conversaciones que atesoro y añoro. Un poco antes de regresar al Ecuador, Steve me pidió que fuera parte de una especie de conversatorio sobre cladística en el Museo de Historia Natural de la Gran Manzana, una de la catedrales de la ciencia. Se trataba de un teatro en el cual varios científicos y estudiantes discutían en un supuesto bar sobre estas ideas, ante una audiencia con la *crème de la crème*. Me puse tan nervioso que a la final solo pude medio disfrutar de la cerveza que sirvieron en el ficticio bar. Bueno, en realidad dije una sola frase que tenía que ver con que la pelea entre los cladistas y los feneticistas era más bien una bronca entre personalidades infladas y no una contienda de ideas trascendentes. La cerveza estuvo buenísima.

Garzas en el Estero Salado de Guayaquil

El universo emplumado

LAS aves siempre me han fascinado; escribir sobre ellas y fotografiarlas llenan mi espíritu como pocas otras actividades. Por eso, siempre será para mí un poco misteriosa mi decisión de haberme dedicado a las plantas...

A pesar de esa atracción, la única vez que estudié aves fue en un proyecto de la Wildlife Conservation Society y la Universidad Católica de Quito hace varios años. Durante un año censamos aves frugívoras grandes (como tucanes, pavas de monte, loras y tinamúes) en dos sitios muy parecidos —uno dentro del Parque Nacional Podocarpus y otro fuera del parque y con presencia de minería de oro— para ver si sus poblaciones se veían afectadas por esa actividad extractiva. Fue un año maravilloso: aparte del estudio, nacieron amistades entrañables, conocimos cómo funciona la minería precarista y nos compenetramos con un ecosistema particularmente diverso y hermosos: el bosque andino. El recuerdo de caminar al amanecer y al caer la tarde para registrar esas elusivas aves me produce infaliblemente una sonrisa que no esconde la nostalgia.

Las aves frugívoras grandes son un ejemplo magnífico de lo que en la ciencia de la conservación se conoce como "especies indicadoras". Al conocer el estado de sus poblaciones se puede inferir la condición general del ecosistema. En otras palabras, la buena condición de estas aves en efecto indica que hay suficientes árboles con frutos para alimentarlas y que, a su vez, estas aves sirven de alimento a sus depredadores.

Tucanes, loras, tinamúes y pavas son solo una muestra mínima de la diversidad de estos seres bellos, misteriosos, evocadores e importantes desde tantos puntos de vista. Pero empecemos desde el principio.

¿Qué es un ave?

Fijémonos en el árbol de la vida…

El gran grupo de los vertebrados se define como el de los animales que poseen una columna vertebral. Se trata de animales muy complejos que incluyen los tradicionales grupos de peces, reptiles, anfibios, mamíferos y aves.

Las clasificaciones modernas han hecho que la posición taxonómica de las aves se aclare gracias a nuevas metodologías y al avance del análisis de ADN. Mas, a la vez, se ha complicado porque se han alterado ciertos conocimientos que se creían bien establecidos. Una consecuencia de estas novedosas (y a ratos insólitas) hipótesis es que ahora entendemos que las aves son dinosaurios, descendientes de reptiles que sobrevivieron a duras penas la gran extinción cretácica (más detalles en el texto anterior).

Más allá de que nos convenza eso de que los pollos son dinosaurios, el hecho es que en la actualidad las aves son un grupo coherente: a pesar de su diversidad se definen por un pequeño conjunto de características: vertebrados de sangre caliente que ponen huevos y poseen alas, plumas y un pico queratinoso. Aunque hay otros animales contemporáneos que poseen algunas de estas características (murciélagos con alas, tortugas con picos, ornitorrincos ovíparos), ninguno las manifiesta en conjunto y ninguno tiene plumas. Otras características menos evidentes tienen que ver con la facilitación del vuelo: la estructura ósea es particularmente liviana, respiran de una manera muy eficiente y su estructura muscular está adaptada para volar. Obviamente, hay excepciones, pero la mayoría son adaptaciones a partir de características originales de las aves. Por ejemplo, las aletas del pingüino derivan de antepasados con alas típicas.

Son las plumas lo que hace que las aves sean criaturas únicas en la naturaleza que hoy conocemos (ciertos dinosaurios las poseían hace mucho tiempo). Las plumas son apéndices dérmicos al igual que escamas, uñas, pelos y cuernos, pero con una estructura maravillosamente compleja. Las plumas, a más de ayudar en el vuelo, las protegen del frío y de los depredadores (camuflándolas) y les permiten comunicarse entre congéneres (por medio de despliegues de cortejo, por ejemplo).

¿Cuántas aves hay?

La clase taxonómica Aves incluye órdenes cuyo número varía según la autoridad consultada, pero rodea los 35. Los paseriformes (pájaros), con más de la mitad de todas las especies, son los más diversos. Otros órdenes bien conocidos son galliformes, falconiformes, apodiformes (colibríes), anseriformes (patos y afines) y estrigiformes (búhos y lechuzas).

En términos de especies, los números varían alrededor de las 10 mil, pero algunas investigaciones recientes hacen notar que bien podrían ser casi el doble. Los paseriformes bordean las 5500 especies; los apodiformes son aproximadamente 500, en su mayoría colibríes; los piciformes (carpinteros y tucanes) son alrededor de 450, y hay 200 especies de búhos y lechuzas, y otro tanto de tangaras y de águilas.

Por desgracia, el número de especies amenazadas es también alto: un 13%. Las causas son destrucción de hábitat, cacería, tráfico ilícito, especies invasoras y contaminación. El caso del dodo (*Raphus cucullatus*), una paloma gigante que no podía volar y sucumbió a finales del siglo XVII ante la cacería indiscriminada y la introducción de animales en la isla Mauricio, en el Índico, es solo un ejemplo clásico. Menos conocidos son la paloma migratoria de Carolina (*Ectopistes migratorius*) y la gigantesca águila de Haast neozelandesa (*Harpagornis moorei*). La primera pasó de ser el ave más abundante de

Norteamérica a extinguirse a finales del siglo XIX. Fue cazada en exceso por su grasa, plumas y carne, la cual era la más barata en el mercado. La segunda desapareció hacia el año 1400 porque los habitantes locales acabaron con su alimento, las gigantescas aves moas de casi 4 metros de alto.

Por otro lado, el número sigue creciendo. Parece raro que se descubran nuevas especies de aves ya que son tan bien conocidas, pero solo en el Ecuador varias especies han sido descritas en los últimos años, entre ellas el perico de El Oro, un tapacola, un tororoí, un hormiguerito y un colibrí.

Nuestro pequeño país es especialmente "avediverso": hay nada menos que 1685 especies, lo que representa un sexto de todas las aves del planeta, muchas de ellas endémicas de nuestro territorio. Aquí hay más de cien Áreas Importantes para la Conservación de las Aves, identificadas a partir de su diversidad y endemismo, que incluyen la más importante en Sudamérica: Mindo y las estribaciones occidentales del Pichincha.

La megadiversidad en el aire

Las aves rompen récords en la naturaleza y esto da una idea de su diversidad y magnificencia. Nadie ha volado más alto que el buitre de Rüppell africano (*Gyps rueppelli*), que llega a unos increíbles 11 mil metros. El halcón peregrino (*Falco peregrinus*) vuela a casi cuatrocientos kilómetros por hora, aunque es justo decir que lo hace en caída libre, asistido por la fuerza de gravedad, mientras que sus competidores en tierra (el guepardo) y en agua (el pez espada) lo hacen por propio impulso. Algunas rapaces, como el águila calva norteamericana (*Haliaeetus leucocephalus*), pueden levantar hasta cuatro veces su peso. Esto no es mucho comparado con los gorilas y menos con algunos insectos; pero la diferencia es que estas aves despegan y vuelan cargando ese bulto. Por cierto, el nombre en español es un error que se perennizó a pesar de que no tiene sentido. El nombre original en inglés es *bald eagle*, pero *bald* no se refiere a la acepción contemporánea (que se traduce en efecto como "calvo") sino a un significado antiguo que se traduce como "blanco".

Un ave también ostenta el primer lugar en el largo de la cola, aunque podría ser que con un poco de trampa: la cola de los pájaros no es una extensión de la columna, como en mamíferos y reptiles, sino plumas largas. Pero si aceptamos una definición laxa, la relativamente más larga es la de un ave del paraíso de Nueva Guinea (*Astrapia mayeri*), cuya cola de un metro es cuatro veces más extendida que el resto del cuerpo. Más récords. Solo los colibríes pueden volar en reversa. Solo las aves (y, claro, las arañas) tejen sin manos. Por otro lado, nadie hace migraciones tan largas como el gaviotín ártico (*Sterna paradisaea*): del Ártico a la Antártida y de vuelta, nada menos que 90 mil kilómetros cada año.

Dentro del mismo grupo de las aves se pueden encontrar extremos impresionantes: el ave más grande y pesada, el avestruz (*Struthio camelus*), deja atrás al basquetbolista más elevado con sus 2 metros ochenta y puede alcanzar velocidades en tierra de hasta cuarenta kilómetros por hora, aparte de que pone el huevo más voluminoso (que es, a la vez, el más pequeño en relación con el tamaño de la madre). Aunque no son los animales más longevos, los guacamayos (varias especies de *Ara*) entran a la competencia con su promedio de ochenta años. El zunzuncito cubano (*Mellisuga helenae*) es el vertebrado de sangre caliente más pequeño del mundo (cinco centímetros del pico a la cola). En cuanto a los picos, en sí mismos un universo de variedad, el más largo en términos absolutos es el del pelícano australiano (*Pelecanus conspicillatus*), con casi cincuenta centímetros; pero si se toma en cuenta el tamaño del ave, el más largo es el del colibrí pico de espada (*Ensifera ensifera*), relativamente común en nuestros Andes, cuyo pico representa el 50% de su cuerpo de apenas quince centímetros.

La variedad de las aves va mucho más allá. En términos biogeográficos están literalmente desde los polos hasta el ecuador y desde el nivel del mar hasta las cumbres más altas. Algunas viven en las costas, islas remotas y en el mar, otras en sabanas y praderas, unas cuantas más en las montañas, varias en los desiertos y en cantidades notables en los bosques tropicales. Algunas se quedan donde nacen y otras realizan prolongadas migraciones. Entre todas ocupan casi todos los nichos ecológicos, desde aquellas que solo comen semillas (como algunos pinzones galapagueños), frutas (las loras) y néctar (los colibríes), hasta las que comen lo que encuentren, como las carroñeras y los cuervos, pasando por aves insectívoras (que son mayoría) y de presa (halcones y águilas).

El grueso de las aves son diurnas, pero hay algunas que tienen hábitos nocturnos, como los búhos y los chotacabras. Algunas se especializan en la forma de obtención del alimento: pingüinos y piqueros lo hacen dentro del agua, o el águila pescadora (*Pandion heliaetus*), que levanta sus presas del agua mientras vuela. La forma más extravagante de alimentarse es la de los flamencos, que meten su cabeza invertida en aguas saladas para filtrarlas con su pico. Unas nidifican en huecos en los árboles (como los carpinteros) y otras tejen enormes canastas que resisten el peso de algunos individuos (como las oropéndolas americanas o los tejedores africanos). Algunas emiten sonidos que parecen aullidos de lobo, como el colimbo grande (*Gavia immer*), mientras otras crean mini sinfonías, como los reyezuelos, cucaracheros y ruiseñores; en palabras de Mario Benedetti: "mientras que al ruiseñor suele salirle un gallo / al gallo en cambio nunca le sale un ruiseñor".

Algunas parecen haberse esforzado en ser muy llamativas (en especial los machos de algunas especies, como el gallito de la peña, *Rupicola peruvianus*), mientras que otras tratan de pasar inadvertidas (como la propia hembra del gallito e infinidad de otros pajaritos cafés). Otro diferenciador es si viven en solitario o en grupos (como los cóndores,

Vultur gryphus), a veces formando inmensas bandadas de hasta decenas de miles de individuos, como las del estornino que producen el sol negro danés, o las bandadas mixtas amazónicas y andinas, con decenas de especies multicolores y escandalosas.

Las aves tienen una sustancial trascendencia en sus ecosistemas: controlan las poblaciones de sus presas, aprovechan desechos, diseminan semillas, polinizan muchas especies, abonan el suelo, sirven de alimento... También los humanos las utilizamos de un sinnúmero de maneras. Entre otras cosas, son la base de muchos platos, tanto en la pollería de la esquina como en restaurantes parisinos sofisticados donde sirven faisán o avestruz. En nuestra región el ejemplo clásico de domesticación histórica es el pato criollo (*Cairina moschata*). No solo las aves sino sus huevos son un elemento importante de la seguridad alimentaria alrededor del mundo. El aporte de las aves como atractivo para el turismo nacional e internacional es indiscutible. Muchas, entre ellas los canarios y los periquitos australianos, han sido mascotas desde tiempos inmemoriales, aunque esta faceta tiene el lado oscuro del tráfico ilegal de especies particularmente llamativas. Todo lo anterior muestra que las aves son la base de una diversidad de actividades económicas importantes.

Por otro lado —y no por una condición intrínseca sino por cambios introducidos por los humanos— algunas representan amenazas. Por ejemplo, ciertas aves semilleras son plagas, en especial de cereales, y otras causan serios problemas en centros urbanos y en los aeropuertos, como las palomas y tórtolas. Nuestro comportamiento de lanzarles migas o arroz acentúa el riesgo de que estas aves transmitan enfermedades a los seres humanos, sus animales domésticos y a las aves silvestres.

A pesar de que "tener cabeza de chorlito" o "ser cerebro de pollo" significa ser tonto —y de que definir la inteligencia animal es algo bastante complejo— hay indicios claros de que algunas aves son bastante avispadas. Si usar herramientas es sinónimo de inteligencia, entonces hay especies con las pilas bien puestas. El pinzón carpintero de Galápagos (*Camarhynchus pallidus*) y el cuervo de Nueva Caledonia (*Corvus moneduloides*) usan palitos para extraer gusanos de troncos. Es conocida la capacidad de imitación vocal de algunos loros (caciques, colembas y mirlos son también prolíficos imitadores), una inteligencia que a veces va más allá y hace que resuelvan pequeños rompecabezas. Es célebre la historia de los herrerillos ingleses (*Cyanistes caeruleus*): aprendieron a abrir las tapas de papel de aluminio de las botellas de leche (y además solo de aquellas con leche entera) y transmitieron ese conocimiento a las generaciones posteriores. Se sabe de cuervos que lanzan nueces al pavimento para que los rompan los vehículos y luego esperan la luz roja para ir a recoger la comida expuesta. ¿Cuánto es esto un instinto básico algo refinado y cuánto verdadera inteligencia?

Las historias de las aves son legión y podríamos seguir hasta el infinito. Esto ha sido solo un abrebocas que invita a conocer otros aspectos de estos seres del aire y el firmamento, que no solo forman parte esencial de la naturaleza sino de lo más hondo de nuestra cultura. El cóndor en el escudo o la declaración del zamarrito pechinegro como el ave emblema de Quito son solo instancias obvias de esta relación eterna y trascendental.

La gente maravillosa de Ecuador Terra Incognita, encabezada por Andrés Vallejo, siempre dio cabida a mis artículos; en algún momento también me pidieron que escribiera sobre temas específicos que les interesaban para entregas temáticas. Ese fue el caso con este sobre la aves. Lo escribí al principio con un poco de incomodidad porque, al no ser especialista en ellas, me parecía que había otras personas mejor calificadas. Pero después comprendí que más bien tenía sentido: por un lado, en la mayoría de casos de estos artículos, hablo de cosas que me interesan pero de lo que no soy precisamente un "experto". Por otro lado, este artículo había sido pensado como una introducción sobre las aves que daba pábulo a otros textos escritos por personas dedicadas al estudios de los maravillosos seres emplumados.

Representación de actividades de la cultura Manteña (600-1534 DC, actuales Manabí, Guayas y Santa Elena) con un perro.

Fotografía de Mario García de un mural de Rubén Luque (2000) en el Museo del Banco Central de Manta, Manabí

El perro que nació llucho en el viejo Ecuador

CUANDO buscaba tema de tesis en biología, se me ocurrió uno: el comportamiento de los perros callejeros en Quito. Vivíamos en un barrio donde se construían muchas casas y las jaurías de perros de guachimanía eran a ratos inmensas, frecuentemente aterradoras y siempre fascinantes. ¿Qué credenciales había que tener para obtener membrecía?, ¿cómo llegaban a ser el macho o la hembra dominante?, ¿qué códigos utilizaban?, ¿había funciones específicas encomendadas?...

Al final, terminé estudiando las plantas del páramo, sugestivas a su propia manera, pero siempre los perros me han encantado como amigos y como grupo de análisis. He estado leyendo un libro muy bien documentado sobre la historia de los perros en las Américas, de la estadounidense Marion Schwartz. Cuando escribió el libro (1997) ella trabajaba en el Departamento de Antropología de Yale. La publicación está repleta de datos curiosos y especulaciones fundamentadas sobre los usos y las costumbres relacionadas con "el mejor amigo del hombre" en el Nuevo Mundo precolombino.

Eso del mejor amigo del hombre suena extraño y desacertado —no solo por los problemas de invisibilizar el género femenino— sino porque, entre otras cosas, el libro de Schwartz muestra que los perros antiguos en América tenían una relación especial con las mujeres. Por ejemplo, en algunas de las numerosas ilustraciones del libro se ven mujeres jugando con sus mascotas caninas y hasta sosteniendo cachorros como guaguas tiernos.

Evidentemente, la faceta de mascota de los perros ya existía desde tiempos inmemoriales en nuestras tierras, pero, al igual que ahora, aparte de ser amigo y compañero de la gente, el perro tenía una serie de otras funciones y connotaciones, específicas a cada cultura.

Así, vivimos en un medio donde comer perro es uno de los tabúes más arraigados, aunque vale recordar que un cuarto de la población mundial, especialmente en Asia y África, no solo que lo hace sino que lo considera delicioso. Igual nos sorprendemos al enterarnos que varias culturas precolombinas tenían como costumbre servirse canes, a veces de manera cotidiana, a veces de manera ritual. Los incas aparentemente no lo hacían y veían mal a los grupos humanos que tenían esa costumbre, como los huanca. A ellos se referían de modo peyorativo como *allcomicos* (comeperros) y, aunque demostraron en general clemencia tras vencerlos, les obligaron a dejar un hábito considerado denigrante y bárbaro.

La posible relación entre comer perros y tener una cultura agresiva y guerrera ha sido postulada. Los aztecas, por ejemplo, han adquirido fama —ayudados por novelas históricas como las de Gary Jennings— de comedores de perros, caníbales y sanguinarios. Pero, a la vez, pocas culturas —ni siquiera la inca— han logrado avances artísticos tan sobresalientes como los suyos. Los mayas, otros célebres tragaperros, lograron avances incluso superiores a los de la Europa de la época: el descubrimiento del cero matemático, un alfabeto extraordinariamente complejo y un calendario cuya exactitud antecedió por siglos a la del Gregoriano. En cualquier caso, parece que el consumo de carne de perro se daba más en ocasiones especiales que en contextos domésticos. Casi siempre había venados, bisontes, conejos y aves como fuentes de proteína más efectivas y apreciadas.

El libro, cuyo título puede traducirse como *Una historia de los perros en la América temprana*, dedica a estos animales un capítulo en su papel de obreros. En especial los grupos humanos del norte han criado perros desde muy antiguo para jalar, cazar, pastorear y custodiar –de donde nacen razas como la Malamute de Alaska– aunque este uso se encuentra en toda América, hasta la Patagonia. Las menciones al respecto por parte de cronistas y exploradores son mucho más numerosas de lo que uno podría suponer.

Entre los sioux de Norteamérica, por ejemplo, el pintor viajero George Catlin cuenta de una raza de perros grandes que se usaban como mulas; se les acoplaban dos postes largos a la espalda, sobre los que se ponía la pesada carga que halaban "alegre y fielmente". Johann Jakob von Tschudi, un naturalista suizo del siglo XIX, relata que el grupo peruano de los puna poseía un perro peludo mediano, de hocico corto, orejas erectas y una cola recogida sobre la espalda. Lo cataloga como *Canis ingae*. Se caracterizaba porque –pese a que era muy difícil de domesticar– servía como guardián y cazando *pishacas*, roedores grandes a los que despachaban de una sola dentellada. Aparentemente era bravísimo y tenía especial aversión por la gente europea, que veía sus viajes notablemente dificultados por estos salvajes que saltaban a los lados del caballo y les mordían las piernas. Debe haber todavía genes de esta raza en algunos perros de nuestras épocas...

La ambigüedad en las percepciones sobre los cánidos es interesante: son quienes nos cuidan, nos alegran, nos ayudan a llegar al más allá; pero también son la personificación de sentimientos tan bajos como dos de los pecados capitales: pereza y lujuria. Cuando una persona espeta "eres un perro" (o peor aún "eres una perra"), las evocaciones son negativas, y eso parece haber sido cierto también en muchas culturas precolombinas. Los incas usaban como insulto tanto "perro" como "guanaco" (siendo los camélidos andinos otras bestias notablemente útiles e icónicas).

Otra parte del libro se refiere a los perros en relación con la religión, la moral y los ritos. Los códices mayas y aztecas están llenos de referencias al respecto, con connotaciones positivas y negativas. Estos códices son libros de extraordinario valor cultural, histórico y artístico, escritos e ilustrados casi en su totalidad por escribas indígenas antes y durante la colonia. Luego de la destrucción ordenada por gente como el obispo Landa, los pocos que quedaron deben sus nombres a las ciudades europeas donde eventualmente fueron depositados (Dresde, Madrid, París) o a estudiosos (como el de Grolier). El Códice Florentino fue compilado por el franciscano Bernardo de Sahagún, considerado por ello uno de los padres de la etnografía.

Aunque aquí los ponemos juntos, todos estos códices tienen características propias y son materia de estudios profundos. En términos de los perros, por ejemplo, los códices de Dresde y Madrid los conectan nada menos que con el maíz en el sentido de que traerán buenas cosechas. Sin embargo, en otros acápites los perros aparecen como bestias que deben ser doblegadas y sacrificadas. En una escena particularmente sugerente, un perro se aparea con un gallinazo hembra, tal vez una conjunción celestial ominosa en la unión de estos dos comedores de suciedad.

En varias partes de América los perros han sido escogidos como la compañía hacia lo que viene después de la muerte, seguramente en conexión con su función de mascotas y guardianes. En Kentucky se encontraron muchas tumbas donde había perros solos o gente con perros. Muchas de las personas eran infantes, enterradas presumiblemente con su cachorro. Los perros enterrados en solitario tal vez signifiquen que para por lo menos algunos de ellos también se consideraba una vida ulterior independiente de las de los humanos. En casos como el de los hurones de Norteamérica, el tránsito de la vida a la muerte era algo muy elaborado y los perros tenían papeles protagónicos, como el de guardar el paso de las almas a través de la Vía Láctea. Las coincidencias de estos mitos en culturas remotas son sorprendentes, y no solo en las Américas. Algunos ritos de perros como guardianes o guías místicos aparecen en prácticamente todo el mundo.

Pero, ¿de dónde vinieron estos perros americanos antes de que llegara Colón? Hay tres orígenes posibles no mutuamente excluyentes:

a) los canes (o sus parientes cercanos) ya existían aquí como variadas especies nativas (incluidos los lobos, de los que surgen eventualmente los perros domésticos), independientemente de la llegada del ser humano, b) llegaron acompañando a los grupos precolombinos que cruzaron Beringia, ese puente helado en el norte que unía Asia y América, hace decenas de miles de años o c) fueron domesticados a partir del lobo por esas personas tras su llegada a estas tierras. Sea cual sea el origen, saber a qué especie pertenece cierto perro de determinada cultura es difícil, entre otras cosas porque se produjeron muchos híbridos y porque los fósiles y restos no siempre son suficientes para un diagnóstico certero.

Hay ciertas especies de cánidos que estaban preadaptadas para ser domesticadas y el lobo fue una de ellas. Los lobos viven en grupos sociales complejos con una jerarquía marcada que facilita la domesticación. Del lobo parecen salir la mayoría de las razas de perros que son comunes en nuestros días. Se debate acerca de cuándo llegó el perro típico a Sudamérica y si hubo hibridación con los perros nativos con cierto grado de domesticación. En el caso particular del lobo de Malvinas, la pregunta es, ¿cómo llegó a un sitio tan aislado? Posiblemente lo hizo temprano, cuando las islas eran parte del continente. Así, sería una especie nativa antigua, pariente de nuestro lobo de páramo. Podría ser que llegó después, con la gente. Esto tiene apoyo en evidencias anatómicas que lo acercan al dingo, una antigua subespecie de perro común que ahora está mayormente en Australia. La escasez de datos hace pensar que esta y otras incógnitas jamás serán despejadas.

Uno de los perros americanos más notables tiene una historia sorprendente. Tanto en México como en Perú, Argentina y Paraguay hay una raza de perros extraña porque casi no tiene pelo. Tuve la oportunidad de acariciar a dos de ellos, uno en las ruinas incas de Pachacama en Lima y otro en Jujuy, Argentina. Son extraños: si poseen algo de pelo es solo sobre la cabeza: una especie de cresta cerdosa y rubia que contrasta nítidamente con el resto del cuerpo, lampiño y oscuro. La cara de los dos ejemplares que vi era diferente: el primero tenía un hocico más o menos largo, el segundo parecía un pequinés, un tanto deforme. Otra característica admirable es que son muy calientes: parece que viven con calentura. Esto les ha valido el mote de "bolsas de agua vivas", algo que se aprovecha al poner estos perros –que tienen por cierto un tamaño adecuado– sobre la panza de las personas con dolores abdominales. Tocar esa piel desnuda y febril es demasiado para algunas personas.

Nuevamente, su origen es debatido, y aquí es donde se explica el título de este ensayo. El perro sin pelo mexicano, *xoloitzcuintle* (nombre españolizado como escuincle), parece ser el mismo que el perro peruano, o al menos estar cercanamente emparentado. Esto podría explicarse de varias maneras. Una de las teorías dice que ambos descienden de una raza de perros china, la crestada, y que por tanto no son autóctonos. Otra parte de la historia es que el perro peruano antes tenía una distribución mucho más amplia y que alcanzaba las costas del Ecuador actual. Hoy en nuestro país no hay vestigios vivos de perros autóctonos pero, al igual que en las culturas del Perú y de México, hay representaciones muy elocuentes de perros en la cerámica Chorrera.

Una controvertida pero intrigante hipótesis del arqueólogo Donald Lathrap de la Universidad de Illinois dice: "La presencia de esta raza [...] en Chorrera antes de 500 a.C. sugiere una vieja historia previa de atención al potencial alimentario de esta raza doméstica muy antigua, y *argumenta a favor de que ésta apareció en el Ecuador* y de allí se irradió hacia el norte del Perú y el occidente de México" (énfasis añadido). Schwartz opina que es arriesgado lanzar este tipo de ideas con base en unas pocas pruebas arqueológicas (específicamente obras de cerámica notablemente parecidas), pero la evidencia de contactos entre lo que ahora son México y Ecuador viene no solo de fuentes caninas sino también, por ejemplo, de correspondencias textiles y la orfebrería en *Spondylus*.

Así que bien podríamos tener en nuestro acervo cultural un elemento más de orgullo e identidad: nuestro mejor amigo, ese animal que nos cuida, nos despierta a lengüetazos, nos divierte y a veces nos alimenta y nos lleva al cielo. Es una pena que ya no haya perros lampiños nacidos en este territorio (aunque algún perro callejero podrá reclamar herencia), pero tal vez la próxima vez que veamos uno –por más feo que nos pueda parecer– nos acordemos de que sus tatarabuelos fueron criados por una de las culturas más antiguas e interesantes de nuestras tierras, es decir, por nuestros propios tatarabuelos. Y hasta podría servir para que empecemos a ir contra lo que es tal vez el último de los "ismos": ya hemos dado pasos, no suficientes pero importantes, para suprimir el racismo y el sexismo: es hora de crear una sociedad donde la crueldad contra los animales sea algo tan raro y proscrito como asar e ingerir perros.

Creo que este artículo topa más que ningún otro un tema neurálgico en esta tarea de escribir textos divulgativos. El del *boom* de los dinosaurios también cae en esta categoría. A diferencia de textos académicos, los requerimientos son menos estrictos en términos formales, pero eso no quita que deban ser bien investigados y objetivos (sin ser neutrales), aparte de interesantes y atractivos. Sobre estos dos últimos adjetivos solo quien los lee tiene la palabra final, pero sobre los anteriores el autor sí tiene una responsabilidad definitiva. Este texto en particular surgió muy específicamente de la lectura de un libro maravilloso que encontré sin buscar. El hecho de que en él apareciera el Ecuador (o su versión precolombina) como posible origen de los perros pelones de las Américas me pareció cautivador y decidí escribir algo al respecto. El producto final me gusta mucho, Ecuador Terra Incógnita lo acogió con gusto y ha habido más de una persona a la que le ha parecido bueno. Sin embargo, siempre me queda el gusanito de la duda de si no aproveché de más el texto original para generar un producto de dudoso valor agregado... Pensándolo bien, más allá de evitar que sea una copia burda o un plagio, me parece que básicamente de esto mismo se trata la divulgación. Mi héroe en este sentido, Stephen Jay Gould, básicamente eso es lo que hacía, pero en su caso surgían monumentos en cada uno de sus artículos para la revista *Natural History*. En general y con obvias excepciones, me parece por lo menos descortés y hasta grosero sugerir lecturas de manera inopinada y no solicitada, pero me voy a atrever a sugerir en este momento que lean a este autor que dejó tras de sí una docena de libros, cada uno mejor que el otro.

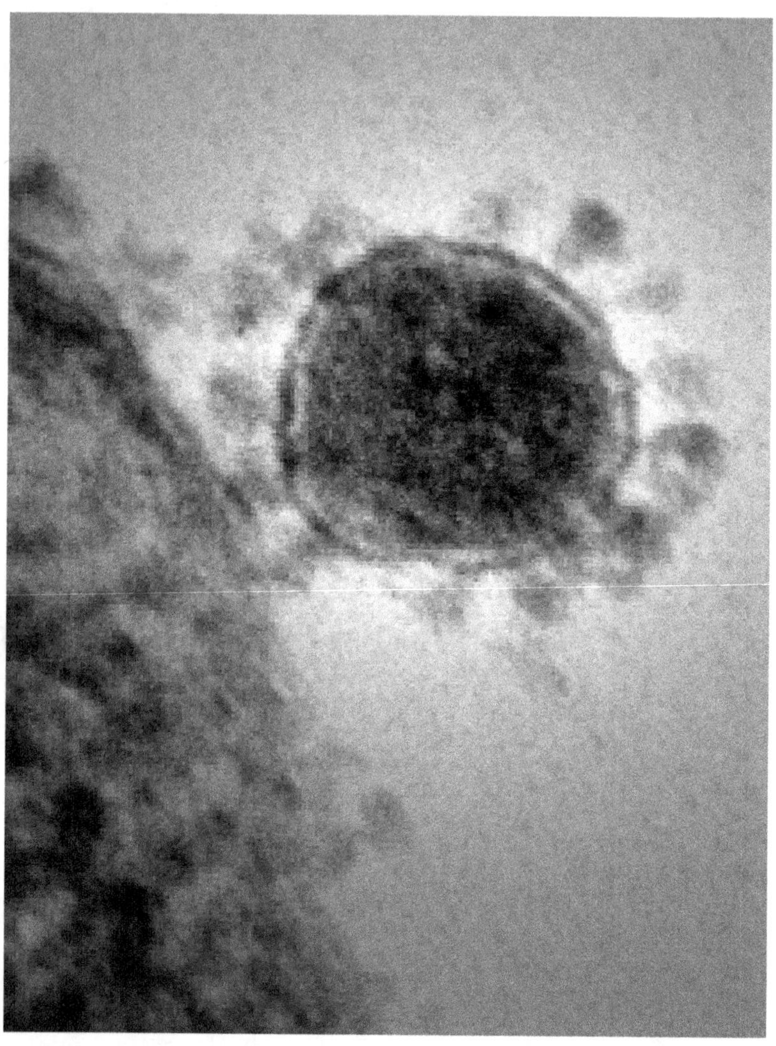

El engendro invisible. Una imagen de microscopio electrónico del corona virus (COVID-19). El tamaño es de alrededor de 120 nanómetros o 0,00012 milímetros.

Bacterias y virus:
la amenaza fantasma

TENEMOS el muy dudoso honor de haber estado en (y ojalá pasado) la peor crisis sanitaria en la historia de la humanidad. Tal vez esto sea un poco exagerado porque, en cierto sentido, el coronavirus es un principiante si lo comparamos con eventos antiguos, como la peste negra, en la Europa de alrededor de 1350, o la viruela, que asoló al mundo entero por siglos. También los hay más contemporáneos que tienen de protagonistas (o más bien villanos) a virus como el ébola y el VIH. Sin embargo, el que el corona no sea tan letal como otros no implica en absoluto que carezca de rasgos que lo hacen particularmente siniestro.

Pero no voy a hablar aquí del COVID 19 en particular, sino a presentar más bien una introducción a los virus y las bacterias. Estos seres microscópicos pueden ser muy benéficos, como las bacterias que ayudan a que los suelos sean más fértiles o que nuestros intestinos funcionen, e incluso como ciertos virus que se integraron a nuestro ADN hace eones y tienen funciones esenciales en los sistemas digestivo y nervioso. Incluso hay virus utilizados en terapias avanzadas para el tratamiento de ciertos cánceres. Para muchos puede ser un dato sorprendente que no todos los virus sean los malos de la película: lo normal es que los asociemos con enfermedades y epidemias. Y esta percepción obviamente se ha acentuado exponencialmente en los últimos meses.

Comencemos con algo típico que nos enseñaban en la escuela. Hay tres reinos: Animal, Vegetal y Mineral. Más allá de lo raro de que se hayan incluido las rocas en esta clasificación, el hecho es que es una taxonomía de largo insuficiente. Gracias especialmente a las ideas de la bióloga estadounidense Lynn Margulis (1938-2011), ahora se aceptan cinco reinos de seres vivos, con ciertas variaciones en el contenido y la nomenclatura. Las plantas y los animales siguen ahí, pero ahora hay tres más: los Hongos (mucho más diversos de lo que imaginamos: algunos nos sirven de alimento, otros nos causan una serie de enfermedades, otros colaboran con las plantas en el suelo), los Protistas (también inmensamente heterogéneos, incluyendo muchas de las algas y los protozoos) y los Moneras (las bacterias y sus parientes).

Animales, plantas, hongos y protistas son parte de un grupo llamado eucariontes, es decir, aquellos seres formados por células que tienen un núcleo y una serie de "órganos" intracelulares (llamados orgánulos). Todos los organismos multicelulares, como nosotros, son eucariontes, pero hay eucariontes unicelulares entre los Protistas, como las amebas.

Los organismos del reino Monera son procariontes, básicamente células sencillas que no forman seres complejos y carecen de orgánulos. Se trata de las bacterias y otras formas de vida cercanas como las algas verde-azules (estrictamente hablando, ahora se tiende a considerar que algunos de estos parientes forman otro reino más, Arquea, pero por el momento quedémonos solo con los cinco).

Los virus ni siquiera entran en esta clasificación, lo que nos lleva a una de las preguntas clásicas en estos debates: ¿son los virus seres vivos? ¿Deben ser considerados una rama del árbol de la vida? Una teoría dice que no están vivos porque la célula es la base de la vida y los virus no tienen una estructura celular. Otra teoría dice que solo están vivos cuando entran en una célula y se reproducen. Otra no se hace problema y acepta que sí son seres vivos, aunque de manera muy particular. Esta particularidad se refiere a que no pueden reproducirse si no utilizan la maquinaria que les presta la célula infectada (algo que, de hecho y para complicar aún más las cosas, es compartido por otros seres vivos muy particulares, las Rickettsias, estos sí con estructura celular, pero también incapaces de reproducirse fuera de otra célula). En cualquier caso, si para estar vivo es necesario: a) tener material genético, b) reproducirse y c) evolucionar por selección natural, entonces evidentemente están vivos. Podría decirse hasta que son un clímax de la evolución: organismos híper eficientes, con lo mínimo necesario y que se aprovechan de otros para mantenerse con gran éxito en la carrera darwiniana… Entonces, ¿necesitamos un reino solo para ellos?

Posiblemente nunca se llegue a zanjar esta discusión, pero, en el fondo, ¿importa realmente saber si están o no vivos de acuerdo con algún tipo de definición del fenómeno vital? Sin quitarle importancia teórica y hasta práctica a este conocimiento, parece más trascendental saber cómo funcionan, como aprovecharlos y, tal vez más importantemente, cómo controlarlos.

En términos de las bacterias, hay un consenso acerca de que unos organismos de ese tipo fueron los primeros que aparecieron sobre el planeta hace más de 3 mil millones de años. De esas células primordiales surgió poco a poco el inmenso árbol de la vida que conocemos ahora. Esto se ve cimentado en el hecho de que el código genético (el diccionario que le dice a la maquinaria intracelular qué proteínas hacer con la información contenida en el ADN de los genes) es el mismo para todos los seres vivos. Si hubiera varios orígenes y árboles evolutivos, este código podría ser también muy diverso, ya que el que tenemos no es intrínsecamente superior a cualquier otro. Por otro lado, el que las bacterias sigan entre nosotros, y con gran éxito, termina definitivamente con la idea de que la evolución es una escalera en la que seres primitivos van dando paso a seres más y más sofisticados. De lo que se trata es de sobrevivir y multiplicarse, no necesariamente de volverse más grandes y complejos.

Una célula bacteriana es prácticamente solo una membrana que rodea un citoplasma en el cual se encuentra el material genético y ribosomas, esas minifábricas de proteínas; a veces hay otros elementos como cilios ("pelos") y flagelos ("colas") para la movilidad. Existen varios tipos generales de bacterias: unas esféricas, otras en forma de coma, otras como bastoncitos, etc. Su reproducción se da de manera asexual cuando ese material genético se copia a sí mismo. Cada uno de los cromosomas iguales resultantes se va a su lado y la célula se parte. Unas proteínas especiales codificadas precisamente por ese ADN son las que llevan a cabo la partición.

Existen otras formas de reproducción entre los procariontes, como la de una cianobacteria que empieza a copiar su material genético muchísimas veces hasta tener un sinnúmero de cromosomas en su interior, momento en el cual cada cromosoma se independiza de los otros rodeado por su propia membrana y sale de la bolsa en que se convertido la célula madre, cuya envoltura se rompe. En el caso de la bacteria *Epulopiscium*, dentro de la célula madre se forman dos células que crecen dentro de ella hasta que esta se muere, se rompe y deja salir a las hijas. A pesar de estas extrañezas, el principio básico de copia de material celular y formación de células hijas es básicamente el mismo.

El origen de los virus es más enigmático y a ratos casi surrealista. Están formados por material genético, ADN o ARN, rodeado de una cápsula proteica llamada cápside, a veces con una cubierta de grasa cuando no están dentro de las células infectadas. Su estructura puede adoptar formas geométricas, como el VIH que es un icosaedro (un poliedro de 20 caras) o nuestro nuevo gran amigo, el coronavirus, que tiene una forma parecida a la de la fruta del achiote. Algunos tienen forma de un módulo lunar diminuto que se posa sobre la superficie celular e inyecta el material genético.

Hay varias teorías bastante complicadas acerca de cómo surgieron, pero ninguna parece haber dado en el clavo definitivamente. Una de estas dice que los virus anteceden a todo ser vivo y que, de hecho, son el origen mismo del árbol de la vida. Otra indica que los virus pueden haber evolucionado de seres de vida libre que adoptaron una vida parasítica muy temprano en la historia de la vida. Así como las mitocondrias, los cloroplastos y otros orgánulos provienen de procariontes que establecieron una profunda simbiosis con las células primitivas y se volvieron parte ineludible de su organización interna (pero guardando cierta independencia, como lo demuestra la existencia de ADN mitocondrial), estos otros organismos se fueron más bien por la estrategia del parasitismo. En algunos casos, los virus surgieron de partes del material genético de las células antiguas que alcanzaron una movilidad que les permitía pasar de célula a célula.

Estas y otras teorías no son mutuamente exclusivas; por otro lado, el origen de los virus no tiene que ser único. En suma, todo esto es la narración de un origen enmarañado y que ha terminado formando un universo de seres entre vivos e inanimados que, con su exquisita sencillez, pueden hasta causar estragos planetarios. ¿Cómo lo hacen? Aquí también el asunto es complicado. Hay virus que causan males menores, como las gripes o las verrugas, pero otros son monstruos invisibles como el propio coronavirus que nos tiene de cabeza desde hace un año y para largo. Algunos virus infectan, se reproducen y prácticamente no generan síntomas, mientras que otros tienen consecuencias fatídicas en los organismos contagiados al destruir los tejidos. Además, como sabemos con el coronavirus, esto también depende del individuo infectado: o no le pasa absolutamente nada o fallece a los pocos días. Por supuesto, las consecuencias de una infección viral también dependen de la respuesta defensiva del infectado, de lo que hablaremos más adelante.

En general, todos estos virus lo que hacen es introducir su material genético en la célula infectada. Lo que buscan, como las bacterias, NO es causar daño (como si tuvieran una mente maligna), sino maximizar su éxito reproductivo en términos darwinianos (recordamos aquí claramente un libro fundamental, *El Gen Egoísta* de Richard

Dawkins). Sus adaptaciones al medio han generado una serie de consecuencias que pueden ser muy negativas para otros seres, pero que son secundarias a ese fin primordial totalmente amoral.

La célula atacada puede ser de cualquier tipo, incluso bacterias. Los genes propios del virus no son suficientes como para desencadenar por sí mismos el proceso reproductivo, por lo que secuestran la maquinaria genética y enzimática de la célula atacada, y así hacen copias de su material genético. Estas copias codifican para generar una nueva cápside y así tenemos muchos virus nuevos. Generalmente los virus atacan células específicas, como por ejemplo las de los pulmones o el sistema nervioso central. Una de las ideas más interesantes acerca de esto es que los virus parecen evolucionar para NO causar demasiado daño a su hospedero, porque, como a todo buen parásito y a diferencia de los depredadores, les conviene mantenerlo vivo para su propio beneficio.

Algunos virus tienen ADN, en su típica forma de doble hélice, pero otros tienen ARN, que es de una sola cadena. En este segundo caso, para poder incluirse en el genoma de la célula infectada como ADN, se forma un ADN transicional a partir del ARN, el cual se integra al material genético invadido y empieza a replicarse para luego nuevamente formar el ARN de las nuevas copias del virus. Este es el caso del VIH y de algunos virus que causan cáncer en los seres humanos.

Las bacterias también pueden causar daño al entrar en las células y destruirlas desde adentro, pero otras lo hacen a través de la producción de toxinas que causan diversos problemas de salud de gravedad muy variada.

Otro tipo de células que entran en esta historia son las que se encargan de defender a los organismos de ataques de agentes infecciosos como bacterias y virus patógenos. Las células del sistema inmune se encargan de detectar a los intrusos y deshacerse de ellos de varias maneras. Las respuestas del cuerpo a los ataques de bacterias, virus y hongos es un asunto bastante complejo, pero básicamente hay dos mecanismos. En el sistema inmune innato, al momento en que un invasor es detectado, unas células del grupo de los glóbulos blancos llamados fagocitos ("células comedoras") lo rodean y literalmente lo tragan y destruyen. En el sistema inmune adquirido, unas células llamadas linfocitos B producen anticuerpos, unas proteínas muy particulares que atacan específicamente a los intrusos, adquieren una especie de memoria y se vuelven más efectivas tras la primera exposición. En esto se basan las vacunas: infectarnos con una versión atenuada del virus, generar la primera respuesta del sistema y lograr así que cuando llegue un virus entero ya existan los anticuerpos específicos y la respuesta sea mucho más rápida y eficaz. Todas estas células del ejército interno de nuestros organismos son generadas en órganos como las glándulas adenoides, la médula ósea, los nódulos y vasos linfáticos, el intestino delgado, el bazo, el timo y las amígdalas.

El sistema inmune no siempre tiene éxito. Aquí es donde entran los antibióticos, que son eficaces contra las bacterias pero no sirven contra los virus. Para estos hay ciertos medicamentos muy específicos que han demostrado utilidad. Los antibióticos han sido una bendición de doble filo: si bien ayudan a controlar y hasta acabar con ciertas dolencias eternas, su uso indiscriminado ha generado unas cepas bacterianas prácticamente indestructibles. Esa es la otra cara de la selección artificial: nos ha provisto de alimentos y muchos otros bienes, pero también genera problemas muy graves.

Contra los virus hay que esperar que el organismos logre por sí solo, o en el mejor de los casos con un antiviral exclusivo (como en el caso de los cocteles contra el VIH), aguantar la infección y ojalá quedar vacunados. Muchos virus mutan muy rápidamente y no dejan la huella de memoria para que el organismo los ataque más rápidamente la próxima vez. Uno, como el mismo VIH, incluso ataca directamente al propio sistema inmune. En otras palabras, contra los virus hay que atacar los síntomas y tener un sistema inmune lo más sano posible.

Las recetas, médicas y de otra índole, para lograr esto son legión, pero en general se trata de alimentarse sanamente, evitar las situaciones estresantes, hacer ejercicio, no beber, no fumar...

Hay una infinidad de catástrofes que amenazan la existencia del ser humano, pero pandemias como la del coronavirus son ejemplos de algo que las hace muy diferentes a la mayoría: un volcán que erupciona, un tsunami que avanza, un terremoto que arrasa, incluso un tirano que despoja, son cosas que se ven claramente, que vienen y se van más o menos rápido por más terribles que sean. Pero, a la vez, son cosas que muy pocas veces podemos prever. Virus y bacterias solo se ven con microscopios o por sus consecuencias. Son el proverbial enemigo invisible y eso causa tanto desinterés como pánico. Pero, en principio, se pueden predecir y enfrentar, al menos mejor que los cataclismos geológicos o políticos que a ratos nos abruman. Ojalá esta pandemia, entre lo que nos deje, sea una lección definitiva de que no por minúsculas e incorpóreas, las causas de algo no pueden tener hondas y permanentes secuelas planetarias en lo ambiental, social, cultural, económico y político.

☙

Qué época nos tocó empezar a vivir a partir del 2020. Este artículo me fue solicitado por Andrés Vallejo de Ecuador Terra Incognita para su número especial dedicado a bacterias y virus como el de la pandemia. Lo único que quiero decir ahora es que espero que todas las personas que hemos pasado por esto no solamente hayamos perdido cosas, salud y hasta seres queridos, sino que hayamos ganado algo de perspectiva acerca de la interconexión entre todo lo que nos rodea y acerca de fragilidad de la humanidad y el planeta.

PATRIMONIOS

El páramo de El Ángel, Carchi, parte de nuestro inmenso y amenazado patrimonio natural.

El Patrimonio Natural del Ecuador: la metáfora imperfecta

PATRIMONIO es una palabra que me resulta algo extraña. Me hace pensar en varias cosas a la vez, algunas gentiles, otras no tanto. Las no tanto tienen que ver con conceptos gerenciales, como los que tenemos que aprender casi a patadas las personas que no gozamos mucho con esas tareas. "Diferencia entre los valores pertenecientes a una persona física o jurídica y las deudas y obligaciones de que responde", nos dice el venerable diccionario. "Es lo que te queda después de que restas de tus activos los pasivos", nos dicen los administradores, creyendo ser más didácticos. En pocas palabras, tu patrimonio es lo que realmente tienes a pesar de que parezca que tienes más, porque te olvidaste de las deudas. Cuando hemos pertenecido a una empresa o a una fundación, estos conceptos —por más fríos y lejanos que nos parezcan— llegan a ser parte de la vida cotidiana.

Patrimonio también me suena a algo trascendente, más bien etéreo. Me suena como suenan a ratos territorio, solidaridad, evolución o biodiversidad. Son esas palabras que, pudiendo ser definidas con un léxico más o menos simple, connotan sentimientos, sensaciones y percepciones que van mucho más allá de nuestra capacidad de verbalizar o redactar. Me suena a algo que recibimos de los que fueron, que debemos cuidar para los que vienen, que debemos respetar, que debemos festejar, que debemos usar y cuya pérdida debemos resentir y condenar con toda la fiereza de nuestra alma y nuestra mente.

Hablemos del patrimonio natural del Ecuador. Ahí estos sentimientos, sensaciones y percepciones se empiezan a multiplicar por un número semejante al número de plantas que hay en nuestro país, que es la décima parte de lo que hay en todo el globo. Semejante a la cifra de especies de pájaros, que llega a ser un quinto del número total del planeta a pesar de que nuestro país, por obra de las guerras y el destino, es pequeño como un colibrí. Semejante a los 3 mil millones de años que se tomó la evolución en producir una pluralidad descomunal de especies, y la mayoría prefirió venir a nuestras tierras y no a cualquier otra parte de un mundo, ese mundo que es el único que ha generado vida. Semejante también a las decenas de diferentes ecosistemas que están en la costa, los Andes, la Amazonía, Galápagos y el océano, gracias a la tropicalidad de nuestras tierras, a la presencia de los Andes —que son una escalera donde cada escalón tiene sus propia biodiversidad—, gracias también a las corrientes marinas que convierten al Ecuador en un sánduche entre el desierto de Atacama (el más seco del mundo y con ramificaciones hacia nuestra costa austral) y la selva del Chocó (una de las áreas más lluviosas del globo, que se mete hasta Esmeraldas y las faldas noroccidentales de los Andes).

Se multiplican también por el número asombroso de variedades de papas, maíces y cacaos que hay y que han sustentado no solo como alimento a culturas que se rehúsan a morir y que en los páramos, los bosques, los manglares, los estuarios, los lagos, los ríos, las selvas, las islas y los mares, mantienen vivo el cordón umbilical entre gente y naturaleza. También se multiplica (pésele a quien le pese) por la cantidad de especies exóticas, extranjeras, extrañas que han llegado para quedarse, algunas malditas por su agresividad ante la mansedumbre de nuestros tipos nativos libres de adversarios, otras bienvenidas porque han contribuido al color de nuestras mesas, lienzos y jardines.

Irónicamente, la sensación gerencial que me provoca la palabra patrimonio vuelve a aparecer cuando me atrevo a explicar lo que siento a un nivel menos prosaico. El patrimonio que nos explican diccionarios y contadores es algo dinámico. Unos años, el activo es grande y el pasivo chico, y prosperamos: los años de vacas gordas. En años de crisis, el activo es mínimo y el pasivo gigante: la vaca se vuelve anoréxica a la fuerza. El patrimonio natural también es así, hasta cierto punto, aunque nos cueste verlo. Lo que tenemos ahora, lo que tal vez ni nos damos cuenta de que tenemos, es nuestro activo natural. Pero si hacemos bien la metáfora con la cuestión gerencial, en realidad eso no es nuestro patrimonio.

Es que le hemos hecho daño a la naturaleza, especialmente desde que llegaron las máquinas y ciertas bestias exóticas. No es hace mucho que este fenómeno es grave, pero en realidad es algo que ha sucedido desde hace miles de años. No se sabe mucho en nuestros territorios, pero por lo menos en otras latitudes ya la gente de hace decenas de miles de años causaba trastornos monumentales —aunque esporádicos y localizados— a estos activos naturales. Parece incluso que grandes civilizaciones como los mayas, esa que contaba con los dedos de los pies y de las manos (usaba la base 20 y no la base 10 para sus cálculos mercantiles y astronómicos), que ya entendía el cero cuando los romanos seguían con palitos y cuñas, y que poseía un lenguaje escrito sencillamente único, ya dejó de ser una civilización brillante mucho antes de que llegaran los invasores europeos. ¿La razón? El principal culpable parece ser la sobreutilización de los recursos naturales, es decir, un aumento de los pasivos y un decremento de los activos de la biodiversidad, más allá de lo tolerable según los dictados de las leyes de natura. Conocer maravillas sobre el movimiento de los astros y saber usar el abstractísimo cero no fueron suficientes para frenar la catástrofe socioambiental. El patrimonio de los mayas, de los habitantes de la Isla de Pascua y muchos otros pueblos en todo el planeta simplemente se fue haciendo mínimo e insostenible. Los descendientes actuales de esos pueblos, entre otras razones históricas que van más allá de estas líneas, deben su pobreza y su marginalidad a que su patrimonio natural fue menguando.

Ahora se habla mucho, y con razón, de que hay que valorar la biodiversidad más allá de estimaciones éticas y científicas: se necesita poner la biodiversidad, o sea, el patrimonio natural del Ecuador, en las cuentas nacionales. Hay que saber cuánto se pierde en sucres (perdón, dólares) cada vez que se compacta el suelo de un páramo, cada vez que se tala un bosque en Esmeraldas, cada vez que desaparece un manglar, cada vez que el último representante de una especie es cazado, pescado, envenenado o despojado de su última posibilidad de hábitat, cada vez que el oleoducto se parte y derrama lo que hace millones de años fue parte de esa misma biodiversidad, vomitando crudo sobre un activo y convirtiéndolo en pasivo. Es duro que hayamos tenido que llegar a esta necesidad de ver en la biodiversidad los signos del dinero para que podamos valorarla, pero peor es nada. Mas no debemos llegar al extremo de que solo esa sea la forma de enfrentar una crisis que puede ser la peor que ha visto la humanidad.

La metáfora es útil, definitivamente: nos hace ver que lo que tenemos ahora no es nuestro patrimonio, que solo es la parte positiva, activa de él. Tenemos que tomar conciencia que nuestro patrimonio natural es también todo lo que se perdió y no debió haberse perdido: todo lo que debemos y tal vez nunca podamos pagar. Son esas deudas que tenemos que pagar por un desarrollo mal planificado, inmediatista, quemeimportista, elitista, sectario, racista, sexista y especista. Las extinciones, las fragmentaciones de hábitat, las contaminaciones, las variedades de papas que perdieron la lucha por sobrevivir en los pueblitos más alejados del Chimborazo y los gastos impresionantes que se han debido hacer para devolver a la naturaleza al menos parte de su esplendor, eso también es nuestro patrimonio.

Pero la metáfora, siendo útil, no es ideal: a diferencia del patrimonio gerencial, puramente economicista, el patrimonio natural solo puede ir decreciendo. No hay épocas de crisis y de bonanza. Ni siquiera con toda la tecnología de crear especies en laboratorio a la *Jurassic Park* o a la Dolly podremos regenerar la biodiversidad perdida o el suelo del páramo compactado como una esponja vetusta. O en el mejor de los casos, el costo de estas remediaciones artificiosas será incluso mayor que lo perdido. Lo que necesitamos, lo que tenemos que crear, es una época en la cual crisis y bonanza no sean alternativas, porque simplemente no lo son, una época en la que la única alternativa sea la del desarrollo con una equidad que trascienda las vicisitudes de la única especie que puede filosofar y actuar sobre estas cosas. Pero si ni siquiera somos capaces de ver al patrimonio como algo sólido y unificado, si hacemos barbaridades como separar "oficialmente" el patrimonio forestal del patrimonio natural, si la biodiversidad es la última rueda del coche, tanto como para politizar hasta la muerte a una ley nacional para su protección, los pasivos serán más y más, y los activos menos. Y el patrimonio natural menguará hasta que ni siquiera tenga sentido mencionarlo.

Aún no estamos tarde. Parte del patrimonio natural de nuestro país es la gente, y la gente del Ecuador, que ha demostrado que puede tomar decisiones drásticas y cambiar el rumbo del país en otros ámbitos (solo dos ejemplos: la caída de Abdalá Bucaram y las medallas de Jefferson Pérez) puede cambiar también el rumbo en estas cuestiones y generar un siglo verde donde el patrimonio natural sea uno, grande y eterno, y encontremos metáforas mejores que nos eleven el espíritu más allá de las nubes.

☙

Con el paso del tiempo, la lista de ejemplos de gente que refuerza el patrimonio ha crecido. Se me ocurren de inmediato los nombres de Antonio Valencia, Richard Carapaz y Myriam Núñez. Todos deportistas, en efecto, lo que no dice nada malo del deporte en absoluto; pero sí nos hace pensar que hay también gente en muchos otros ámbitos que no llega a los titulares, excepto tal vez las personas de la farándula o la política: funcionamos a través de luces fulgurantes que los medios magnifican, para bien y para mal, y ahora incluso más con las redes sociales y los memes. De manera mucho menos espectacular aparecen de vez en cuando personas de las ciencias o las artes. No solo es que el patrimonio es escaso y está en peligro, sino que, como las especies aún no descritas, muchas veces existe pero está escondido o tapado.

Volume 83
Number 4
1996

Annals
of the
Missouri
Botanical
Garden

ALWYN HOWARD GENTRY, 1945–1993: A TRIBUTE

This issue of the *Annals of the Missouri Botanical Garden* is dedicated to the memory of Alwyn H. Gentry. The first section contains contributions by some of those scientists who knew him. It begins with an overview of his life by James S. Miller, including lists of Gentry's publications and of his students. A transcript of the presentations given at the memorial service held at the Missouri Botanical Garden on 20 August, 1993, follows. The speakers were: Theodore M. Barkley, Hugh H. Iltis, Walter H. Lewis, Enrique Forero, Mark Plotkin, Oliver Phillips, and Ricardo Rueda. The tribute closes with the eulogy delivered by Peter H. Raven.

ANN. MISSOURI BOT. GARD. 83: 433–460. 1996.

El número especial de Annals of the Missouri Botanical Garden dedicado a Alwyn Gentry.

La última lectura de
Al Gentry

LO que tenía en mis manos era un artefacto de tamaño semejante a una cámara de fotos pero más plano; era gris, lleno de botones y ventanas digitales. Su nombre, que no le dice nada al que no ha estudiado geografía, es GPS.

Son las siglas de *Global Positioning System* (Sistema de Posicionamiento Global) y el aparato sirve para saber exactamente donde uno se encuentra. En sí mismo es algo impresionante: a través de comunicaciones con los satélites más cercanos, puede decirnos –con errores muy pequeños– la latitud, la longitud y la altitud a la que nos hallamos en determinado momento. Su utilidad para la gente que trabaja en el campo, como en geología y biología, así como para la milicia y otras profesiones, es obviamente inmensa.

Este particular GPS tenía algo más que milagros electrónicos en su interior. Era parte del equipo que había sido rescatado del accidente aéreo donde perdieron la vida varios connotados científicos y ambientalistas en la provincia del Guayas. Uno de ellos era el botánico Alwyn Gentry, la única persona en la nave accidentada a la que yo conocía personalmente.

Tuve acceso breve a este equipo, que tenía que ser enviado a los Estados Unidos, porque un amigo y compañero, Roberto Ulloa, era el representante de la organización ambientalista Conservación Internacional. Para esta ONG estaba trabajando Al Gentry cuando se subió a la avioneta de su último viaje. Lo rescatado del accidente estaba en la oficina de Roberto, y es así como alcanzamos a ver el extraño aparato junto a una de las mochilas.

Cuando lo hicimos funcionar, con una mezcla de curiosidad y algo más, nos dimos cuenta de que tenía memorizados unos datos de posición geográfica. En el momento en que los números aparecieron en la ventana de cristal líquido me recorrió un escalofrío. Esos datos no eran datos cualesquiera: eran la última lectura que habían hecho Al Gentry y sus compañeros antes de estrellarse contra las montañas cercanas a Guayaquil cuando corría un 3 de agosto de 1993.

Con un adrenalinazo corrimos al mapa a ver dónde estaba el punto que representaban esos números: 0°12'02"S; 78°28'47"W. Nuestros dedos se deslizaron sobre el mapa grande del Ecuador y se fueron poco a poco acercando al sitio de la última lectura. Se posaron finalmente en la región suroriental. Era la Cordillera del Cóndor.

Al Gentry era una persona muy especial. Esto puede fácilmente resultar una perogrullada en esta época en la cual decir "especial" a alguien es decir absolutamente cualquier cosa. Pero Al lo era por varias razones:

Nacido en 1945 en Kansas, Estados Unidos, fue una de las personas que más especímenes botánicos colectó en toda la historia de las ciencias: 70.000 especímenes, la gran mayoría depositados en el Jardín Botánico de Missouri, en San Luis, pero con duplicados en otros herbarios mayores del mundo, incluyendo los nuestros. Si 70.000 especímenes es una cifra que para el no iniciado resulta poco informativa, créanme que es realmente impresionante.

Por supuesto, colectar por colectar no tiene mayor sentido e incluso podría ser visto solo como una depredación de los recursos (especialmente si se llegan a cifras como la que poseía Al). Pero la toma de muestras botánicas tiene una meta muy clara: aumentar el conocimiento de la biodiversidad y documentarla sistemáticamente. Esto, a su vez, puede ser usado para mejorar el manejo de los recursos naturales de las áreas más diversas y frágiles del planeta, como las de nuestro país.

Al no solo colectaba para que otros usaran esa información. La producción científica de este hombre simpático, alto y barbado de 48 años, es la producción de una persona propietaria de un cerebro privilegiado y de un corazón inmenso.

Él, al igual que la mayoría de botánicos y botánicas, era especialista en un grupo determinado de plantas. El cholán o árbol del matrimonio (*Tecoma stans*), una de las más bellas plantas ornamentales de nuestros jardines (si no lo reconocen por sus nombres, seguramente lo harán si les digo que es un árbol frondoso con flores amarillas muy intensas que producen unas vainas largas con semillas voladoras), pertenece a la familia de plantas de la cual él era el indiscutido maestro mundial: las Bignoniáceas. A pesar de esta especialización, Al Gentry podía identificar, como casi nadie en el mundo, todas las plantas de los países que mejor conocía: Colombia, Perú, Bolivia, Paraguay y Ecuador.

En nuestro país, Al fue uno de los impulsores del Centro Científico Río Palenque, una propiedad entre Santo Domingo de los Colorados y Quevedo, uno de los últimos remanentes de bosque de estribaciones occidentales que quedan en el país. La Flora de Río Palenque, escrita en colaboración con el orquideólogo Cal Dodson, es a la vez una muestra de la calidad y la estrictez científicas que siempre lo caracterizaron y del interés que puso en la conservación de ecosistemas que una vez fueron altamente ricos en especies y que han sufrido como pocos el embate del desarrollo mal entendido.

Aparte de sus labores puramente botánicas, se dedicó a varias otras disciplinas biológicas relacionadas. La biogeografía, es decir el estudio de los patrones actuales y pasados de la distribución de plantas y animales en el mundo, fue también una de sus pasiones, en la cual realizó muy importantes contribuciones. Sus escritos sobre estos temas están ya entre los clásicos de la fitogeografía neotropical (es decir, las plantas de los territorios americanos comprendidos entre los trópicos).

Tal vez su mayor pasión, a la que dedicó la mayor parte de sus últimos años entre nosotros, era la conservación. Luchó por salvar los escasos remanentes de bosque natural que quedan en el occidente de nuestro país, por ejemplo. Hizo numerosas visitas a los sitios donde antes hubo una diversidad inmensa y donde todavía se puede salvar lo poco que queda. Al documentó, junto a otros ilustres científicos, la magnitud de esta pérdida, especialmente para los próximas generaciones, pero también sugirió alternativas para evitar una pérdida definitiva.

Al Gentry no era solo una persona que había leído mucho y que por ello sabía todo lo que sabía y escribía todo lo que escribía. Él era un hombre de campo, que pasaba mucho tiempo fuera de su hogar, en las montañas andinas o en las planicies amazónicas. Era una persona a la que poco le importaba el mojarse hasta los huesos o dormir en carpas sobre un suelo áspero y húmedo. No sé cuántas de las enfermedades tropicales hayan hecho presa de él ni cuántos resbalones le hayan hecho sufrir dolores musculares y óseos por días largos y tediosos.

Es famosa entre sus colegas una fotografía de Al que salió en un artículo que publicó sobre él hace un par de años una de las principales revistas norteamericanas: un hombre magro, exhausto, cargando un inmenso costal a través de una selva densa, empapado por una lluvia que caía a cántaros, con la barba larga y la ropa gastada.

Al Gentry no se limitaba a leer sobre las plantas, sobre los bosques, sobre la gente de la selva. Él los conocía, mucho mejor que gente nacida en ciudades cercanas a estos bosques. A él le importaban más la conservación y el futuro de los recursos naturales que a la gente de los propios países donde estos se están perdiendo. Él no leía solamente: estaba en los sitios más remotos y peligrosos, el hacía ciencia, el hacía conservación y su partida deja un vacío inmenso e irreparable.

Por eso no es extraño que la última lectura del GPS estuviera localizada sobre la Cordillera del Cóndor, esa tierra donde han combatido y perecido hermanos que comparten más de lo que se imaginan; esa tierra donde la naturaleza es pródiga y salvaje. Sobre esos parajes volaba y caminaba Al Gentry con sus compañeros poco antes de ver por última vez sus bosques queridos.

Seguramente Al conocía los peligros que le acechaban y los enfrentó con valentía y altruismo a toda prueba. La última vez que lo vi fue en Nueva York, en un Simposio sobre Conservación y Diversidad del Bosque Montañoso en el Neotrópico. A pesar de que posiblemente era el asistente con mayor currículum, nunca se mostraba engreído ni mucho menos. Con su esposa formaban parte de un conglomerado humano especial pero normal después de todo. Ella también iba a venir, pero por una ironía histórica increíble no lo hizo: aparentemente no vino porque, por ser peruana, no le era permitido volar sobre la Cordillera del Cóndor, el lugar donde se hizo la última lectura geográfica.

La inmortalidad física de los hombres y las mujeres no es posible (y ojalá nunca lo sea). Pero mucha gente vivirá de otra manera por mucho, mucho tiempo después de sus últimas lecturas. Al Gentry, con sus innumerables colecciones botánicas por todo el mundo, con sus centenas de artículos y numerosos libros, con sus conferencias y fotografías magistrales y, más que nada, con su corazón extraordinario, ha dejado más de lo que el mismo se imaginó para evitar que las memorias le sean ingratas. Su recuerdo durará en nuestras mentes mucho más de lo que pudo durar el dato de la última lectura en el pequeño instrumento gris, sofisticado y lleno de botones que se comunica con los satélites para decirnos donde estamos.

Este artículo me desvía a pensar más bien en los cambios que ha habido en los sensores remotos. Recuerdo que los primeros aparatos GPS eran unos mamotretos. Realmente eran inmensos y sus prestaciones eran risibles frente a lo que ahora se puede hacer incluso con el teléfono celular, ni siquiera de los de alta gama. En las oficinas de EcoCiencia teníamos instalada una antena dedicada a recibir las señales de la gente que trabajaba en el campo y que mandaba información de sus GPS. En el campo mismo había que cargar una laptop y una antena, que muchas veces había que trepar a la copa del árbol más alto para que recibiera y mandara bien las señales satelitales. En las oficinas nos maravillábamos al analizar un mapa donde se veían unos puntos que señalaban dónde había estado equipo de investigación. Además, había que contar con unos códigos para leer bien la información geográfica que estaba errada adrede para evitar el espionaje. Esto era en los años noventa del siglo pasado.

Parte de la ilustración de *Rupicola peruvianus sanguinolentus* de Smit para *Exotic ornithology: containing figures and descriptions of new or rare species of American birds*, 1869 (originalmente en color).

Dominio público

El gallo de la peña: nuestro propio patito feo

LA caminata por una ladera de bosque andino es difícil cuando el sol brilla por entre las hojas. La pendiente es fuerte y cambiante en cada paso, el camino es lodoso y denso el enramado. Cuando esta travesía se hace de noche, tal vez con la luz de la Luna y nada más, el avance se complica tremendamente, pero la experiencia se ve compensada por la novelería y, de cualquier manera, el paseo nocturno es sobrecogedor, alucinante.

Lo que más alienta al caminante inexperto a seguir en estas condiciones, muy diferentes a las que conoce diariamente en la ciudad (donde mucho es predecible y casi todo está iluminado), es lo que le han prometido para el final del trayecto. Tras cruzar acequias y rodar un par de veces sin atinar de donde agarrarse, el grupo llega al río Bravo. La luz ya está presente después de hora y media de azaroso avance y el caminante se apresta a admirar (con un poco de suerte) un espectáculo único en la naturaleza: las danzas nupciales del gallito de la peña.

Todos los presentes han llevado sus binoculares y hay por allí hasta un buen telescopio. Muchos son turistas "ecológicos", aunque también hay una que otra ornitóloga famosa que ha llegado exclusivamente para ver el show.

No hay como acercarse mucho, no solo porque se perturbaría a las aves en sus bailes, sino porque simplemente la topografía es arrugada como una pasa y la vegetación impenetrable como una red. Pero desde el mirador natural, al otro lado del río, se ve claramente lo que pasa. Y lo que pasa es lo siguiente:

De pronto llega un macho. Es un ave hermosa como pocas. Su color dominante es un rojo escarlata brillante, matizado por grises y un negro profundo, con una estética que hace palidecer de envidia al artista más consumado. Tiene el tamaño de un gallo doméstico pequeño y un porte que es garboso y robusto a la vez; al igual que el gallo común, posee una especie de cresta. Pero en el caso del gallito de la peña, esta no es una protuberancia carnosa de dudosa belleza sino un majestuoso copete de plumas rojas que le cae hacia adelante y le cubre parte del pico, que es más bien pequeño.

Poco a poco, llegan más y más machos, como si acudieran a un mitin tempranero. Cada uno se ubica en una rama, que le sirve como percha. En un momento dado puede haber unas cuantas decenas.

En la espesura del bosque circundante están las hembras, que se parecen al macho pero son un poco más livianas y de colores menos llamativos (un agradable café canela) y sin copete. Al parecer, están presenciando a hurtadillas la reunión de los machos.

El sitio donde se reúnen es el mismo, días tras día, año tras año, y las perchas ocupadas de igual manera. Los gallitos empiezan a realizar maniobras, ya sea en solitario o generalmente en parejas, ante el estupor de la gente y la mirada atenta de las hembras. Este proceder, muy complicado e interesante desde varios puntos de vista biológicos, ha sido estudiado en las montañas cercanas a Mindo por la bióloga Rossana Manosalvas, quien nos explica los pasos dentro del espectáculo arbóreo, y la razón de que se produzca.

Algo que salta a la vista es que la ciencia tiende a sistematizar todo. Con esto tal vez se pierde un poco de lo espontáneo y de lo natural, pero se gana mucho en claridad y en entendimiento. Los pasos del baile que hacen los gallitos de la peña se han clasificado de la manera siguiente:

Desafío.– Dos gallitos se paran en la misma percha y se acercan y se separan mientras giran 180º. No hay contacto directo entre ellos.

Suplantación.– Uno de los gallitos es espantado de su percha por otro que se apropia de ella. Pero este no se conforma con ello sino que, el buscapleitos persigue al primero a desplazarlo de cada nueva percha que consigue.

Batido de alas.– Un gallito se coloca al frente de otro, en el extremo de otra rama, la cual empieza a doblarse con el peso. Para evitar esto, y aparentemente para enseñar todos sus encantos, bate las alas mientras las hojas jóvenes se desprenden del árbol. Este es uno de los momentos cumbre del despliegue.

Peleas de agarre.– Esta acción espectacular se produce cuando los dos gallitos que estaban participando en el batir de alas se sueltan de sus perchas y caen al suelo en picada con sus patas entrelazadas en un combate incruento. Muy poco antes de estrellarse contra el suelo del bosque, se sueltan y aletean para regresar a sus ramas.

Todas estas interacciones, nos explica Rossana, tienen lugar entre varias parejas de gallitos a la vez (y recuerden que hay hasta unos 30), y las palabras se quedan muy cortas, como tantas otras veces, para expresar la peculiaridad y la grandeza del espectáculo. Además, durante la exhibición, los gallitos emiten gritos y berridos que contrastan con la belleza visual, pues son cacofónicos y estridentes.

Las preguntas obvias que aparecen ante el neófito interesado son varias: ¿qué sentido tiene todo esto? ¿Qué sacan los gallitos gastando tanta energía en algo que seguramente no tiene la intención de entretener a los turistas? ¿Qué pasa después de que se acaba el show, tras aproximadamente una hora o más de duración?

Para no hacer el cuento muy largo ni exageradamente científico, vale la pena decir solamente que la naturaleza, a lo largo de miles de millones de años, ha desarrollado no solo formas sino también comportamientos que permiten que las especies se mantengan en la carrera evolutiva. Algunas lo han logrado con gran éxito, otras han sucumbido ante los avatares y se han extinguido.

Los machos del gallito de la peña realizan toda esta serie de bailes para que, al final, quede el macho que de alguna manera (tal vez todavía incomprensible para los humanos) es el más apto para dejar descendencia. En pocas palabras, los bailes (que en conjunto se llaman *lek*, una palabra escandinava que significa simplemente "juego") les permiten a las hembras escoger al "mejor" macho como padre de sus hijos. De esta manera, se asegura que las próximas generaciones tengan los mejores genes. Tras el *lek*, el macho ganador (el más vistoso y bailarín) es el que copula con la mayor cantidad de hembras.

Las personas que guían en Mindo son parte de una comunidad muy especial por el interés que ha puesto por conservar los bosques circundantes a esta pequeña población al occidente de Quito. Saben mucho sobre el *lek* y explican adecuadamente lo más importante a los asistentes, que han quedado sencillamente maravillados: ¡claro que valió la pena madrugar y caminar azarosamente en la penumbra!

Antes de regresar al desayuno en el Centro de Educación Ambiental que poseen los Amigos de la Naturaleza de Mindo cerca del pueblo, el grupo se dirige hacia el río. El sonido del agua se mezcla ahora con el de miles de aves pequeñas que revolotean cerca de las orillas.

Debajo de una pequeña cascada se ve una cosa oscura con algo que se mueve torpemente. Los más avezados logran llegar con el guía hasta un punto muy cercano y se dan cuenta de que lo que han visto es un nido burdo que tiene en su interior a dos pichones con una apariencia casi diametralmente opuesta a la de los gallitos de la peña que acaban de ver en su baile nupcial.

Estos avechuchos están casi desnudos y ciegos. Solo tienen unas plumas largas y delgadas como cerdas de un color café oscuro. Todo el tiempo alargan sus cuellos desgarbados mientras abren unos picos desmesurados tratando de llamar la atención de su madre para que les traiga algo de comer. La escena es casi patética.

Pero la mezcla de ternura y risa que provocan desaparece pronto de la mente de los observadores cuando se dan cuenta de la verdadera identidad de estos seres: son los pichones de los gallitos de la peña; son los que en pocos meses estarán bailando (tal vez mejor que sus propios padres y con colores más vistosos) en las perchas del río Bravo. No son pocos los que se percatan de que esta es una fábula aún más decidora que aquélla que nos han contado alguna vez a todos los que fuimos infantes: el gallito de la peña es nuestro propio Patito Feo.

Tal vez sería preferible que no se transformaran estos pichones en algo incluso más bello que un cisne. Hay muchas personas que los cazan para embalsamarlos o para usar sus plumas. El gallito de la peña está en peligro de extinción, no solo porque se lo caza, sino porque su hábitat, el bosque andino de Venezuela, Colombia, Ecuador, Perú y Bolivia, está cada vez más destruido. La especie del gallito de la peña (que tiene el nombre científico de *Rupicola peruvianus*) tiene varias subespecies y la ecuatoriana es, afortunada y desgraciadamente a la vez, la más vistosa de todas por su soberbio color escarlata.

Es de todo el mundo la tarea de conservar esta ave y todo lo que ella representa junto a las demás especies: no solo una historia evolutiva (de la cual nosotros somos una ínfima parte) sino un futuro decente para las próximas generaciones de plantas, aves y humanos. No solo le compete a gente como Rossana o a pobladores rurales como los de Mindo el salvaguardar este, nuestro único y verdadero patrimonio común y planetario.

Tal vez una buena forma de comenzar a cambiar nuestra actitud es visitar las montañas de Mindo o de cualquier otra parte del país donde todavía haya algo de bosque natural y disfrutar sanamente, en familia, entre amigos, del río limpio, de la noche transparente y del gallito de la peña.

Este texto me lleva a profundizar un poco más en la cuestión de los nombres científicos. Estos vienen generalmente del latín y/o el griego, y deben responder a las reglas gramaticales de estos lenguajes, especialmente en términos de género. El caso de *Rupicola peruvianus* generó una pequeña discusión con mi amigo ornitólogo Juan Manuel Carrión. Como parece lógico, en las publicaciones más antiguas que tienen este nombre aparece como *Rupicola peruviana*. Si uno googlea va a ver que en efecto este nombre es bastante común. Pero las publicaciones más nuevas dicen *Rupicola peruvianus*. Esta versión también es bastante ubicua en el Internet. La reacción inmediata es pensar que peruviana es la correcta, porque corresponde bien a la terminación del género: ambos suenan a femenino, pues la terminación "a" generalmente corresponde a ese género. Pero no siempre esa lógica inmediata funciona e incluso genera ese tipo de errores por siglos. Resulta que *Rupicola* es en realidad masculino en latín. En español hay unas cuantas palabras que, siendo masculinas, parecen femeninas, como planeta y mapa (y que son uno de los terrores de quienes quieren aprender nuestro idioma; de hecho, una buena forma de saber si alguien no hispanoparlante lo domina es cuando no dice "la planeta"). También hay otras que pueden servir para los dos géneros, como pirata, astronauta y, especialmente, terrícola. Ese es más o menos el caso de *Rupicola*, pero con reglas gramaticales latinas bastante más complejas que las del español.

Glaciares como los del Antisana crecieron mucho durante las glaciaciones y al retirarse descubrieron el paisaje de páramo que conocemos ahora.

El hielo:
crisol de la diversidad

GENERALMENTE es difícil decir precisar cuánto de lo que sucede hoy está marcado por lo que pasó hace tiempo, pero es innegable que al menos ciertos eventos antiguos han tenido una influencia notable en el presente. Por supuesto, todo depende de la escala. A niveles individuales, lo que hicieron o dejaron de hacer nuestros abuelos (hace unas cuantas décadas) puede tener consecuencias significativas en nuestras vidas. A escala universal, los tres primeros minutos después del *Big Bang* (hace unos 14 mil millones de años) fueron determinantes para lo que sucedió después en la historia del cosmos.

A una escala intermedia (que trasciende los predicamentos personales y que, sin embargo, nos afecta cotidianamente más que las aventuras de agujeros negros y cometas), está lo que sucede en nuestro planeta. Lejos de ser una bola estática, la Tierra ha tenido una historia de cambios constantes, muchos de ellos catastróficos y violentos, otros lentos y continuos, todos interactuantes y repletos de repercusiones para la vida y la sociedad.

A esta escala planetaria, uno de los eventos más singulares es el de las glaciaciones. Ya nos quita la respiración el solo hecho de pensar en colosales masas de hielo que avanzan lenta e inexorablemente, cubriendo vastas zonas de la Tierra durante miles de años y que luego se retiran de la misma manera. Las consecuencias actuales de esos movimientos de hielo son algo todavía más extraordinario porque, al contrario de lo que sucedía hace miles de años, vivimos esas consecuencias día a día, muchas veces de manera inadvertida. Pero, ¿qué tienen que ver las antiguas edades de hielo con lo que pasa hoy? ¿Qué relación hay entre todo esto, un país como el nuestro y las vidas de sus habitantes?

Para empezar, vale revisar lo que son las glaciaciones. Una de las grandes variaciones que sufre nuestro planeta, de manera irregularmente cíclica, es la de la temperatura. No hablamos de la temperatura diaria, ni de la anual, ni siquiera de los cambios causados por los gases de efecto invernadero, sino de cambios a escalas temporales mucho mayores. De tiempo en tiempo (medido en decenas y centenas de millones de años), el planeta entero se enfría, y los casquetes polares empiezan a crecer; crecen tanto que cubren sitios que antes no habían conocido ni de lejos estas masas heladas.

Por qué sucede algo tan extraordinario no está del todo claro. En ámbitos académicos hay varios debates sobre el tema, inclusive sobre si la causa está fuera de nuestro planeta (por ejemplo, variaciones en la órbita alrededor del Sol que hacen que la Tierra se aleje de su estrella madre, o el cruce del sistema solar por una nube cósmica, lo que oscurece y enfría todo) o dentro de él (como cambios en la situación de los polos, aumentos y descensos de la temperatura interior del globo, etc.).

Sin centrarnos aquí en la razón precisa, que debe ser de hecho una mezcla compleja de factores, lo cierto es que no solo los casquetes polares crecen durante las glaciaciones. En zonas donde no llegan los hielos polares, incluyendo las zonas tropicales como la de nuestro país, los hielos de las cimas montañosas también crecen y cubren enormes áreas que antes tenían vegetación y un clima más templado. Cuando la causa de este descenso global de la temperatura cesa, los glaciares, una sábana sólida de hasta varios kilómetros de alto, empiezan a retroceder, tanto hacia los polos como hacia las partes más altas de las montañas. El agua helada vuelve a ser líquida.

Este retiro paulatino va mostrando un paisaje profundamente alterado por esta especie de motoniveladora gigante que ha pasado de ida y vuelta. Hay grandes valles abiertos en forma de U, lomas nuevas formadas por el material de arrastre (como las morrenas laterales y terminales), montañas viejas que prácticamente han desaparecido, lagunas y ríos que antes no había, y seres vegetales y animales adaptados por selección natural al efecto drástico del avance y retroceso de los glaciares. Todo esto lo podemos ver actualmente, cuando estamos en un período interglaciar.

Más allá de las características paisajísticas anotadas, si vivimos en un sitio como Dinamarca, por ejemplo, una consecuencia trascendental de la glaciación es la diferencia entre los suelos que quedaron luego de que se retiraron los hielos. Hasta donde avanzó el helado arado monstruoso, los suelos mejoraron notablemente; en los sitios que se libraron del paso de los hielos, estos son más pobres. La línea de separación es muy clara: a un lado, bosques y campos agrícolas; al otro, brezales en tierra dura y poco fértil. Entonces, el avance y retroceso de los glaciares ha contribuido, a un nivel global, a diversificar los sistemas ecológicos y los paisajes del planeta y a moldear concomitantemente el comportamiento de la naturaleza y las sociedades.

En los trópicos, a más de hacer que los glaciares de las grandes montañas se resbalaran hacia abajo y cubrieran sitios que en la actualidad son páramos y bosques montanos (todos ellos repletos de evidencias de glaciaciones antiguas), también en las partes bajas hay testimonios de la acción, indirecta pero poderosa, de los glaciares. Obviamente, sitios como Esmeraldas o la Amazonía jamás vieron al hielo avanzar y cubrir áreas inmensas. En estos sitios, las épocas glaciares se manifestaron de manera más sutil pero igualmente activa. En pocas palabras, los trópicos bajos de todo el mundo se hicieron más secos.

Esto se explica así: si una buena parte del agua que antes servía para hacer la lluvia y la humedad de estos sitios se transforma en hielo, aunque sea en otras partes del mundo, lo lógico es que estos sitios se tornen más áridos. Hay evidencias de que, efectivamente, mucho de las selvas húmedas de la Amazonía se transformó en ecosistemas más secos: ya no había un verdor esplendoroso sino más bien una pradera semejante a ciertos ecosistemas templados o a una sabana africana de la actualidad. Pero hoy día hay una diversidad increíble justamente en estos sitios que hace decenas de miles de años se transformaron en ecosistemas más secos y homogéneos. Parte de la explicación es que, al retirarse los hielos, la vida recobró su ritmo "normal" y la cantidad de especies, que había bajado notablemente ante el drástico cambio climático, se recuperó. Sin embargo, la verdad es más complicada e interesante.

Podría decirse que las glaciaciones, a pesar de que en un principio tuvieron un efecto devastador sobre la diversidad de las tierras tropicales bajas (y no se diga de las altas), a la final generaron una especie de crisol de diversidad que se explica por lo que se llama técnicamente "refugios pleistocénicos". El Pleistoceno es la época de la Tierra anterior a la que estamos viviendo (Holoceno), duró unos dos y medio millones de años y terminó hace unos 10.000 años. Justamente, el final de esta época corresponde con la última gran glaciación o "edad del hielo" (lo que se ve de manera muy entretenida pero no del todo científica en las películas animadas homónimas).

Las sequías que caracterizaron a este período no afectaron a todas las partes tropicales bajas, habitualmente lluviosas y tórridas. Se salvaron ciertos sitios, aquellos especialmente húmedos, que mantuvieron las condiciones de selva lluviosa. Se puede decir que las especies sintieron que el clima estaba cambiando, se apiñaron en estos refugios y así se estableció una competencia extrema que tuvo como consecuencia una explosión de eventos de especiación y diversificación. En pocas palabras, había que: a) ganar en la competencia; b) cambiar para no perder en la competencia con enemigos más fuertes, o, c) perecer y extinguirse. Esta dinámica, normal en la lucha por la supervivencia y causante esencial de la diversidad biológica, se vio acelerada por el amontonamiento de especies que competían en estas zonas especialmente húmedas y que, en efecto, corresponden a estos refugios pleistocénicos. Cuando los hielos finalmente retrocedieron, la plétora de especies vegetales y animales de los refugios, producto de la competencia exacerbada, empezó a salir de ellos para recolonizar las áreas que estaban recuperando parcialmente sus condiciones climáticas originales.

El Ecuador, con una serie de circunstancias que lo hacen especialmente biodiverso, también debe este honor a los eventos relatados. Las personas que han estudiado estos fenómenos han podido determinar en los mapas diversas zonas que corresponden a los refugios pleistocénicos. Datos que vienen de estudios de mariposas, árboles y aves, entre otros, coinciden en que en ellos la diversidad de estos grupos es particularmente notable. En nuestro país hay dos zonas súper húmedas y que, de hecho, corresponden a estos refugios pleistocénicos. La provincia de Esmeraldas y las porciones adyacentes de las provincias a su lado son parte de un refugio llamado **Chocó biogeográfico**, que viene desde Panamá por la costa pacífica de Colombia. El Chocó es la zona más húmeda del mundo y su biodiversidad sorprende. No solo cubre las partes bajas si no que se extiende a las pendientes occidentales de los Andes, con lo que la cantidad de especies se vuelve impresionante.

También al este hay un refugio, el llamado **Napo**, que corresponde a una buena parte de nuestra Amazonía. En Chocó y en Napo es donde debieron refugiarse, hace miles de años, las especies que veían que todo a su alrededor se convertía en algo medio seco que no les gustaba mucho. Las catástrofes naturales antiguas también tienen que ver con las catástrofes generadas por el ser humano en la actualidad. Si la edad del hielo fue el crisol de una buena parte de nuestra biodiversidad gracias a estos refugios, las acciones humanas recientes están poniendo en peligro la riqueza natural que ellos representan.

Por una ironía perversa, justamente los refugios pleistocénicos del Chocó en Esmeraldas y del Napo en el Oriente son dos de las regiones ecuatorianas más amenazadas por el mal concebido desarrollo. Especialmente la explotación de la madera (en Esmeraldas) y del petróleo (en la Amazonía), llevadas a cabo de una manera antitécnica e inmediatista que solo genera riqueza para una élite insensata, ha causado deforestación, fragmentación de hábitat, contaminación y extinción. Otros sitios, como los páramos y los bosques andinos, también producto de las glaciaciones aunque no necesariamente hayan sido parte de un refugio, no se libran de esta tragedia, pero por otras causas también generadas por una humanidad inconsciente o carente de alternativas. Con esto, todo el mundo pierde: desde los habitantes ancestrales de la Amazonía hasta la gente de las ciudades, que derrocha oportunidades de generar recursos a través del turismo y de limpiar la atmósfera con los bosques híper diversos que nacieron de los refugios, incluso de beber el agua potable que baja de los páramos esculpidos por los glaciares.

Parece increíble que algo que pasó hace miles de años, una pared gigantesca de hielo que arrasaba con todo lo que se le ponía a su paso, tenga consecuencias tan poderosas sobre la vida misma de la gente que vive hoy. Ojalá empecemos a tomar conciencia de que las oportunidades que nos ha dado la historia no pueden desperdiciarse con acciones irresponsables que, en pocos años, pueden dar al traste con procesos planetarios que comenzaron hace un tiempo inconmensurable.

El filósofo francés Bruno Latour dice que las cosas también pueden ser agentes o "actantes", en procesos sociales. Sin pretender aplicar estrictamente aquí las ideas de este y otros pensadores, se puede decir que el hielo es un poderoso actante, es decir, algo no humano pero que puede cumplir, de manera obviamente no intencionada, un papel en la transformación de la realidad. El hielo ya lo hizo hace miles de años; de la destrucción provocada por el avance de esas masas de hielo se generó una diversidad alucinante a varios niveles y que sigue manifestándose en la naturaleza y la sociedad. En la actualidad el hielo tiene otro papel: los procesos de cambio climático lo han convertido en una especie de víctima y villano a la vez: las grandes masas están desapareciendo y, a la vez, esa desaparición significa una elevación del nivel de las aguas. Sin embargo, Latour y compañía no pretenden decir que estos actantes no humanos remplazan a los humanos, sino que entran en esta red de causas y efectos en las que solo los humanos, de manera consciente o no, tienen una responsabilidad.

El cambio climático tiene efectos particularmente fuertes en los glaciares andinos y en ecosistemas frágiles como los páramos secos del
Chimborazo.

Cambio climático:
lo que se viene y
lo que nos toca

LA cuestión del calentamiento global es más complicada de lo que podemos creer. No me refiero a que el problema en sí sea más complicado de lo que un ex vicepresidente del país más contaminante del mundo nos hace entender en documentales premiados. De hecho, comprender el núcleo del asunto es fácil: hay demasiados gases de efecto invernadero en la atmósfera producidos por la industria humana y el planeta se está calentando, lo que trae consecuencias nefastas.

No, a lo que me refiero es que, incluso habiendo entendido y aceptado la crisis, no sabemos qué hacer para no llegar al punto de donde el regreso sea imposible. ¿Se trata de cambiar drásticamente nuestra forma de vida para que la situación por lo menos se detenga y quizás podamos regresar a un punto en el pasado? ¿O se trata de aceptar que este ya no es el mundo en el que nacimos y que nuestra tarea (a más de dejar de calentarlo) es prepararnos y adaptarnos para una crisis? ¿Son estas alternativas excluyentes?

Para ir más allá de la obvia respuesta "hay que hacer ambas cosas", primero debemos saber a qué bando pertenecemos. En este sentido, países como Estados Unidos la tienen fácil: la cosa sí está clara, pues si dejaran de producir su contribución de gases de invernadero ahora, las consecuencias positivas globales serían notables en un tiempo relativamente corto. Claro que esta facilidad es espuria: una cosa es saber lo que hay que hacer, otra que haya las facilidades tecnológicas, los incentivos económicos y, más que nada, el apoyo social, político y legal para realmente hacerlo. Pensar que todos los países industrializados, incluso los más progresistas, vayan a cambiar en poco tiempo y de manera radical su forma de vida para salvar al planeta, parece bastante idealista. Pero el caso de los países del Sur, como el nuestro, es de alguna manera peor: por un lado, tenemos poca responsabilidad del calentamiento, pero las consecuencias nos afectarán de todas maneras y a veces de manera peor que a los países industrializados. Por otro lado, al ser tan modesta nuestra contribución, si lográramos ser "neutrales en carbono" o incluso "negativos en carbono" (es decir, producir en balance cero carbono y hasta absorber lo que otros producen), pero sin que haya una respuesta similar en los países industrializados, el planeta en general no sentiría mucho alivio… Y si vamos bajando de escala a la ciudad, al barrio y, finalmente, a la persona, la contribución que podemos hacer se va haciendo infinitesimalmente pequeña.

¿Qué nos queda? La respuesta a la disyuntiva original parece obvia: nos va a tocar a todos, absolutamente a todos, adaptarnos a las drásticas alteraciones que vendrán con el calentamiento global. Claro que estas serán más radicales cuanto más nos demoremos. Más vale aceptar esto de una vez y enfrentarlo desde dos vías: cambiar lo más posible y lo antes posible, y a la vez prepararnos para lo que se viene. En el caso de los países "en vías de desarrollo" (que puede entenderse como "en vías de convertirse en productores de gases de efecto invernadero", como ya lo son India y China), la parte *prepararse* es, por supuesto, mucho más pesada que la parte *cambiar*.

Pero soñemos un poquito, a pesar de todo. Estamos abogando porque pongamos los pies sobre la Tierra y aceptemos creativamente lo inevitable. Eso quiere decir que no nos quedemos con los brazos cruzados esperando la tormenta. Podemos, por lo menos, buscar los paraguas, chantarnos el impermeable y tratar de guarecernos. Ante una tormenta también es posible aprovechar las oportunidades: habrá gente, por ejemplo, que empiece a confeccionar impermeables y paraguas y se hará rica (aparte de que ayudará al resto a mojarse menos).

Como toda metáfora, la de la tormenta no es exacta, pero puede servirnos para comprender que, efectivamente, tendremos que buscar los paraguas, pero no para una crisis pasajera y localizada, sino para una de proporciones y consecuencias globales. En un tiempo que casi seguramente no sobrepasará el final de este siglo, tendremos que enfrentar una gran cantidad de refugiados climáticos que huirán de los sitios inundados. Muchas zonas agrícolas se volverán improductivas (se puede pensar eventualmente en la cuenca del Guayas como una nueva extensión del océano) y habrá que saber cómo enfrentar la serie de escaseces que esto provocará. Incluso si se generan nuevas tierras productivas en sitios donde antes hacía demasiado frío, los éxodos y los ajustes serán angustiantes y gravosos. Un ejemplo puntual y fundamental en nuestros países: los suelos de los páramos, que ahora, por ser fríos mantienen su estructura y recogen agua, distribuyéndola de forma limpia y continua hacia abajo, se calentarán y se transformarán en esponjas arruinadas e inservibles: el agua bajará turbia y sin control. El avance de las malezas y las epidemias causadas por parásitos que antes encontraban barreras en las bajas temperaturas, será otro de los terribles efectos que habrá que afrontar. Miles de especies que son real o potencialmente útiles, y que tienen intrínsecamente el mismo derecho que nosotros a seguir existiendo, se habrán ido para siempre.

¿Cómo encontrar oportunidades en este nefasto panorama? Aunque parezca maquiavélico y hasta perverso, lo cierto es que países como el Ecuador, si bien de alguna forma en peor predicamento que los otros, también pueden aprovechar la crisis. Por ejemplo, en tierras tropicales los árboles crecen más rápido que en el resto del globo. Ya ha habido experiencias en las que empresas altamente contaminantes de los países del Norte promueven siembras de árboles en tierras tropicales. En principio esta idea puede ser buena, pero hay que hacer un análisis muy delicado de las implicaciones éticas y de soberanía que conlleva, aparte de establecer si estos "mecanismos de desarrollo limpio" son realmente efectivos absorbiendo el exceso de carbono de la atmósfera. De alguna manera, esto es como las campañas de los países donde se consumen drogas para que en otros países no se siembren las plantas de las que se saca el principio activo, en vez de priorizar campañas internas para evitar el consumo. Pero, de todas maneras, podemos aceptar que hay cierta oportunidad en esto.

Otro punto positivo para nuestros países es que, más por destino que por diseño, ya utilizamos una buena cantidad de fuentes alternativas para generar electricidad. La cantidad de energía acumulada en el agua que baja por nuestras montañas es enorme y solo la aprovechamos en baja proporción. En un mundo en el cual algún rato habrá que reducir y hasta prohibir la quema de carbón y combustibles fósiles, eso es una buena noticia. Por un lado, al no depender de esas fuentes de energía, el impacto en nuestra economía y vida diaria será menor que en países como Estados Unidos y Holanda, donde la situación es inversa. Y si hacemos muy bien las cosas, hasta podríamos vender hidroenergía y hacer que la globalización, que tanto mal nos ha hecho, empiece por fin a trabajar por nosotros. El viento, la energía geotérmica y la de las mareas, de las que tenemos bastante, también podrán ser utilizadas en ese sentido. El problema principal será, nuevamente, no la disponibilidad del recurso, sino la capacidad de manejarlo de manera eficiente y honesta. El cambio que tendremos que hacer nosotros, entonces, también será drástico.

Posiblemente la mayor contribución que como personas, barrios, provincias, países y regiones, pobres y en busca del desarrollo, podamos hacer al mundo, sea la de crear un efecto dominó. ¿Qué consecuencia tendría en los países más contaminantes saber que Quito o

Guayaquil sean las primeras ciudades carbono neutrales del globo, por ejemplo? ¿Qué significará para el planeta que el Ecuador sea el primer país exportador de energía alternativa? ¿Qué querrá decir para nuestras hijas y nietas que los países andinos sean el ejemplo de países honestos y eficientes, en un marco de solidaridad planetaria sin precedentes, en medio de la peor crisis socioambiental de la historia? Es difícil predecirlo, pero podemos seguir soñando sin perder la cabeza y pensar que en este efecto dominó, o de bola de nieve, esos modelos, desde el individual hasta el regional, causarán revuelo en el mundo entero y harán que nuestros hijos y nietos (que serán las verdaderas víctimas) puedan gozar de una buena parte de lo que nosotros heredamos de ellos mismos.

Siempre tenemos que tener los pies sobre la Tierra. Así como sabemos que nuestro impacto directo va a ser mínimo si no hay una revolución planetaria, tampoco debemos creer que con sembrar tres arbolitos por año ya hemos contribuido a parar el calentamiento global. No pensemos como quienes, al dar un par de monedas al pordiosero, creen que están contribuyendo a salvar al mundo de la pobreza y la indigencia. La cosa va más allá y, a más de sembrar los tres arbolitos o cambiar los focos normales por ahorradores, podemos empezar eligiendo o, mejor aún, siendo representantes que lleven estas ideas a los escenarios de toma de decisiones, para que las fichas de dominó empiecen a caer. Para que la bola de nieve empiece a correr y crecer antes de que sea demasiado tarde.

Algo que no debemos permitir que pase en nuestros países tropicales, tan ricos y tan pobres a la vez, es que la "lucha contra el calentamiento global" (lo que quiera que esto signifique), nos haga olvidar o poner de lado otros problemas contra los cuales sí podemos tomar acciones que van más allá de la adaptación o el arrepentimiento. La pérdida infame de la biodiversidad por la destrucción de los hábitats naturales; la desaparición de ecosistemas por el avance inmediatista de la industria, la agricultura y las urbes; la disminución galopante de la calidad de vida en las ciudades; la usurpación de territorios indígenas milenarios a nombre del progreso; la explotación irracional de recursos mal llamados renovables; el aislamiento cada vez mayor entre la gente y la naturaleza… Si no hacemos algo por estos problemas, que tal vez no tengan documentales ganadores de óscares ni susciten tanta atención mediática, incluso llegar a controlar el calentamiento global será solo un alivio moderado. Deberíamos ser capaces de ver las cosas más integralmente y sin necesidad de que un Al Gore nos diga que estamos al borde del abismo.

No puedo dejar de recordar aquí a Gloria Dávila, la persona que estaba a cargo de Acuerdo Ecuador y en cuyo concurso sobre cambio climático este artículo ganó el primer premio. Una persona maravillosa que nos dejó prematuramente. Estuve con ella en varios escenarios, pero ahora quiero recordar uno que me trae una sonrisa repleta de endorfinas: estábamos en el Perú, recorriendo al sur de Lima sistemas de riego en la zona súper árida de Ica. En una de las paradas había unos cuantos olivos repletos de aceitunas. Seguramente los peruanos sabían que comerse directamente del árbol una de estas frutas era algo que simplemente no debe hacerse. Pero para un ecuatoriano como yo o una colombiana como ella, ese era un dato totalmente ajeno a nuestra cosmovisión. Afortunadamente, fue ella la que tomó la iniciativa y, con su acostumbrado entusiasmo, cogió una que parecía grande y jugosa y le hincó el diente… Error. La faz de Gloria, usualmente risueña y radiante, se transformó en un rictus de desagrado profundo que nos causó primero un susto y después carcajadas. El procesamiento de las olivas desde que maduran hasta que llegan a la mesa ha sido cosa seria. La fruta comida en directo debe ser una de las cosas más amargas del universo.

Un águila harpía en el Parque Cóndor, Otavalo. Cada vez hay menos de ellas en la naturaleza.

Extinción: la sexta ola

HACE 14 mil millones de años no había nada, absolutamente nada. O casi… Lo único que había –una singularidad infinitamente densa que contenía todo lo que sería el universo– estalló en la Gran Explosión. Al principio, un maremágnum de energías y materias; luego, partículas subatómicas y átomos sencillos. Desde entonces el universo no ha cesado de crecer y cambiar. Aunque hay aún mucho que resolver acerca de la historia y destino del cosmos, lo cierto es que en un momento dado aparecieron las estrellas y no demoraron mucho en llegar los planetas.

La Tierra tiene 4 mil 500 millones de años y es un planeta a la vez muy común y muy particular: aparte de tener carbono y otros elementos heredados de estrellas antiguas, nuestra distancia al Sol hace que no seamos ni un horno ni un congelador; tenemos más agua líquida que lo típico en los cuerpos celestes; poseemos un campo magnético que evita la llegada de radiaciones peligrosas, poseemos un satélite que genera mareas y marismas donde comenzó la vida…

Saber exactamente cómo surgió el primer ser viviente hace 3 mil 500 millones de años es complicado y debatido. Los primeros seres vivos eran como las bacterias. Por el proceso de selección natural darwiniana evolucionaron y se diversificaron hasta formar el frondoso árbol de la vida que conocemos. Los seres humanos somos una ramita en este árbol que, junto a otras, forma una más gruesa (los mamíferos), luego otra (los vertebrados) y así hasta llegar al tronco principal de esa bacteria primigenia.

Pero el árbol no se desarrolla solo con nuevas ramas. Muchas, algunas muy gruesas, se secan. La extinción es tan parte del drama evolutivo como las adaptaciones y la especiación. Ya sea por eventos catastróficos o porque un grupo no pudo adaptarse a un medio cambiante, el árbol fue podándose. Hubo casos en los que el desmoche fue dramático; la ciencia nos habla de cinco extinciones masivas. Tras una de ellas, la del Pérmico, hace unos 250 millones de años, solo quedó un 5% de la biodiversidad. Esto, entre otras cosas, nos lleva a pensar en lo privilegiados que fuimos de que nuestros antepasados estuvieran entre los sobrevivientes.

Así, las extinciones han sido siempre parte de la evolución. Aparte de los eventos catastróficos, que son como olas gigantes que aparecen de vez en cuando en un mar relativamente calmo, siempre ha habido una extinción natural "de fondo". En los últimos tiempos —los últimos segundos del calendario universal— varios sucesos relacionados con una de las ramitas —la nuestra— han causado que este fenómeno se vuelva mucho más rápido, frecuente e impactante.

Nuestra especie convivió en cierto equilibrio con el resto de la naturaleza hasta el advenimiento de eventos como el desarrollo de la agricultura, avances en navegación y comunicación, descubrimiento de curas contra enfermedades, generación de tecnologías para transformar el paisaje. Más y más gente pudo llegar a los confines del planeta e impactar sobre los ecosistemas, dejando atrás ese equilibrio dinámico que había existido. Estos avances —evidentemente positivos— mostraron una cara muy oscura cuando se desbocaron. La extinción dejó de ser de fondo y se volvió catastrófica.

Medir la tasa de extinciones es complicado porque, por ejemplo, no sabemos exactamente cuántas especies existieron y existen. Pero algunos datos demuestran que los seres humanos hemos aumentado esta tasa dramáticamente: entre mil y 100 mil veces la tasa de extinción natural. Entre las víctimas recientes más emblemáticas están el dodo, el tigre de Java, el rinoceronte vietnamita y nuestro propio jambato, solo pocos ejemplos de una lista larga y creciente.

Estos eventos sobresalientes de impacto humano sobre la biodiversidad —que comenzaron hace unos 10 mil años— son un fenómeno de escala global, pero con gravísimas consecuencias locales. El cambio climático no es la única causa de la aceleración de las extinciones, ni esta es su única secuela. Más bien, este fenómeno se relaciona con la industrialización voraz, la sobrepoblación, el consumismo desenfrenado, el avance de la frontera agrícola, la contaminación de suelo, aire y agua, la migración forzada (de gente y animales) y otros muchos factores que afectan la biodiversidad.

Al hacerlo, no solo cortan un proceso cósmico y destruyen la complejidad natural. Las consecuencias trascienden las consideraciones filosóficas y éticas (razones ya más que suficientes). Además se desvanecen los innumerables beneficios que la multiplicidad natural siempre ha tenido para el ser humano y que seguimos sin apreciar del todo. Algunas especies por sí mismas son muy importantes; pensemos en lo que pasaría si se extinguen las abejas polinizadoras. Muchas especies silvestres guardan genes que pueden servir para mejorar las variedades agrícolas. En conjunto, las especies funcionan en ecosistemas. Si una falla, todo el sistema flaquea y así se pierden beneficios sociales cruciales relacionados con agua, alimentación y salud.

Las acciones de la humanidad contemporánea son, en efecto, otro de los eventos catastróficos que aceleran las extinciones a proporciones épicas: se habla de la Sexta Extinción Masiva, la del Antropoceno. La diferencia con las anteriores es que nadie podía prevenir ni enfrentar la caída de meteoritos o la explosión de supernovas. Pero ahora esa rama —que nunca ha dejado de ser parte del árbol— no solo es la que causa esta nueva gran ola de extinción, sino la única con el potencial de lograr el nuevo equilibrio. Hacerlo no es una alternativa sino una obligación.

130

Siguiendo con lo de los actantes de Latour, es interesante notar que las extinciones antiguas fueron causadas por agentes no humanos, que tal vez ni siquiera deberían ser considerados tales porque en esas épocas los humanos estábamos bien lejos de arribar...

El artículo en griego, tal como salió en el semanario dominical *Nea Selida* de Tesalónica, Grecia, junto al texto de Stella Theodorou (originalmente en color).

Μια προσευχή δεν αρκεί

MUCHOS pensamientos surgen cuando uno ve las imágenes y testimonios de lo que está sucediendo en la Amazonía. Vivo en Ecuador, un pequeño país con costas, los Andes y una pequeña pero muy importante porción de la cuenca del Amazonas. En nuestra región oriental nacen algunos de los principales afluentes del gran río y viven muchos grupos indígenas, algunos no contactados. Mi casa está en la parte montañosa y, aparentemente, nada de lo que pasa "allá abajo" me afecta en mi vida diaria, como sucede en la mayor parte del resto del mundo. Pero esa es una ilusión sin sentido. Por un lado, no verme afectado a diario no significa que mi vida, y especialmente la de mi hijo de 18 años y su generación, no estén profundamente influenciadas por lo que sucede en todo el planeta. Las malas decisiones del pasado, potenciadas por las actuales ante la embestida del populismo depredador, nos tienen al borde del precipicio final. Por otro lado, el Amazonas es solo uno de los problemas, uno que es quizás el más grave, pero de ninguna manera es una excepción. La selva tropical más grande del mundo es solo otro de los protagonistas de esta agonía. La Antártida, los océanos, los bosques templados, los arrecifes, TODO está en peligro. La ola de conciencia global generada por este último episodio en Brasil debe mantenerse y fortalecerse, y debe enmarcarse en una filosofía posthumanista que trascienda los beneficios que este ecosistema y todos los demás tienen para las sociedades humanas, y entender definitivamente que la vida y su diversidad, TODA, en el único planeta que parece contenerlas, no puede desaparecer por una extinción que, a diferencia de las anteriores en la larga historia del mundo, ha sido provocada por nosotros, y que, al mismo tiempo, es controlable, pero solo a través de nuestras decisiones.

El título en griego significa "No basta una oración" y es el que escogió para el texto que acompaña el mío mi querida amiga Stella Theodorou, que es periodista en Tesalónica. Ella fue una de las compañeras en la maestría en Cardiff, tal vez el grupo más heterogéneo y fantástico con el que he podido interactuar. Durante la "epidemia" de incendios que asolaron, y siguen asolando, la Amazonía desde hace un par de años, Stella me escribió y me sorprendió gratamente pidiéndome que escribiera un artículo cortito sobre el tema. Pocas cosas me han sucedido más sobrecogedoras y enorgullecedoras que esa solicitud y luego ver mi texto publicado en Grecia, en el idioma y los caracteres de un país que ha sufrido tanto en los últimos tiempos (por culpa de quién será...) y al que le debemos buena parte de nuestra cultura.

Eclipse lunar el 28 de septiembre de 2015. Para conquistar el espacio primero tenemos que poner en orden nuestra propia casa.

¿La última rueda?
El ambiente en el mundo
y el Ecuador

JEM es una novela escrita por Frederick Pohl en 1979 que ganó los premios mayores de ciencia ficción. En ella se descubre un planeta rico y habitable, Géminis (de la pronunciación en inglés sale el título de la obra). En el libro, la Tierra de principios del siglo XXI es de algún modo igual a la nuestra: repleta de conflictos y facciones, cerca de un colapso político y ecológico. Jem es la salida al caos, pues provee tanto de espacio para la excesiva población como de recursos naturales abundantes. Sería de esperar que sus colonizadores muestren solidaridad con los inteligentes (aunque grotescos) nativos y sapiencia al momento de explotar la pródiga naturaleza y distribuir sus beneficios; en pocas palabras, que hagan lo que no hicieron bien en su propio planeta.

Nada que ver: al final *Jem* termina peor que la Tierra. Tratando de que su obra no sea tan lúgubre, el distopista Pohl hace que los pocos sobrevivientes de la hecatombe por fin, tras pagar dos veces un precio demasiado alto, en un tercer planeta aprendan a comportarse y empiecen una nueva etapa de la humanidad, más equitativa y sensible.

Quitándole los elementos alienígenas, esta novela es un retrato cercano de la situación actual del mundo. A pesar de que (por fin) estamos viviendo un *boom* de interés sobre el calentamiento global y de que la mismísima CNN llegara a considerar este hecho como "la" noticia del 2006, en el fondo esto quiere decir que el destino del planeta es, por decir lo menos, incierto. Y no solo por la acumulación de gases de invernadero que amenazan con derretir los cascos polares inundando vastas extensiones, hacer avanzar las pestes, cambiar el rumbo de las corrientes marinas y congelar Europa, acabar con la biodiversidad o aumentar la fuerza y frecuencia de las tormentas tropicales.

No: el calentamiento global, siendo tal vez el de más alcance, es uno de muchos problemas ambientales que han ido creciendo y creciendo, especialmente en las últimas tres décadas, y frente a los cuales nuestra respuesta ha sido en el mejor caso moderada y generalmente casi nula. Otros problemas de alcance planetario son el adelgazamiento de la capa de ozono, que filtra los peligrosísimos rayos UV, y la pérdida en sí de biodiversidad, que incluye no solo especies, muchas de las cuales ni siquiera han sido catalogadas, sino la desaparición de ecosistemas enteros y el avance inexorable de la desertización. La creciente escasez de agua limpia, que según se dice será la causa de una tercera guerra mundial, también está en el *top ten* de los problemas ambientales.

Todos estos dilemas a gran escala tienen interrelaciones complejas y una causalidad relacionada especialmente con un modelo de desarrollo no sustentable, es decir, una forma inmediatista de ver al mundo y usar sus recursos (exactamente como en Jem). Esta insustentabilidad se relaciona, entre otras cosas, con la cantidad espectacular de seres humanos que hay en el planeta y la expansión de una industria, en general, enemiga o alejada del ambiente. La falta de conciencia de la gente con respecto a su lugar y su papel en estos problemas es un factor preponderante y pocas veces reconocido.

Desde 1980 ha habido varias noticias ambientales que han hecho primeras planas, pero un análisis preliminar permite decir que solo una catástrofe mayor merece este privilegio. Chernóbil y Exxon Valdez lograron acaparar la atención mundial, pero si no hubiera habido un cataclismo, si no hubiera habido suficiente "valor noticioso", habrían pasado desapercibidos frente a un campeonato mundial de fútbol, un colapso económico o una guerra (sin pretender quitarles importancia a estos eventos). Nótese, de hecho, que mucho de los colapsos y las guerras tiene tanto consecuencias como causas ambientales, pocas veces cubiertas por los medios y mucho menos comprendidas por el público.

Los avances, que de todas formas ha habido, se manifiestan a escala global principalmente en la firma de tratados internacionales que pretenden amparar el ambiente al más alto nivel. Hay convenciones sobre biodiversidad, agua, calentamiento global, humedales, desertificación, aire, recursos genéticos, guerra biológica, patrimonio natural, desechos peligrosos y prácticamente todo lo que uno se pueda imaginar, y el Ecuador es signatario de todas ellas. Los resultados de cada uno de ellos varían enormemente, pero en casi todos los casos no reflejan las verdaderas necesidades y urgencias. También existen organizaciones a escala planetaria, como WWF, UICN y Greenpeace, que desde diversas ideologías y estrategias tratan de colaborar para lograr la sustentabilidad general, también con diverso grado de efectividad. Las agencias multilaterales sí ponen dinero para proyectos ambientales, pero en un porcentaje aún muy exiguo.

Bajando de escala, los países del Tercer Mundo, por razones tal vez obvias, han puesto el ambiente en segundo plano frente a temas como la pobreza y la insalubridad. Es notable que poquísimas veces los gobiernos latinoamericanos hayan tenido un tinte verde desde que se acabaran las dictaduras militares. Muy pocos políticos han hecho plataforma con base en temas ecológicos o ambientales. En el Ecuador es notable que Rodrigo Borja haya declarado los ochenta como la "Década del Ecodesarrollo", aunque esto finalmente no haya trascendido la retórica (posiblemente la manifestación más importante, aunque indirecta, de esto sea la entrega de extensiones territoriales a pueblos originarios). Hay en la actualidad ciertas propuestas ambientales posiblemente más claras y completas que las anteriores, pero más allá de lo escrito, en la práctica y en el discurso diario el ambiente siempre aparece, en el mejor de los casos, como la última rueda del coche sobre la que también hay que actuar si es que sobran tiempo y plata.

No se puede soslayar el tema ambiental como política de estado ya que, entre otras cosas, muchas de las otras políticas (supuestamente más importantes) deben ser tratadas de manera integral junto con el ambiente al formar una red compleja de interacciones. Un país pobre deforesta. Un país deforestado es cada vez más pobre. Un país pobre está enfermo. Un país con un ambiente maltratado está cada vez más enfermo. Pero hay ciertos indicadores en nuestro país que hacen tener esperanzas mesuradas. La creación del Ministerio del Ambiente, nada menos que en la administración Bucaram, es uno. Ha sobrevivido a los avatares ya por diez años, pero sigue siendo una de las secretarías de estado menos fuertes y apoyadas. De alguna manera es una piedra en el zapato que hay que mantener a bajo perfil, pues, entre otras cosas, tiene que controlar a sus propios colegas de minas, agricultura, etc., obviamente mucho más poderosos y respaldados.

Los parques nacionales han crecido en los últimos veinte años notablemente. Ahora hay decenas de áreas protegidas que cubren cerca de un quinto del territorio nacional, lo que para los estándares internacionales suena bien. Algunas de estas áreas son incluso Patrimonio de la Humanidad. Sin embargo, siguen siendo "parques de papel": más allá del decreto, carecen de apoyo político y económico.

Otro indicador interesante es la descentralización de los menesteres ambientales. Como nunca, los gobiernos locales pueden hacerse cargo de sus recursos naturales. Sin embargo, con este derecho vienen responsabilidades a las que muy pocas instituciones seccionales están dispuestas o capacitadas. Estas debilidades oficiales a varios niveles han hecho que haya una explosión de entidades no gubernamentales (las ONG), algunas de las cuales han logrado solidificarse a pesar de la crisis de la dolarización, la derivación de los fondos internacionales a otros menesteres y regiones, y la carencia de un movimiento ambiental coherente. La relación evidente que debe existir entre los movimientos ambientalistas y los movimientos sociales e indígenas no siempre se ha concretado en propuestas o movilizaciones conjuntas y más bien han sido raíz de antagonismos, incomprensiones y conflictos.

Hay varias tragedias griegas que se ciernen sobre el planeta, a varias escalas, en términos ambientales. En resumen, su destino está en la única especie que puede destruirlo y que, a la par, tiene la capacidad de hacer algo para detenerse. Esta especie parece estar diseñada para vivir el presente y no solo en términos electorales. Hay miles de ejemplos de este *carpe diem* a lo largo de la historia, pero ahora sí tenemos la tecnología y la densidad poblacional como para que las consecuencias sean lapidarias.

A pesar de que Pohl estaba en lo cierto cuando escribió Jem al pensar que a comienzos del siglo XXI íbamos a estar en mal predicamento, fue excesivamente idealista (como es típico de muchas obras de ciencia ficción) al creer que el avance de la tecnología iba a permitirnos viajar al cosmos. El hecho es que no tenemos adónde ir. Si este planeta se va al cuerno, con él nos vamos todos. O tal vez no todos. Dicen que hay insectos que son indestructibles y de seguro algunas semillas sobrevivirán a la peor hecatombe. Pero, sin querer llegar a un solipsismo cartesiano extremo, ¿qué sentido tiene que haya algo sobre lo que nadie puede pensar?

En países como el nuestro (y, de hecho, en todo el mundo), el ambiente no da votos. Los puentes, las canchas de fútbol y las casas, sí dan (incluso si nunca se construyen). Los beneficios ambientales van más allá de los cálculos electorales y la gente no está preparada para votar por alguien que ofrezca cambios de los que se beneficiarán las próximas generaciones, pero de eso se trata. La inminente asamblea constituyente debe recoger este hecho evidente, analizarlo profundamente y cambiar la estructura. El movimiento ambiental debe por una vez en la vida aprovechar coherentemente esta oportunidad que posiblemente no se repita.

Tuve la oportunidad de colaborar con *Mundo Diners* en varios números. Posiblemente lo más agradable, dentro de esta experiencia muy positiva, fue haber conocido y compartido momentos con el celebérrimo y simpatiquísimo Pájaro Febres Cordero. Por razones que no comprendo, la relación se cortó de manera bastante abrupta, pero entre otras cosas me pidieron que escribiera el artículo relacionado con el ambiente para el icónico número 300 de la revista. Una lástima haber tenido que escoger un título más bien pesimista.

El lago Nahuel Huapi, Bariloche, Argentina. Uno de los muchos potenciales edenes que hay en nuestros países.

Cuando Dios hizo el Edén... ¿pensó en América?

NINO Bravo canta con voz épica "Todo un inmenso jardín, eso es América", la célebre letra de Armenteros y Herrero. Pero un jardín evoca algo construido por el ser humano, un calco artificial, por más lindo que sea, de la diversidad natural y salvaje. Mas, de inmediato, el juglar enmienda: "Cuando Dios hizo el Edén, pensó en América". Así, la creación divina, con todos los animales y plantas puestos sobre la tierra, aparece más bien como una selva semejante a la que todavía encontramos en buena parte del Nuevo Mundo.

Esta ambigüedad de la canción es una metáfora de lo que pasa en este continente y particularmente en la pequeña parte que nos ha tocado. Una porción considerable de las Américas está entre los trópicos (líneas que responden a un fenómeno natural fundamental). El trópico de Capricornio al sur y el de Cáncer al norte demarcan la zona tropical del planeta. La Tierra, en su periplo anual alrededor del Sol, lo hace con el eje polar inclinado con respecto al plano de esta rotación (un poco más de 23 grados). Esta pequeña anomalía, aparentemente intrascendente, crea las zonas polares, templadas y tropical del globo, y hace que en los polos haya seis meses de verano y seis de invierno, las zonas templadas se caractericen por las cuatro típicas estaciones (pero invertidas según estemos en el hemisferio norte o sur), y en la zona tropical gocemos de rayos solares casi perpendiculares durante doce meses seguidos. Aquí invierno y verano adquieren connotaciones especiales, y los conceptos de otoño y primavera se usan solo poéticamente: "Quito, la ciudad de la eterna primavera", "El otoño del patriarca".

El Ecuador se llama así porque está cruzado por la línea ecuatorial, que separa al planeta en sus hemisferios norte y sur. La inclinación de esta línea por esa anomalía giratoria del globo terráqueo es lo que marca el sitio donde están los trópicos. Igualmente, esta inclinación en el eje polar marca la posición exacta de los círculos polares ártico y antártico. Nuestro país, en otras palabras, es absolutamente tropical. Incluso la punta del Chimborazo es así, aunque tenga similitudes superficiales con los polos. Una característica que hace entender la diferencia entre los hielos del Chimborazo y los del polo es esta: en el polo el invierno y el verano se manifiestan a lo largo del año, mientras que en las elevaciones tropicales hay una estacionalidad diaria: "invierno todas las noches y verano todos los días". Quito mismo es una muestra de este fenómeno: prácticamente cada madrugada es muy fría y cada mediodía puede ser abrasador.

Otra característica propia de países como el Ecuador es que poseen una diversidad biológica espectacular. Se han hecho esfuerzos por clasificar los países más ricos en este sentido y en el más conocido se ha llegado a una lista de 17 naciones. Resulta extraño clasificar la diversidad biológica por *países*, ya que son producto de una historia sociopolítica que muy poco responde a límites naturales. Sería mejor hacerlo por regiones o ecosistemas. Sin embargo, los datos que se tienen han sido tomados por país y, de todas maneras, es interesante tener esta información relacionada con la manera en que el planeta ha terminado dividido por nuestra especie.

Las dos características básicas de estos países megadiversos es que a) son muy grandes (como China o Brasil) y/o b) están en los trópicos. En este segundo grupo están países bastante pequeños, como el nuestro. La lista completa de los 17 (Tabla 1) nos hace ver que la mayoría son o totalmente tropicales o tienen una buena proporción de sus territorios en esta zona. Países grandes como Brasil o Colombia llevan la delantera en muchas categorías (por ejemplo, en aves o mamíferos o plantas), pero si se hace una relación de este número frente al tamaño del país, el Ecuador se lleva los laureles: al dividir el número de especies de mamíferos, aves, reptiles y anfibios para el área del país, ganamos con un número que es el doble del segundo, Malasia (Tabla 2).

Más allá de números y comparaciones a veces superficiales, la relación entre el número de diferentes seres vivos en un sitio y su posición planetaria es evidente. Esta ha sido una hipótesis antigua y venerada, aunque la obviedad de la observación no necesariamente implica explicaciones igualmente meridianas. Una teoría común es que el clima constante y generalmente cálido y húmedo de los trópicos, repleto de recursos casi ilimitados, ha hecho que los seres vivos puedan "dedicarse" a evolucionar en miles y miles de formas, sin preocuparse de buscar comida y refugio en climas hostiles. Otra posibilidad, que no es excluyente, es que al haber tantos hábitats diferentes en estas condiciones, la cantidad de sitios ligeramente diferentes hace posible también que en ellos vivan muchísimas formas de vida. Recién está la ciencia descubriendo la cantidad extraordinaria de insectos que viven en los troncos, ramas y copas de árboles inmensos en los bosques tropicales o en los diferentes hábitats de los serpenteantes ríos ecuatoriales.

En este marco, pensemos un poco más en el Ecuador, un país que no puede ser más tropical, con esta inmensa variedad de hábitats y seres vivos que parece automultiplicarse. Pero debe haber más. Si solo se tratara de ello, tendríamos una inmensa llanura, henchida de vida de todas maneras, pero sin todo lo que tenemos realmente. La Amazonía llegaría al Pacífico sin mayor solución de continuidad. Hay otros factores que hacen que nuestro país sea un país megadiverso. Primero recordemos que la Tierra no se está quieta. Su corteza es como un rompecabezas hecho por los Picapiedra: grandes piezas de roca que no calzan muy bien. Estas piezas, las placas, están en continuo movimiento e interacción: chocan entre ellas y algunas veces una se mete bajo la otra. La velocidad a la que esto sucede no permite verlo directamente, pero sus consecuencias son capitales: terremotos, tsunamis y erupciones. Las grandes cadenas montañosas del mundo se producen como arrugas de la corteza cuando una placa es presionada por otra. Por increíble que parezca, el Himalaya se formó cuando la placa de la India, separada de Sudamérica, Antártida, África y Oceanía, chocó con el Asia y la plegó titánicamente. Los Andes son una gran arruga que se sigue formando mientras la placa marina de Nazca avanza hacia el oriente y empuja la placa sudamericana.

Este levantamiento, aún activo tras millones de años, es parte de la explicación de nuestra riqueza biológica. La llanura homogénea adquiere una escalera gigantesca a cada lado de la gran arruga; en sus peldaños se pueden adaptar muchas más especies de las que hubiera sin ella. El cóndor y el oso andino, la vegetación única de los páramos y la pasmosa biodiversidad de los bosques andinos no existirían sin la gran arruga tectónica. Pero hay más.

Entre Panamá y nuestra Esmeraldas se encuentra la región más húmeda de la Tierra: el Chocó. Al otro lado, desde Chile hasta nuestra costa sureña se extiende un desierto que incluye el lugar más seco del planeta: Atacama. Estamos en sánduche entre estos dos extremos planetarios: al norte caen metros de metros de lluvia al año, al sur prácticamente no llueve nunca. Efectivamente, Esmeraldas es un bosque húmedo tropical semejante (aunque no idéntico) al de la Amazonía. Sin llegar a ser el desierto peruano chileno, las costas australes del Ecuador son muy áridas y forman un ecosistema único en el mundo: un hábitat híbrido dominado por ceibos desnudos a orillas del Pacífico, que adquieren de cuando en cuando un verdor deslumbrante. También la existencia de estas "dos costas" coadyuva a la inmensa diversidad de nuestro país. La razón: las corrientes marinas. Una corriente fría desde el sur, la de Humboldt, templa las costas y evita que se produzcan lluvias (y ayuda a crear el particular clima de

Galápagos). En el norte, el agua caliente se evapora y produce precipitaciones abundantes.

Lo tropical, los Andes, las corrientes causan primariamente la soberbia diversidad biológica de nuestro país. Esta biodiversidad es trascendente: es la base de nuestra riqueza tanto cultural como material. Incluso el petróleo es producto de nuestra biodiversidad antediluviana. La diversidad cultural, en buena parte, es consecuencia de este hecho. Somos un país también repleto de manifestaciones humanas muy diversas. Nuestra forma de vestir, nuestros hábitos alimenticios, hasta nuestras hablas y nuestros dioses responden a lo que nos ofrece natura. Pero es una doble vía: también la cultura afecta a la naturaleza, demasiadas veces de manera negativa e irremediable. Desgraciadamente, el campeonato en biodiversidad se ve opacado por el liderato en destrucción ambiental en nuestros países.

El Dios de Nino Bravo efectivamente pensó, pero solo *pensó* en América: no se decidió a fundar el Edén aquí. Parece que no estaba seguro de que fuéramos capaces de cuidarlo por los siglos de los siglos.

Tabla 1: Los 17 países más biodiversos del planeta (en orden de extensión territorial):

1	China
2	Brasil
3	Australia
4	India
5	Congo
6	México
7	Indonesia
8	Perú
9	Sudáfrica
10	Colombia
11	Bolivia
12	Venezuela
13	Madagascar
14	Papúa Nueva Guinea
15	Malasia
16	Filipinas
17	Ecuador

Tabla 2: Posición mundial del Ecuador por cantidad de especies según grupos de seres vivos (nótese que el Ecuador es el más pequeño de todos y que los datos para nuestro país deben estar subestimados):

ANFIBIOS	AVES	REPTILES
1 Colombia 583	1 Colombia 1815	1 Australia 755
2 Brasil 517	2 Perú 1703	2 México 717
3 Ecuador 402	3 Brasil 1622	3 Colombia 520
	4 Ecuador 1559	4 Indonesia 511
		5 Brasil 468
		6 India 408
		7 China 387
		8 Ecuador 374

(Datos según Mittermeier R., P. Robles y C. Goettsch Mittermeier. 1997. Megadiversidad. Los países biológicamente más ricos del mundo. CEMEX y Agrupación Sierra Madre. México).

Ya que, parafraseando a Platón, uno pare todos estos artículos, a veces incluso con dolor, también se los ve como hijos. No debería haber hijos o hijas preferidos y tener un solo hijo biológico me exonera de meterme en esas dilucidaciones, pero entre los hijos textuales siempre hay como ser poco democrático y amoroso, y por eso me atrevo a decir que este podría ser el preferido. Nino Bravo no es exponente de ninguno de mis géneros preferidos, pero nadie puede negar la fuerza de esta pieza. Me encanta como la música sirve de metáfora, o tal vez como obertura, para los predicamentos de la humanidad y el ambiente en esta parte del mundo que, para bien y para mal, nos ha tocado compartir.

Pinos de Monterrey, California, en los páramos del Cotopaxi, con el Pasochoa al fondo.

Los árboles, ¿buenos para todo?
Sembrar árboles en los páramos debe ser el producto de una planificación profunda

MI relación con los árboles ha sido múltiple. Aunque no hay mucho espacio ni tiempo para hacerlo, sembrarlos y cuidarlos con mi familia es uno de los grandes placeres cotidianos. De una manera más amplia, hace unos años ayudé a conformar la Sociedad del Árbol de Quito junto a personas interesadas en hacer de Quito una ciudad menos peleada con sus árboles. Hemos elaborado un inventario de árboles importantes y logrado la declaración de algunos como patrimoniales. Al igual que algunas casas antiguas, esos ejemplares deberán ser respetados de manera especial.

La tercera fuente de árboles en mi vida es el páramo y a ella me refiero en estas líneas. Hablar de páramos y árboles es paradójico: los páramos pueden definirse como aquellos sitios en las partes altas de los Andes tropicales *que carecen* de árboles. Esto es una exageración ya que hay bosques cerrados (aunque no muy extensos) a más de 4 mil metros de altitud; pero es cierto que los páramos se caracterizan por tener más que nada pajonal, arbustos y no muchos árboles. A lo largo de varios proyectos relacionados con la conservación de este ecosistema, los árboles parameros (yahuales, quishuares, piquiles…) se han convertido en elementos fundamentales de un cambio en la percepción de estos ecosistemas.

Hasta hace poco considerados fríos, monótonos y poco importantes, en las últimas décadas los páramos se han convertido en una estrella de la conservación, principalmente porque allá se recoge y distribuye el agua que riega campos, mueve turbinas y llena tuberías en hogares e industrias. Cuando hice mi tesis en la Universidad Católica en los años ochenta, el páramo se veía como un ecosistema con extrañas especies de plantas y animales adaptadas al frío, con paisajes a veces espectaculares, tal vez un par de costumbres tradicionales interesantes, pero no mucho más. Ahora, la visión que emerge es que es muchísimo más. En esa visión integral del páramo se incluye, de manera cada vez más trascendente, el componente humano.

El páramo es habitado y usado por un conglomerado humano marginado y carente de alternativas, pero altivo y en busca de identidad y progreso. Algunas de sus actividades, así como las de haciendas, industrias y agencias de servicio público, han impactado sobre la función hidrológica de este ecosistema. Desde que los españoles trajeran vacas y borregos, estos han afectado negativamente la vegetación nativa. Ya no hay las inmensas ovejerías de Cayambe, Antisana o Chimborazo, pero muchas comunidades (e incluso unos cuantos anacrónicos latifundios) mantienen especies exóticas en los altos Andes. Los borregos arrancan de raíz la planta y dejan pelado el suelo; las vacas, con sus cascos planos y cuerpos pesados, lo compactan. Además, la arraigada práctica de quemar el pajonal para generar hierba fresca para estos herbívoros está todavía muy extendida y causa daño. El suelo paramero, una combinación particular de ceniza volcánica con materia orgánica, es la base de la función hidrológica del páramo. Es una esponja de primera calidad, pero tiene una sola vida: una vez expuesta, calentada y exprimida, no vuelve a servir nunca más y se escurre con el agua que antes retenía.

Las comunidades, y ciertas instituciones públicas y privadas, se han dado cuenta de que este maltrato reduce la cantidad de agua que antes bajaba del páramo, tanto a las comunidades mismas como a los campos y ciudades aguas abajo. Las comunidades, a veces junto a ONG, desarrollan procesos sistemáticos de manejo de sus páramos ancestrales. Por ejemplo, se zonifica el territorio para no meter vacas a sitios extra frágiles como los pantanos. Algunas empresas de agua potable y de riego y, en general, el gobierno a escala central y local, también tienen iniciativas para asegurar el buen futuro de los páramos.

Aquí entran los árboles. Una parte importante del nuevo discurso para la conservación en los países parameros (a más del nuestro, Venezuela, Colombia y Perú, con pequeñas extensiones en Panamá y Costa Rica, y ecosistemas muy parecidos en África y Asia) ha sido que las partes altas de las cuencas deben ser protegidas y manejadas a través de la siembra de árboles para controlar la erosión y conservar las fuentes. Los intentos de sembrar pinos han generado oposición desde hace tiempo; sus resultados, en general, han sido muy pobres. La idea original era la de "hacer servir al páramo para algo" ya que parecía no servía para nada; ahora se sabe que el páramo sirve para mucho por sí mismo y que es mejor, en lo posible, no meter elementos extraños que en vez de ayudar lo estropean.

Entonces, sembremos especies nativas. Los pinos son los malos de la película porque chupan mucha agua para crecer, no se integran con la frágil y amenazada biodiversidad nativa, cambian negativamente la acidez del suelo y alteran el paisaje andino. En contraste, se proclama que los árboles que evolucionaron en los páramos no deberían causar esos problemas. De acuerdo con esta retórica y sus variaciones, desde varios frentes se han impulsado programas de forestación o reforestación de áreas de páramo con especies nativas a lo largo de la Sierra. Pero los árboles nativos no son diferentes a los pinos (o cualquier otro árbol) en un aspecto fundamental: su necesidad de agua. Cualquier árbol, por más nativo que sea, absorbe el líquido vital, a veces en grandes cantidades y especialmente en sus etapas de crecimiento. Esta agua, si no fuera absorbida por los árboles, iría al suelo, sería retenida por la esponja, y bajaría limpia y continuamente laderas abajo. El pajonal y los arbustos también absorben agua, por supuesto, pero mucho menos que los árboles, relativamente enormes.

En estos días es posible ver pinos y especies nativas plantados en muchas zonas parameras, y los resultados son, en términos generales, limitados. Por lo menos, en un caso un bono sorpresivo llegó a algunas comunidades en la forma de un hongo delicioso y apetecido internacionalmente que crece asociado al pino. En las zonas más alteradas, donde prácticamente solo pinos han logrado crecer, estas especies son muy bienvenidas.

Pero varios estudios recientes confirman lo que se sospechaba de manera empírica y se vivía de manera directa: estas plantaciones no solo que no sirven de mucho, sino que afectan la apreciadísima función hidrológica del páramo. No se trata solo de los pinos, sino también de los yahuales y los quishuares. Los árboles han sido sembrados con la esperanza de que iban a ser "buenos". Pero no se puede sembrar y confiar en que lo que resulte será positivo (en algún sentido), sin haber hecho profundos estudios previos, tomando en cuenta todas las variables posibles, para pinos o lo que sea.

Cuidado: no podemos ponernos maniqueos en este asunto, pues no es cuestión de árboles SÍ versus árboles NO. Estudios como el de Kathleen Farley de la Universidad de San Diego en California o el de Juan Carúa, de la organización nacional CEDECAME, presentados en una reunión del Grupo de Trabajo en Páramos (y que ya han servido para frenar la plantación industrial de pinos en sitios inadecuados) dicen que hay que decidir bien qué es lo que se quiere hacer con un páramo. No se deben sembrar árboles simplemente porque "siempre es bueno sembrar árboles" o buscando ventajas económicas inmediatistas. Hay circunstancias en las que plantar árboles resulta un tiro por la culata: si se trata de que no se pierda el agua de los páramos, tal vez lo menos aconsejable sea sembrar árboles. Incluso si se demostrara que se hace una "re"forestación, es decir, que se ponen árboles donde alguna vez ya existieron, en la situación presente esa siembra tal vez sea negativa. Puede haber otras circunstancias (cuando el agua no sea la preocupación primaria) en las que la plantación sea algo provechoso, pero ese es precisamente el análisis que hay que hacer.

Haciendo un parangón con lo que sucede en Quito, sembrar árboles es, naturalmente, algo bueno: nos dan solaz, belleza, sombra, nos guarecen de lluvia y viento, atraen aves y mariposas, producen oxígeno, nos dan flores, frutas y leña…. Pero también, mal manejados, pueden ser fuentes de problemas (los árboles "malos" tienen una historia que se remonta al inicio mítico de la humanidad: el género botánico de la manzana es *Malus*, el Árbol del Mal del Génesis bíblico). Un árbol mal podado puede dejar caer una rama grande y generar accidentes; uno mal ubicado obstaculiza la visión de semáforos o transeúntes; uno venenoso no debería estar en un jardín. En el páramo, una plantación mal planificada producirá efectos contrarios a lo buscado o incluso logrará cierto beneficio, pero en detrimento de otros servicios más fundamentales. Hay que pensar bien dónde se ponen los árboles.

Esta parece ser la lección: no es culpa del árbol, por más satanizados que estén pinos y eucaliptos; son especies que evolucionaron en ciertas condiciones y fueron tomadas por el género humano para servirse de ellas, muchas veces en condiciones poco apropiadas y lejos de su origen. Lo que sí hay que erradicar es la mala práctica con respecto a los árboles. No podemos seguir sembrando por sembrar o por obtener beneficios a corto plazo para poca gente, sin pensar en el futuro de todos. El fin no es poner árboles, sino que es un instrumento para

lograr los fines reales: el manejo sustentable, la equidad y la erradica-
ción de la pobreza.

¿Sería lo más lógico dejar en paz a los páramos y no hacer literalmente
nada con ellos? Pues en esos páramos ya (sobre)vive una gran cantidad de gente que depende del ecosistema de manera directa; no se
puede esperar que "por el bien común" (léase: "por la gente de la ciudad") dejen de hacer lo que han hecho por siglos y sin alternativas.

La responsabilidad también está en quienes estamos abajo, usando los
páramos de manera indirecta pero fundamental. Sí, hay que planificar
el uso de los páramos para que no se afecte la función hidrológica del
ecosistema, y aquí es donde debe pensarse muy bien en la idoneidad
de plantar árboles. Pero todo debe estar enmarcado en un proceso
socioambiental amplio, en el cual los actores relacionados con el páramo a varios niveles evidenciemos conflictos, alcancemos consensos
y desarrollemos actividades que lleven a una sociedad sustentable,
sana y justa.

❦

Hablando de la Sociedad del Árbol, parece que, como desgraciadamente otras especies del mundo, se ha extinguido. No sé exactamente
ni cuándo ni por qué dejamos de reunirnos en el jardín botánico de La
Carolina. Mi discurso de que está dormida y de que pronto podría des-
pertarse parece más una ilusión que una posibilidad. Éramos un grupo
heterogéneo pero unido por ese amor a los árboles y a los parques. De
esa experiencia salieron los primeros árboles patrimoniales declarados
por el municipio y la primera edición de mi libro sobre árboles y arbustos ornamentales de Quito. En esa ocasión conté con el apoyo invalo-
rable de la Corporación Vida para Quito, liderada por Andrés Vallejo
(padre del homónimo de Ecuador Terra Incógnita); más tarde, con el
financiamiento del Ecofondo de la OCP, gerenciado por otro antiguo
colega de la conservación, Danilo Silva, salió una versión corregida y
aumentada. Debo decir que en ningún caso fue un éxito editorial.

Parque Nacional Machalilla, Manabí.

La importancia de las Áreas Protegidas

LA historia de las áreas protegidas parece remontarse a la Mongolia del siglo XVIII, cuando Bogd Khan Uul, cerca de la capital mongola Ulán Bator, fue declarada como tal. Sin embargo, considerando la concepción moderna de área protegida, la primera fue Yellowstone, establecida en 1872. Este gran parque nacional, ubicado entre los estados de Wyoming, Montana y Idaho, alberga una colección impresionante tanto de paisajes y fenómenos geológicos sobrecogedores, como de flora y fauna representativas de los bosques templados del hemisferio norte.

Desde entonces, prácticamente todos los países han declarado áreas protegidas de diversas categorías, tales como Parque Nacional, Reserva Ecológica, Área Nacional de Recreación, Refugio de Vida Silvestre, etc.; estas nominaciones se han ido estandarizando en todo el globo. En nuestro país, el Ministerio del Ambiente y Agua maneja el Sistema Nacional de Áreas Protegidas (SNAP), que incluye estas a escala nacional, de los gobiernos seccionales, comunitarias y privadas.

Galápagos fue la primera área protegida del país. En los años 30 del siglo pasado se declaró una parte de las islas como parque nacional y en 1959 se lo amplió para que cubriera la mayor parte del archipiélago, coincidiendo con el centenario de la publicación del libro máximo de aquel ilustre visitante de las islas, Charles Darwin. En el transcurso del tiempo, importantes zonas han sido incluidas en la lista del SNAP, llegando en la actualidad a cerca de 60 áreas protegidas; dos de ellas, el parque Nacional Machalilla y la Reserva Marina Galápagos, contienen áreas oceánicas. Todas estas áreas cubren un 20% del territorio nacional y representan todos los ecosistemas presentes en el país, excepto (increíblemente) los valles secos interandinos; algunas pertenecen también a categorías internacionales de la UNESCO, tanto como Reservas de la Biosfera (Galápagos, Yasuní, Sumaco, Podocarpus-El Cóndor, Cajas, Bosques de Paz y Chocó Andino) como Patrimonios Naturales de la Humanidad (Galápagos y Sangay).

Las áreas protegidas surgieron de la necesidad de resguardar legalmente los principales remanentes prístinos de la naturaleza. Su inicial función de vitrina de los ecosistemas naturales ha ido dando paso a otra de mayor importancia: la de ser un foco de cambio no solo para cuidar lo que queda de naturaleza sino para educar a la gente y cultivar consciencia ambiental. Partiendo del criterio de que el desarrollo y la conservación no deben ser vistos como antítesis sino como complementos, las zonas urbanas, agrícolas e industriales han empezado a ser manejadas más sustentablemente. Del mismo modo, las áreas protegidas deben ser consideradas parte básica del desarrollo al ser, tanto como fuente de conocimiento y esparcimiento como productoras de agua y materias primas, así como base de un turismo que puede ser un pilar de progreso en cada país.

La moderna planificación de las áreas protegidas considera la presencia del ser humano como comanejador de un sitio sobre el que tiene derechos. Cuando se declaró a Yellowstone como parque nacional se desconsideró por completo que ahí vivían grupos indígenas a los que se debía informar, consultar e involucrar; lastimosamente, lo que se hizo fue moverlos en forma forzosa fuera de los límites del nuevo parque nacional. Hoy en día, en las áreas protegidas se reconoce el derecho de quienes las habitan, y se los vincula a su manejo. Ciertas áreas protegidas no solo tienen grupos ancestrales sino también propiedad privada en su interior, lo que también es tomado en cuenta al momento de su planificación.

El establecimiento y administración de las áreas protegidas es una ardua y compleja tarea en la que se necesitan personas especializadas y entregadas a la causa. Pero lo más importante es una voluntad política que, más allá de los réditos electorales, realmente vele por lograr un desarrollo a largo plazo e inclusivo. Desafortunadamente, es notorio el hecho de que, a pesar de las casi 60 áreas protegidas que existen en Ecuador, el ambiente y la biodiversidad no han logrado el puesto protagónico que deberían tener, ya que muchas de tales áreas son más declaraciones en papel que realidades.

Una ciudadanía bien informada y concienciada sobre la importancia de las áreas protegidas incidirá poderosamente en aspectos fundamentales como el que las autoridades sean más capaces y sensibles, y que la conservación de la biodiversidad sea parte de un modelo que abarque todo el territorio nacional. Además, favorecerá la toma de actitudes en procura de esa sustentabilidad que no podemos postergar.

Mi querida amiga del colegio Margarita Castro me puso en contacto con Eduardo Neira, capitán del barco de National Geographic *Endeavour II*, que hace cruceros en las Galápagos y sitios cercanos. Eduardo es un hombre del renacimiento y entre sus múltiples habilidades, que incluyen la de músico, es editor de la revista digital *VerdEcuador*. Al principio centrada en Galápagos, ahora tiene una temática más amplia pero siempre centrada en temas de desarrollo sustentable (o sostenible....). Ha sido una experiencia muy grata y enriquecedora ser parte del consejo editorial de este medio.

El Parque Nacional Sangay en la zona de las Lagunas de Atillo, en el inicio de la bajada hacia la Amazonía

Sangay: el parque de volcanes, grandes bestias y pájaros trastornados

MONTAÑA misteriosa, solitaria, simétrica y fogosa… El Sangay da el nombre a una de las mayores áreas protegidas del país. Uno de los volcanes más activos del mundo y, entre estos, de los más altos, se encuentra fuera del corredor interandino, donde los Andes se precipitan hacia la Amazonía. Hay que verlo desde sitios muy elevados, desde el avión o sobre otros montes, como el Chimborazo –su vecino no tan cercano hacia el occidente. Solo ahí, o ya desde la llanura amazónica, se puede apreciar su cono casi perfecto y de pendiente pronunciada, oscuro, a menudo con fumarolas. Su nombre, que nos suena tal vez asiático, viene de un vocablo shuar que significa "espantar". En los páramos del Sangay, designado como reserva ecológica en 1975 y como parque nacional en 1979, nacen la cuenca del río Upano, que alimenta al Pastaza, y la del Paute, en cuyas represas se genera gran parte de la energía hidroeléctrica del país y que desemboca en el Santiago.

Llegar a las faldas del volcán requiere de travesías relativamente largas y laboriosas. Mas el frío y el cansancio se compensan con creces ante un panorama alucinante. Los páramos del Sangay son agrestes, duros, con plantas típicas de las alturas andinas pero que se ven inesperadamente matizadas por plantas de hojas grandes que recuerdan a tierras más tropicales. Una gramínea extraña forma laberintos; los caballos luchan por no enmarañarse y la gente prefiere caminar sobre las paredes y no en los surcos que van dejando las bestias de carga. Hay humedales y formaciones glaciares que crean un panorama salvaje y bello donde, de manera incongruente, los primeros animales que llaman la atención son algunas cabezas de ganado. Los páramos van poco a poco dando paso a bosques andinos, extraordinariamente tupidos y diversos, y a la parte alta de las selvas orientales.

Desde luego, las vacas no son, ni de lejos, las únicas grandes bestias en Sangay. Este parque nacional es una de las áreas protegidas con mayor biodiversidad del país, lo que no sorprende al conocer su tamaño (517.725 hectáreas) y su rango altitudinal: desde la punta del Sangay –a 5230 metros– hasta tierras en el oriente a mil metros. Pocas áreas en el país ocupan territorios tan extensos y variados; podemos pensar en Cayambe Coca, Cotacachi Cayapas y Podocarpus, entre otras. La gran bestia propia del Sangay es el tapir o danta, una de las tres especies que hay en Ecuador. La más grande de ellas se encuentra en tierras amazónicas; otra, posiblemente extinta en el país, está en la zona boscosa de Esmeraldas. La tercera, en cambio, es la que habita en los sitios de los que hablamos aquí: el tapir de montaña o lanudo.

La única experiencia en vivo con un tapir de montaña se me presentó hace algunos años, cuando estábamos en una expedición con gente del proyecto Páramo, el Ministerio del Ambiente, Fundación Natura y la comunidad de Guarguallá. A más de conocer parajes tan particulares y distantes, nuestro objetivo era establecer cuántas vacas estaban en el parque y qué posibilidades había de sacarlas. Como se sabe, las vacas y otros animales domésticos ajenos al páramo pueden causar muchos daños, especialmente al suelo y sus funciones hidrológicas, no se diga en un sitio tan húmedo e importante en términos de agua como el Sangay. Si bien esas vacas son muchas veces cruciales para comunidades que las han mantenido allí desde hace mucho tiempo, lo que procurábamos era consensuar entre las varias partes interesadas una manera social y ambientalmente adecuada de proceder para conservar los páramos.

En esa excursión nos topamos con las hojas gigantes y los laberintos de paja. Las laderas agrestes eran administradas con soltura por las mulas, no tanto así por los caballos, que se resbalaban con frecuencia. A veces, cansados de las monturas rústicas, caminábamos, aunque era preferible cabalgar sobre el animal que hubiera tocado en suerte para evitar el camino culebrero y las sutiles amenazas del soroche. Al anochecer acampamos en un valle muy plano, ya cerca del volcán (que, como de costumbre, no se dejaba ver). Allí había, precisamente, algunas cabezas de ganado. La pernoctada fue más bien intranquila, en especial por los bramidos intermitentes del gigante que se cernía sobre nosotros un poco al oriente.

Al amanecer por fin fue posible verlo. Ese cono oscuro, agreste, empinado, ahora en buena parte del horizonte. Otro tipo de belleza que la del Cotopaxi. Las fumarolas eran constantes pero no vimos en ningún momento una explosión realmente grande. Nos dimos cuenta de que cuando el cielo se encapota, los rugidos del volcán alcanzan sus faldas con nitidez, mas cuando está despejado se ve el humo pero no se oyen los fragores. La parte alta era negra, carente de toda vegetación, con un borde de cráter que evoca las fauces de un dragón. Poco a poco hacia abajo se empezaban a ver las plantas más porfiadas que he podido imaginar. Al llegar a las mismísimas faldas del Sangay estábamos en un sitio donde pocas personas habían llegado; donde, además, la diversidad de plantas de páramo era muy baja. Había mucho suelo pedregoso descubierto, plantas extrañas y asombrosas semejantes a llantenes gigantes y pocas cosas más. La teoría de que mientras menos alterado por la gente sea un lugar más diversidad tendrá, tenía aquí una excepción, explicable por las condiciones imperantes en la base de un gigante airado que no para casi nunca de botar piedras y cenizas.

En un momento dado, alguien gritó "¡tapir!", y todos nos quedamos quietos y expectantes. En la parte alta de una ladera, seguramente una morrena glacial, se veía en efecto una mancha oscura y quieta. Con eso hubiera sido suficiente: ver un tapir, aunque sea a contraluz y a lo lejos —aún en las propias faldas del Sangay— era ya cosa seria. Pero uno de los guardaparques era particularmente ágil y decidió que se podía hacer más. De manera felina trepó por la ladera y apareció por detrás de la desprevenida danta, que se asustó y empezó a correr pendiente abajo. Yo había estado tomando fotos. Casi me había contentado con aquella lejana silueta del tapir lanudo. Jamás pensé que ahora este se abalanzaría sin aparente control directamente hacia donde me encontraba. Unos pocos metros antes de toparse de bruces conmigo y atropellarme como camión a bicicleta (¡o al menos así lo sentí en ese momento!), el animal —que en realidad es grande como un toro— se desvió y siguió corriendo hasta perderse en lontananza. El *tuturud, tuturud* de sus cascos sobre el suelo ceniciento se fue haciendo cada vez más distante, así como más calmos los latidos de nuestros corazones. Todos nos mirábamos con una sonrisita entre asustada y satisfecha, sin saber qué mismo comentar. Cada uno tenía una versión del evento, diferente en sus detalles pero igual de maravillada. Claro: la foto que alcancé a tomar solo muestra una mancha borrosa, aunque muy cercana, que muy mal refleja lo que pasó.

El volcán y los tapires son solo la punta del iceberg de lo que hay en este parque. A pesar de su importancia, no bastarían para justificar la declaratoria del área como patrimonio natural de la humanidad por la UNESCO (en 1985). A más del Sangay, el área protege dos volcanes más: el bravísimo Tungurahua (5016 metros de altitud) y el bellísimo y apagado Altar o Qhapaq Urku (5319 metros). No obstante su escabroso ambiente, el territorio ha sido habitado en la parte serrana y en la amazónica desde épocas precolombinas. Existen vestigios hacia la parte oriental de guamboyas, canelos y macas, y hacia el lado occidental de puruháes, cuyos descendientes son las actuales poblaciones kichwa hablantes. Los incas hicieron pasar su camino o Qhapaq ñan por el sur del actual parque, en la laguna de Culebrillas, en ruta hacia las ruinas de Ingapirca. Durante la conquista y la colonia, la región oriental fue escenario de la búsqueda de oro y el Sangay no fue excepción. Hoy día, en la parte montañosa, están los pueblos puruhá, salasaca y cañari, y en la zona de selva están los territorios shuar.

La biodiversidad del Sangay es enorme y aún no está bien catalogada: se sabe que hay al menos 107 especies de mamíferos —entre las que destacan especies endémicas como un cuy silvestre y la musaraña del Azuay—, 450 de aves, 20 de anfibios, 11 de reptiles y ocho de peces. En plantas, la cifra es sorprendente: más de 3 mil especies, 586 únicas del área, incluyendo unas 250 orquídeas. Solo en árboles hay desde kishwares y yahuales en los páramos, hasta cascarillas y cedros en las tierras bajas, pasando por una diversidad enorme en los bosques nublados que incluye alisos y romerillos. A más del tapir hay osos de anteojos, venados y pumas en las partes altas así como ocelotes, monos arañas, chorongos y armadillos en las partes bajas. Las aves abundan y también pueden encontrarse representantes parameros, como el cóndor y los curiquingues; del bosque nublado, como pavas de monte, tangaras y tucanes, y amazónicos, como las varias especies de loras y guacamayos. Una especie de ave migratoria que llega desde Norteamérica, el chorlito o cuviví, encuentra en lagunas como las de Atillo y Ozogoche un sitio para hacer una parada que ha generado una leyenda cuya base científica todavía se debate: se dice que estos pájaros llegan a suicidarse masivamente, desplomándose en las aguas heladas, como si fueran lemmings voladores y tropicales.

Casi todas las vacas han salido ya del parque nacional. Las comunidades aledañas ahora tratan de mantener y aprovechar hatos de alpacas, más amigables con el páramo y con promesas, aún no del todo cumplidas, de nuevos ingresos y mejores futuros. También se hace turismo, porque para la gente de ciencia como para aquella a la que le gustan los parajes extremos, el Sangay siempre será una meca en las alturas ecuatoriales.

Cómo llegar: desde Riobamba se puede llegar a Atillo por la vía Guamote-Macas, a Ozogoche en la zona de Palmira, al Altar en la vía a Penipe y al Qhapaq ñan en la vía a Cuenca, a la altura de Achupallas, pasando Alausí. Para llegar a Sardinayacu hay que entrar por la vía Puyo-Macas. Al igual que la entrada al Sangay por Guarguallá, esta es larga, difícil y requiere de guías certificados. En la parte baja se puede acceder a la unión del Upano con el Quizal desde la vía Macas Riobamba.

Qué llevar: dependiendo si es a la parte alta o a la baja, ropa abrigada o ligera; botas de caucho, protección solar y/o sombrero, cantimplora, equipo para acampar, cámara fotográfica.

Fue muy chévere participar en la iniciativa de Ecuador Terra Incognita sobre áreas protegidas sobresalientes del Ecuador. Mis contribuciones fueron Sangay y Cayambe Coca. En ambas hay extensiones considerables del ecosistema que me ha cautivado desde hace décadas, el páramo, pero ambos tienen muchísimo más que ofrecer. Uno de los sitios piloto del Proyecto Páramo en el que participé estaba en el área de influencia del P. N. Sangay. Se trataba de Atapo Quichalán, en el cantón Guamote, cerca de las lagunas de Atillo en Chimborazo. Allí hacíamos planes participativos de manejo de los páramos comunitarios. Entre otras cosas, se establecían los COLIPA (Comités Locales de Investigación en Páramos). En Atapo, por ejemplo, se diseñaron parcelas donde se realizaban diferentes prácticas para ver cómo impactaban sobre la biodiversidad en el pajonal. Aparte de lo relacionado con el ecosistema *per se*, esas experiencias me enseñaron mucho más sobre la gente y la vida en los Andes que cualquier libro o conferencia. Una experiencia graciosa se produjo cuando, en la primera reunión con la comunidad, en la cual muchas mujeres casi no hablaban español y los hombres tenían un acento muy fuerte, el presidente nos decía algo sobre que "todo esto es para los *fotros*". En el equipo nos quedábamos viendo para tratar de captar el mensaje, pero nadie daba con el código lingüístico apropiado. ¿Estaba hablando de algún animal? ¿O tal vez era alguna manera local de llamar a las fuentes de agua? En algún momento alguien, tal vez por el contexto de todo el discurso, dio en el clavo: estaba hablando de los "futuros", o sea, de las próximas generaciones. Por supuesto, cuando hablaban entre ellos en kichwa, la cosa era extrema; al menos yo no entendía nada excepto palabritas sueltas que siempre se han usado en el español serrano (guagua, tayta, achachai…). Pero a ratos se entendían palabras españolas, como "conservación" o "participación". Era preocupante que a esas palabras usualmente le seguía una buena risotada general.

Glaciares del Cayambe en el Parque Nacional Cayambe Coca.

El Parque Nacional Cayambe Coca: la escalera viva

COMO estudiantes de biología queríamos memorizar los nombres de las áreas protegidas del Ecuador. Una cosa era fácil en este juvenil cometido: acordarse de las tres reservas ecológicas que había en ese entonces (los años ochenta). Por pura coincidencia (o tal vez por alguna razón sutil que se me escapa), estas áreas tenían nombres dobles: Cotacachi Cayapas, Manglares Churute y Cayambe Coca. Claro, en esos días las áreas protegidas no llegaban a veinte. Ahora son más de media centena y la regla (o coincidencia) del doble nombre para las reservas ecológicas, aunque se multiplicó con Mache Chindul y Cofán Bermejo, ya se perdió hace rato porque también hay Arenillas y Antisana. En todo caso, si antes era complicado acordarse de todas las áreas protegidas, ahora es casi imposible.

Además, las reservas ecológicas están en vías de extinción. Me refiero a la categoría: en la moderna clasificación de áreas protegidas esa ya no cuenta, así que, por un lado, ya no deben declararse más de ellas y, por otro, las que existen deben encontrar otro cubículo. Cayambe Coca y su contraparte en la cordillera Occidental, Cotacachi Cayapas, ya han cambiado, y por eso hablamos de ellas hoy como "parque nacional".

Todos estos avatares técnicos no cambian la esencia: al hablar de Cayambe Coca nos referimos a un área protegida particular por varias razones; posiblemente la más notable es su propia diversidad. Solo otra área, precisamente su antigua compañera de categoría, Cotacachi Cayapas, y tal vez otras como Sangay y Podocarpus, pueden competir con Cayambe Coca en la amplitud del rango de altitudes y ecosistemas. Sus 400 mil hectáreas cubren territorio desde casi 6 mil hasta 600 metros sobre el nivel del mar. Otra vez con Cotacachi Cayapas, su hermana gemela al otro lado de las cordilleras, el nombre mismo ya dice mucho sobre esta particularidad: Cayambe, un volcán inmenso de nieves eternas, y Coca, un gran río que escarba la montaña y serpentea hacia la Amazonía.

Yo no soy montañista; simplemente no estoy hecho deportes extremos, pero si en una de mis escapadas a los páramos pudiera llegar a la cima del Cayambe, una mirada hacia el callejón interandino, en el occidente, me dejaría ver paisajes naturales y culturales que casi parecen de otro planeta frente a lo que presenta la ojeada hacia el oriente. Hacia al callejón, lo que vería es que los hielos eternos (cada vez menos eternos...) van dando lugar a páramos que han sido usados desde hace milenios. Al principio son rocas con plantas durísimas (no puedo pensar en una palabra mejor que *angas*). Inmensos pajonales y bosques altoandinos, a ratos con vacas y caballos cimarrones, conforman más abajo un paisaje quebrado que termina en los campos y pueblos de los valles interandinos o en un mar blancuzco y monótono de invernaderos de plástico. El mosaico de cultivos empieza a dominar, más arriba con mellocos y ocas, más abajo con maíz, papas y pastos; los caudales que bajan de los páramos van formando ríos cada vez más grandes e innumerables sistemas de riego, muchos de ellos precolombinos.

Algunas de las haciendas más grandes del país (de hecho, se dice que la más grande era Guachalá, ya fuera pero muy cerca del Parque) estaban en tierras que ahora son en parte de Cayambe Coca o comunidades aledañas, descendientes de los kayambis; una de ellas es La Chimba, célebre porque desde allí luchó la legendaria defensora de los derechos indígenas, Tránsito Amaguaña. Actualmente La

Chimba es una comunidad agropecuaria que mantiene fuertes lazos con el área protegida. La zona siempre se ha caracterizado por resistir las embestidas de poderes foráneos, primero los incas (cuando la bien llamada Yahuarcocha quedara teñida de sangre), luego los españoles, que les quitaron tierras y recursos, parcialmente recuperados tras siglos de luchas. La que consideran su laguna, San Marcos, está dentro del parque, pero su acceso es ahora limitado por cuanto allí se realizan obras para ampliar el sistema de riego Cayambe-Pedro Moncayo, el cual tomará agua de este hermoso humedal altoandino. Es irónico y trágico que este sistema no beneficie a La Chimba y que sus habitantes ya no puedan ingresar libremente a un sitio que por siglos ha sido parte de su cultura profunda.

La parte andina del parque incluye el acceso al refugio y a los fabulosos glaciares del Cayambe, así como poblaciones repletas de historia y con culturas y paisajes ricos en lagunas, tradiciones y artesanías.

Si ahora desde la mágica cima me doy la vuelta y dirijo la vista hacia el este, también veo páramos, pero estos ya están en Napo. Aunque es una provincia considerada típicamente oriental, tiene una de las extensiones más grandes de este ecosistema muy "serrano". El panorama agreste, esculpido hace miles de años por el avance y retiro de los glaciares que ahora solo cubren al gran volcán, es sobrecogedor: colinas oscuras con colores ocres, rojizos y morados en olas gigantescas que se dirigen hacia la Amazonía, matizadas por lagunas y pantanos, así como por extraños afloramientos rocosos.

A ambos lados, los cóndores (*Vultur gryphus*) y los curiquingues (*Phalcoboenus carunculatus*) son relativamente abundantes. Para el cóndor el término no es particularmente apropiado: muy pocos quedan en la Sierra ecuatoriana, así que ver uno o dos es siempre un suceso. Pero las aves no son las únicas formas vivientes que llaman la atención. Hace no mucho circuló por las redes sociales una foto de una osa con dos oseznos que cruzaban la carretera que ahora corta lo que antes era un páramo continuo dentro del Parque. La osa se ve atenta pero aparentemente sin miedo. Casi parece que la mamá les dice a sus crías "apuren, apuren". También se ven turistas maravillados por el acontecimiento. El oso de anteojos encuentra en Cayambe Coca un sitio apropiado para vivir. Lobos de páramo (*Lycalopex culpaeus*) y un ocasional tapir de montaña (*Tapirus pinchaque*) también son habitantes más o menos comunes de estos parajes, aunque no tanto como los conejos (*Sylvilagus brasiliensis*). Uno que ya no veremos nunca es el jambato (*Atelopus ignescens*), un sapito negro y colorado que hace un par de décadas era casi imposible no ver y que ahora está extinto, aparentemente por el cambio climático.

La población de Oyacachi, en el corazón del parque y ya en la zona donde los páramos dan lugar a un denso y variadísimo bosque andino, es notoria, entre otras cosas, por sus aguas termales, su artesanía en madera de aliso y la tensa relación que ha mantenido con la empresa de agua potable de Quito. Esta, en sus esfuerzos por suplir a una ciudad demasiado sedienta y derrochadora, ha impactado sobre la cultura de esta población al represar la icónica cascada de Salvefaccha y al crear conflictos entre Oyacachi y las comunidades vecinas. Hace años, para llegar a esta población perdida en el tiempo y el espacio había que cruzar por horas de horas, a pie o en mulas, los páramos y los bosques. Ahora se llega desde Quito en unas dos horas por carretera asfaltada. Oyacachi antes se relacionaba más bien con el este: por una tarabita (todavía útil) se llega a la población de El Chaco, ya en la antesala de la Amazonía.

Y hacia allá vamos.

El páramo se transforma perezosamente en bosques cada vez menos andinos y más amazónicos. La altura de los árboles, el tamaño de sus hojas (cada vez mayor) y la composición misma de las especies, aparte del aumento en la temperatura, nos indican que estamos descendiendo. Una regla ecológica básica nos dice que la diversidad de especies aumenta conforme nos acercamos al Ecuador y conforme nos acercamos al nivel del mar. Así, estamos en un punto privilegiado: en plena zona ecuatorial y dirigiéndonos desde las alturas andinas hacia las tierras bajas en la cuna misma del gran Amazonas. No solo es cuestión de la posición en el planeta, sino de que las montañas generan una escalera ecológica donde diversas formas de vida se han adaptado a condiciones heterogéneas. Si bien los bosques en estas zonas medias no alcanzan la escandalosa biodiversidad de tierras bajas, como las de Yasuní, la variedad es ya sorprendente.

Un sitio especial en estas alturas era hasta hace poco la cascada de San Rafael: una caída atronadora en el curso del río Coca que prácticamente desapareció cuando el río tomó otro curso en febrero de 2020 por lo que parece ser una confabulación entre causas naturales y acciones del ser humano. Los bosques en sus alrededores nos conducen hacia otro de los gigantes del parque, el volcán Reventador. A diferencia de su hermano canoso, el Cayambe, este está muy activo y no es raro verlo humeando; en 2002 sus cenizas llegaron hasta Quito. Estos bosques poseen una gran variedad de avifauna (indicativa de la diversidad en general) que incluye una especie llamativa desde varios frentes. El gallito de la peña (*Rupicola peruvianus*) es un ave marcadamente dimórfica: el macho es muy llamativo, con colores fuertes que incluyen el negro profundo, el blanco níveo y el rojo escarlata, y un copete que le da un aspecto nobiliario. Las hembras, como una adaptación al medio, son muy sencillas, de colores cafés moteados que las hacen casi invisibles en los sitios donde cuidan sus nidos.

Siguiendo hacia abajo encontramos una cultura muy diferente a la que se encuentra en la parte andina. Ya en Sucumbíos, la comunidad de Sinangüé a orillas del Aguarico es el inicio del territorio cofán. Los a'i, o "gente de verdad" como se denominan a sí mismos, son renombrados en toda la selva por el conocimiento que sus chamanes tienen de la utilización medicinal de las plantas. Su vestimenta tradicional incluye bellas diademas hechas con plumas de pájaros y la *cushma*, una especie de sotana heredada de los misioneros del siglo XVIII. Las plantas y los animales son casi diametralmente opuestos a sus parientes en las alturas andinas. Aquí hay monos y jaguares, tucanes y serpientes, palmas y matapalos. Los choclos, truchas y habas con queso de los Andes dan paso a elementos más exóticos: *chontaduro* (el fruto de una palma), *chucula* (fresco de plátano maduro) y *maito* (envuelto de pescado) en el Oriente. Y lo que sigue para abajo continúa siendo parte de la escalera de la vida, pero ya no del parque nacional Cayambe Coca...

La cascada de San Rafael será ha sido impactada por las obras de la hidroeléctrica Coca-Codo Sinclair. Esta represa es un epítome del delicado balance entre las necesidades inmediatas y el progreso a largo plazo que deben considerar las acciones de desarrollo. El petróleo nos ha dejado demasiadas lecciones al respecto, pero no es el único: el turismo en Galápagos, las camaroneras en manglares y las carreteras en el Sangay son solo algunos casos que se pueden citar. Qué mejor que usar las fuerzas mismas de la naturaleza para avanzar como sociedades, pero los impactos deben ser medidos de antemano para no tener que arrepentirnos luego y buscar soluciones tardías. Con este pensamiento y muchos otros (y ya hecho al dolor de no poder acordarme todos los nombres de las áreas protegidas), comienzo a descender desde mi ilusoria cima del Tayta Cayambe.

Cómo llegar: Para la parte alta, una buena base es la ciudad de Cayambe. De ahí parten buses hacia La Chimba, donde se puede alquilar camionetas a San Marcos. Llegar a la zona de la Virgen desde Quito usando la Interoceánica es relativamente sencillo. Hay camionetas que hacen el trayecto de Cayambe al refugio del volcán, aunque el camino puede estar intransitable. A la parte baja se puede acceder desde Lago Agrio o desde cualquier punto en la carretera Interoceánica: Baeza, El Chaco, San Rafael, Reventador, La Bonita o Cascales. De La Bonita parten canoas a la comunidad cofán de Sinangüé.

Qué llevar: cantimplora con líquidos, largavistas, protección contra el sol, cámara fotográfica, botas de caucho o calzado para caminar impermeable, ropa de abrigo (e invernal, para la parte alta), encauchado, sombrero o gorro de lana.

Otras de las áreas protegidas sobre las que escribí para Ecuador Terra Incognita, Cayambe Coca ha estado en mis perspectivas desde hace rato. Al principio fue desde un punto de vista puramente ecológico, pero más tarde se volvió otra cosa con los planes participativos con comunidades de páramo. Más adelante, bajé con las aguas desde el páramo y me enfrasqué en estudios de ecología política relacionados con los conflictos del agua del riego en la cuenca del Pisque, al oeste del gran nevado. Esto terminó en abril de 2020, en plena pandemia y con una graduación agridulce por lo virtual, con mi doctorado en la Universidad de Wageningen. Es una mezcla extraña de orgullo y de algo indescriptible que tiene que ver con el haber gastado tanto tiempo a estas alturas de la vida, pero no es grave. Ya tenía hasta la visa y el pasaje a Holanda... Recuerdo que en la visita al consulado ya teníamos que tener ciertos cuidados de distanciamiento, pero jamás pensamos que la cosa llegaría tan lejos. Yo había intentado hacer mi doctorado desde hace rato pero terminé haciéndolo al cumplir los 60 años y en un tema que tuve que aprender casi desde cero. Un intento anterior fue en la Universidad de Gainesville en Florida, adonde fui aceptado pero, por los avatares de la vida, terminé desechándolo; el otro fue en la Universidad de Bath en Inglaterra, adonde también fui aceptado pero sin beca, y ahí terminó la cosa. En cualquier caso, para mi doctorado no pudo haber la ceremonia casi medieval que hay en esos países, pero mi título holandés está bien impreso en cartón.

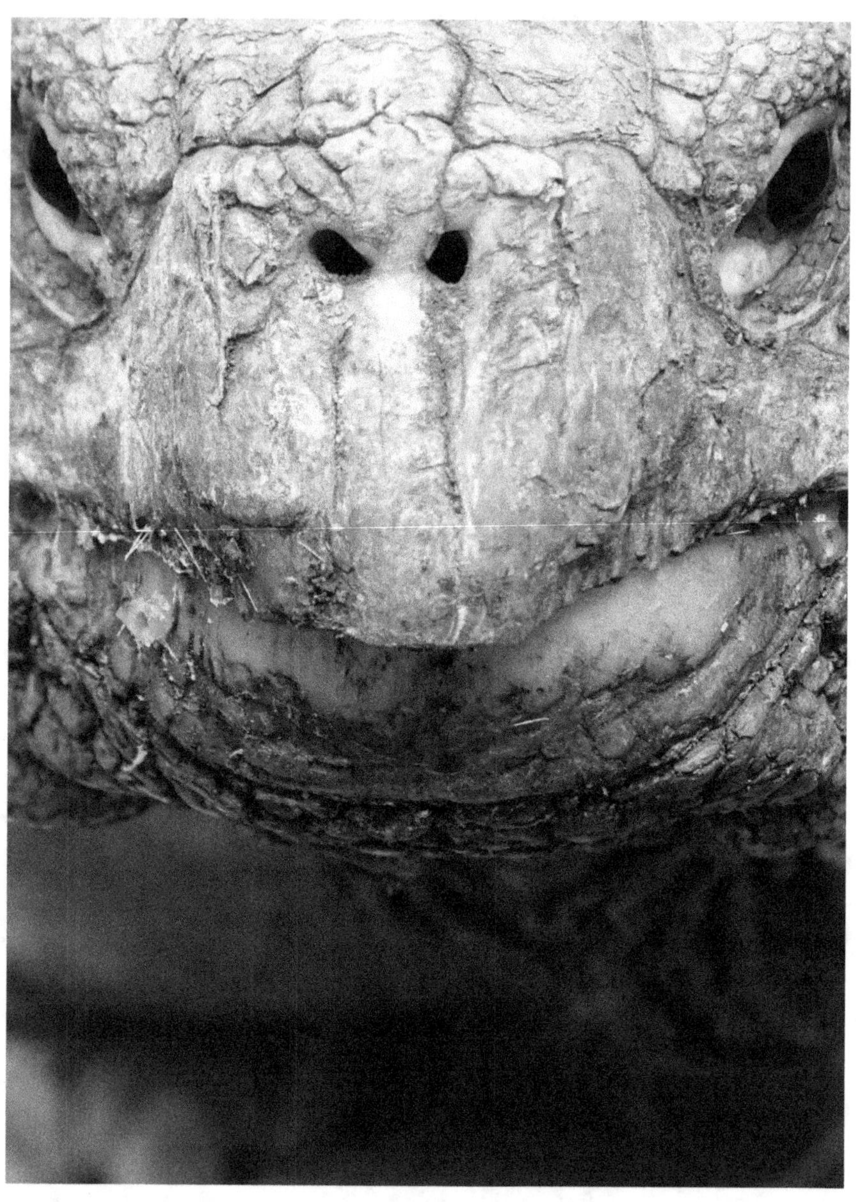

Una tortuga gigante en la Estación Charles Darwin, Puerto Ayora, Galápagos.

Encuentros cercanos del último tipo

HACE poco vi un episodio de la serie de Animal Planet llamada *El último de su especie*, en la que el biólogo Forrest Galante va por el mundo buscando especies que, a falta de avistamientos, podrían estar extintas. En este episodio, acompañado por personal del Parque Nacional Galápagos, salió en busca de la especie de tortuga endémica de Fernandina, cuyo último espécimen había sido visto por última vez hace 100 años. ¡Y con éxito!

Para algunos shows de este tipo es difícil saber cuánto hay de verdad científica "pura" ya que con frecuencia incluyen adornos con el propósito de captar los *ratings*. No digo que estos programas recurran al engaño (aunque sí ha habido denuncias contra ciertas cadenas televisivas por esa razón), pero sí que, incluso en las empresas más serias, puede haber cierta forma de manipulación informática. Se me viene a la memoria una portada de *National Geographic* en la que se ven las pirámides de Egipto con un sol rojo en el medio, una fotografía evidentemente fotoshopeada.

En el caso del programa mencionado, considero que lo que se representa de las Galápagos es certero, aunque me llamó la atención que dijeran que la temperatura de la isla había llegado a 54 grados centígrados. Caminar sobre los flujos de lava endurecida en forma de sogas y a veces como cristal roto, todo bajo un sol canicular, es ciertamente complicado; pero las temperaturas jamás llegan a esos extremos. En cualquier caso, el que Galante haya tenido una suerte tan gigante como las tortugas para encontrar aquella especie que se consideraba extinta parece ser totalmente cierto.

Me puse a pensar en mis propias expediciones que, sin ser muchas y sin buscar especies extintas (a excepción tal vez del sapito llamado jambato), sí me han permitido ver seres impresionantes. Todas esas salidas fueron dentro de proyectos relacionados con la conservación de la biodiversidad, la mayoría con la ONG EcoCiencia. Sin embargo, mi primer encuentro fue cuando, siendo estudiante de la PUCE, hacíamos salidas de campo en las clases prácticas de una materia llamada Técnicas de Biología de Campo. El sitio donde solíamos ir era una selva alucinante cerca de Santo Domingo que evocaba cómo debió haber sido todo hace cientos de años. Ahí había un matapalo (un tipo de ficus) que seguramente empezó como una simple liana parecida a un fideo y terminó siendo un coloso tras estrangular al árbol que lo hospedó durante sus primeros años de vida. Tenía más de 50 metros de alto y la parte baja de su tronco, en realidad raíces, formaba paredes más grandes que una casa. El grupo entero, liderado por el legendario Tjitte de Vries, salía en la foto enmarcado con ese fondo de muros vegetales de fantasía.

A lo largo de mi carrera profesional he tenido encuentros cercanos con varias especies. Dos son particularmente notables. En una salida al Parque Nacional Sangay para establecer el número y estado de cabezas de ganado en los páramos nos encontrábamos con gente de Ecopar, la recordada Fundación Natura, personal del parque y comuneros de Guarguallá. Un páramo durísimo, el de la triple H: húmedo, helado y hermoso. La mole del volcán humeante nos acompañó todo el viaje y establecimos campamento en sus faldas; sus rugidos no nos dejaron dormir. Mientras caminábamos dificultosamente, de súbito, alguien exclamó "¡tapir!", y un guardaparques trepó rápidamente a la colina para verlo, con tal suerte, que la gran bestia se espantó y se abalanzó despavorida, pendiente abajo, hacia nosotros; mejor dicho, hacia mí. Me pasó, como se dice, zumbando a un metro de donde yo estaba. La pobre foto de una mancha negra en el pajonal no le hace honor al momento repleto de adrenalina que ambos tuvimos en pocos segundos.

El otro también fue en los páramos; esta vez al suroriente de Cuenca, cuando nos hallábamos evaluando el impacto que causaría una propuesta represa sobre el ecosistema. El páramo ya lucía bastante alterado por el ser humano, pero de vez en cuando aparecían manchas de bosques muy tupidos. Al atravesar en vehículo una plantación de pinos, de pronto cruzó el camino algo que al principio creímos que era un espejismo: un gato atigrado relativamente grande. Mi tocayo Pato Mena Valenzuela me ayudó a identificarlo (solo por descripción oral) y dedujo que no podía ser otro que un tigrillo. Aunque propio de tierras bajas, este animal puede aparecer hasta a más de 3600 metros de altura.

Osos de anteojos en Zuleta y en Podocarpus; cabezas de mate en Baeza; delfines, boas y caimanes en Cuyabeno; cóndores en Antisana y Rumiñahui; lobos de páramo en Cotopaxi; hormigas congas en Santo Domingo; perezosos en Playa de Oro. Todos encuentros maravillosos (y a veces, como en el caso de la conga, dolorosos…). De pronto me doy cuenta de que esos encuentros no fueron tan diferentes a los de Galante y la tortuga, puesto que, si bien no vi ni el último tapir ni el último tigrillo, desgraciadamente eso no está demasiado lejos de la verdad. Seguramente el matapalo gigante ya dejó su lugar a una plantación de palma africana y tal vez ya no existan aquellos manchones boscosos del tigrillo azuayo, pero consuela saber que el Parque Nacional Sangay, con su paisaje salvaje, está todavía ahí, incólume.

No hay que esperar que la Tierra sola se defienda y se conserve. No hay que esperar a que cada vez más especies sean las estrellas del programa de TV sobre especies extintas. Paradójicamente, en esta categoría podremos estar nosotros mismos, no solo por eventos catastróficos como la actual pandemia (profundamente relacionada con la crisis ambiental y las extinciones), sino por nuestra dependencia profunda de la naturaleza viva en todo sentido.

El haber podido disfrutar de estas maravillas es motivo de cierto orgullo, pero no puede convertirse en una fuente de testimonios de lo que antes hubo y que las generaciones futuras solo conocerán por descripciones y fotos. Aquí no hay show, no hay manipulación. O cambiamos nuestra forma de tratar a nuestro planeta, o la posibilidad de estos encuentros cercanos será cada vez más rara, con todo lo que eso conlleva.

☙

Varias veces he estado en Galápagos, pero la primera fue simplemente increíble porque casi literalmente me pagaron por hacer turismo. Era a principios de los 90 y un grupo de turistas jubilados de los Estados Unidos necesitaba una persona que hubiera estado en su país y que los acompañara, aparentemente porque no creían que la persona designada oficialmente como guía pudiera ser adecuada o algo así. Ahí estaban equivocados: el guía fue maravilloso. Pero lo cierto es que yo acepté de inmediato y pude hacer el tour casi como un turista más. Lo máximo que se me pedía era que hablara en la noche, tras la cena sobre algún tema de biodiversidad o conservación. Fue sencillamente espectacular. Me acuerdo de que por primera vez en mi vida pude comprar un montón de rollos de diapositivas y no preocuparme mucho de escoger los sujetos de mis disparos fotográficos. Quienes solo han conocido la fotografía digital no tienen idea de lo que era tener solo tres rollos de 36 fotos o algo por el estilo, y miles de fotografías esperando a ser captadas. Claro que no pasaba todo el tiempo, pero era fatal cuando aparecía la mejor puesta del sol o un jaguar a cinco metros, justo tras el último clic. Y hasta podía suceder que el rollo se dañara o se perdiera o que al laboratorio cometiera algún error en el revelado... Ahora con una tarjeta de 64 ya tienes para desperdiciar todo lo que quieras y, si mismo necesitas más fotos, pues borras un par de las menos agraciadas y ya. Otro gallo canta.

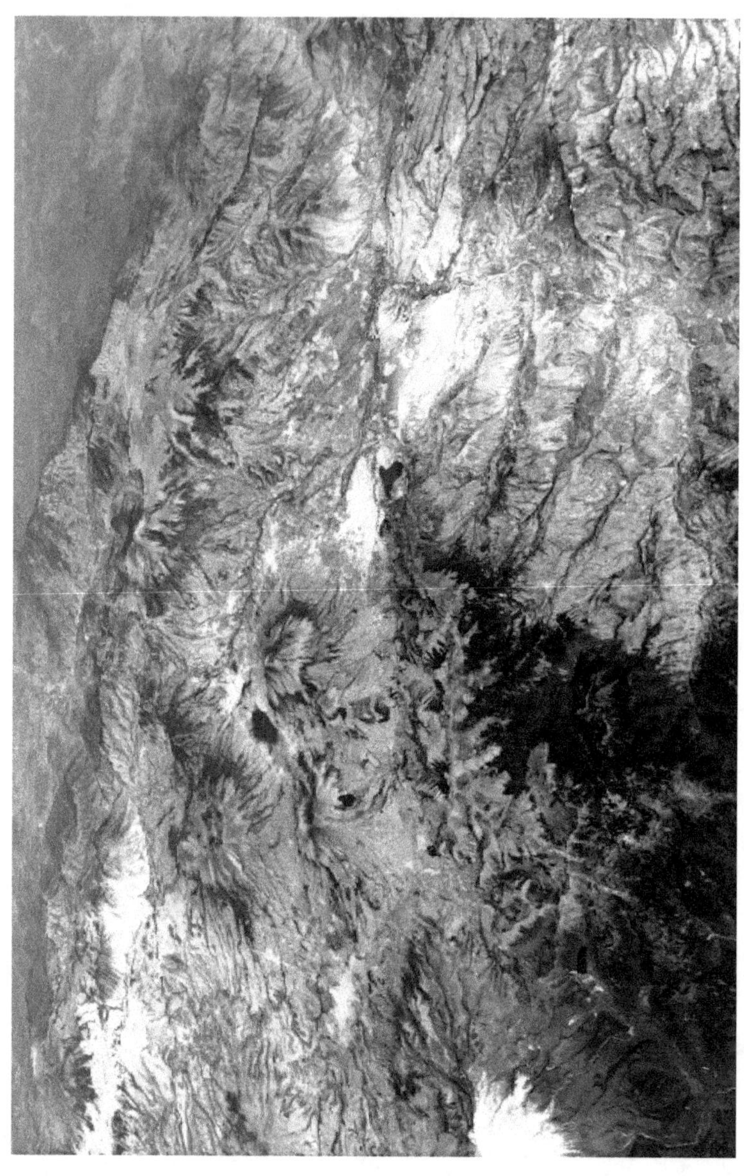

Una imagen de Google Earth de la provincia de Imbabura.

Reservas, Patrimonios
y Geoparques:
más allá de las listas
y las categorías

A lo largo de la historia se han protegido partes del planeta por razones tanto prácticas como éticas y filosóficas. A pesar de que es común decir que la primera área protegida es el Parque Nacional de Yellowstone en Estados Unidos, ya había antes, en varias partes del globo, cotos de cacería (que si bien tenían otro fin primario, sí servían para fines de conservación más amplios) y áreas sagradas que debían preservarse.

Este último caso es el de otro sitio que también ha sido considerado la primera área protegida, y en un país que pocos pensaríamos inmediatamente como cuna de las ideas conservacionistas: Mongolia. El hecho es que en ese inmenso e ignoto país hay hoy nada menos que 109 áreas protegidas que incluyen el Parque Nacional Bogd Khan Uul, declarado en 1778, es decir, casi un siglo antes de Yellowstone (1872). Esta área, cercana a la capital Ulán Bator, tiene como núcleo una montaña sagrada (la razón original de su declaración) e incluye ecosistemas propios de la zona de transición entre las estepas meridionales y las montañas septentrionales.

Más allá de ayudar a decidir cuál es el área protegida más antigua, esos 109 sitios en Mongolia incluyen varias categorías nacionales que se usan en Mongolia (y que, al igual que en nuestro país, más o menos se acoplan a la nomenclatura estandarizada); también comprenden otras categorías internacionales como Reserva de la Biosfera, Patrimonio de la Humanidad y Sitios Ramsar. Las áreas nacionales pueden solaparse, y comúnmente lo hacen, con las internacionales.

La declaración de las áreas de cada país responde a la legislación propia y se ha logrado que, como dije, se establezca cierta uniformización a través del sistema de la Unión Internacional para la Conservación de la Naturaleza (UICN). En nuestro país, por ejemplo, subsisten categorías idiosincrásicas como reservas ecológicas y reservas geobotánicas, pero se tiende a la homogeneización. La administración de nuestro Sistema Nacional de Áreas Protegidas está a cargo del Ministerio del Ambiente, Agua y Transición Ecológica. Actualmente, cerca del 20% del territorio nacional está en más de 50 áreas protegidas.

Las categorías internacionales, por su parte, son establecidas generalmente por organizaciones como la UNESCO o por convenciones mundiales específicas. Revisemos rápidamente las ya nombradas y una más nueva que es la que da título a este texto:

Las Reservas de la Biosfera nacen en los años 70 del siglo pasado con el programa El Hombre y la Biosfera (MaB) de la UNESCO. La biosfera (a veces escrito como biósfera) puede ser conceptualizada como la envoltura viva del planeta, es decir el conjunto de ecosistemas terrestres y marinos donde se desarrolla el fenómeno vital, con todas sus interrelaciones y su importancia para las sociedades humanas. A pesar de que posiblemente el término "ecosfera" es más apropiado, biosfera se ha convertido en el término más utilizado para el ecosistema global. Las RB incluyen e integran el patrimonio natural y cultural de importantes zonas del mundo y, sobre todo, incorporan los asentamiento humanos. En el país tenemos: Archipiélago de Colón (Galápagos), 1984; Yasuní, 1989; Sumaco, 2000 extendido en 2002; Podocarpus-El Cóndor, 2007; Macizo de Cajas, 2013; Bosques de

Paz, 2017, transfronteriza Ecuador/Perú, 2014, y Chocó Andino, 2018.

El Patrimonio de la Humanidad puede ser de dos tipos, Natural y Cultural. La ciudad de Quito es el Primer Patrimonio Cultural de la Humanidad, junto con Cracovia en Polonia, desde 1978. Es un título conferido por la UNESCO a sitios que han sido propuestos y confirmados con este fin. El objetivo del programa es catalogar, preservar y dar a conocer sitios de importancia cultural o natural excepcional para la herencia común de la humanidad. Existe la Convención para la Cooperación Internacional en la Protección de la Herencia Cultural y Natural de la Humanidad. Desde 1972, 193 estados miembros han ratificado la convención. En la actualidad hay más de 1100 sitios con esta categoría, la mayoría culturales, y en todo el mundo pero concentrados en Europa. En el Ecuador son Patrimonio Mundial las Islas Galápagos (1978), la ciudad de Quito (1978), el Parque Nacional Sangay (1983), el Centro Histórico de Cuenca (1999), el Qhapac Ñan, con Perú, Argentina, Bolivia, Chile y Colombia (2014), y los bienes inmateriales Patrimonio Oral y Manifestaciones Culturales del Pueblo Zápara (2001), Tejido Tradicional del Sombrero Ecuatoriano de Paja Toquilla (2012) y Música de Marimba y Cantos y Bailes Tradicionales de la Región Colombiana del Pacífico Sur y de la Provincia Ecuatoriana de Esmeraldas, con Colombia (2010).

Los sitios Ramsar son un ejemplo de lugares declarados por razones específicas, en esta caso los humedales. Humedales, técnicamente hablando, son "extensiones de marismas, pantanos y turberas, o superficies cubiertas de aguas, sean estas de régimen natural o artificial, permanentes o temporales, estancadas o corrientes, dulces, salobres o saladas, incluidas las extensiones de agua marina cuya profundidad en marea baja no exceda de seis metros". En otras palabras son charcas, lagos, lagunas, ríos, pantanos, aguas de playas, represas y más cosas de las que normalmente pensamos.

Los humedales son zonas muy importantes por su enorme valor biológico y social. Poseen generalmente una diversidad biológica muy alta y juegan un papel clave en los ciclos hidrológicos. También son sumideros de gases de efecto invernadero y ayudan a . Son la base de un rico patrimonio cultural y ofrecen usos recreativos tales como la pesca, la observación de aves o la caza deportiva.

Al igual que otros elementos de la naturaleza, muchos humedales especialmente importantes están en serio peligro; para su conservación y desarrollo sustentable se firmó la convención de Ramsar, llamada así por el pueblo iraní donde se estableció en 1971. A pesar de que originalmente su enfoque era más en términos de sitios clave para las aves acuáticas, en la actualidad es más holístico e incluye la participación de sociedades humanas profundamente simbióticas con estos hábitats.

En nuestro país hay varios humedales Ramsar y es particularmente triste un evento reciente en el que uno de ellos, la ciénaga de La Segua en Manabí, esté sufriendo una catástrofe ambiental que se manifestó en septiembre en un grave incendio, pero que en realidad es algo más antiguo y constante. Según la página del MAAE, los otros humedales Ramsar en el país, muchos de ellos concomitantes con áreas protegidas, son: Reserva Ecológica Manglares Churute en Guayas (1990), Reserva Biológica Limoncocha en Sucumbíos (1998), Abras de Mantequilla en Los Ríos (2000), Área Nacional de Recreación Isla Santay en Guayas (2000), Laguna de Cube en Esmeraldas (2002), refugio de Vida Silvestre Isla Santa Clara en El Oro (2002), Parque Nacional Cajas en Azuay (2002), Humedales del Sur de Isabela en Galápagos (2002), Reserva Ecológica de Manglares Cayapas Mataje (2003), complejo de Humedales Ñucanchi Turupamba en Napo y Pichincha, Complejo Llanganati en Tungurahua y Cotopaxi (2008), Manglares del Estuario Interior del Golfo de Guayaquil "Don Goyo" en Guayas (2012), Reserva Ecológica El Ángel (2012), Sistema Lacustre

Lagunas del Compadre y el sistema Lacustre Yacuri, ambos en Loja y Zamora Chinchipe (2012).

En la actualidad, la nueva estrella dentro de esta pléyade de áreas protegidas en el país es el Geoparque Global de Imbabura. Los Geoparques Globales son una categoría relativamente reciente que, nuevamente, tiene una representatividad notable en Europa pero que está logrando miembros en todo el planeta. La UNESCO es la que confiere este reconocimiento a lugares que lo solicitan y que cumplen y mantienen ciertas condiciones, es decir, se puede perder la denominación si es que estas no se mantienen, al igual que en otras de estas categorías internacionales.

Un geoparque, como su nombre indica, se basa en la parte "geo" pero también tiene un enfoque más integrador. La página oficial del Geoparque Imbabura lo define así: "Es un territorio debidamente delimitado, que posee un patrimonio geológico notable, donde confluyen lagos y volcanes, páramos, valles, cascadas; es decir, con el resto del patrimonio natural y se fortalece con todo el paisaje cultural y artesanal de su pueblos".

Imbabura, tal vez más que otras provincias del país, sin quitarles méritos, es en efecto la que más parece calzar en la definición. La Provincia de los Lagos está repleta de sitios, llamados precisamente "geositios", definidos como lugares naturales que son parte del patrimonio geológico del territorio y que tienen características sobresalientes en términos e interés científico, educativo y cultural. Cada cantón de la provincia tiene estos geositios. Imbabura, es decir, toda la provincia, es un Geoparque mundial. Es el primero en el país y hay varios que podrían entrar en la lista próximamente, como la propia Quito. Es parte de los siete en Latinoamérica y de los más de 150 en el mundo.

Como dije, más allá del interés básico en el paisaje geológico y su biodiversidad asociada, son áreas de desarrollo sostenible involucradas directamente con el conocimiento compartido de los valores patrimoniales tangibles e intangibles del territorio, donde la población local puede emprender y generar nuevas estrategias para el desarrollo sostenible. También han sido definidos como "territorios de resiliencia". Esta palabra técnica, que se está haciendo más y más cotidiana, es, según la UNESCO, la capacidad de las comunidades y territorios para hacer frente a una adversidad en cualquier caso de riesgo o crisis: terremotos, tsunamis, inundaciones, deslizamientos de tierra, erupciones volcánicas, sequías, crisis económicas, terrorismo, guerras y movimiento migratorio de refugiados y, por supuesto, pandemias.

De modo que, en suma, la diversidad geológica, biológica y cultural de nuestro país está reconocida tanto interna como externamente en todas estas áreas en diferentes listas y categorías. Pero el verdadero reto no es tener una buena parte del territorio bajo alguna categoría de protección nacional o global. Se trata de que esto no solo esté en las resoluciones ministeriales ni en las firmas de los convenios, sino que se refleje nítidamente en un país que realmente está en la senda del desarrollo sustentable.

Y eso solo se logrará con dos condiciones básicas: por un lado, una población concienciada acerca de los predicamentos del ambiente y la sociedad, que cambie definitivamente sus percepciones y sus hábitos y que, entre otras cosas, elija bien y pida cuentas a las autoridades (que en realidad son sus mandatarias). Por otro, un Estado en el que lo ambiental no sea un apéndice, una molestia, una quinta rueda, sino el eje transversal que guíe el proceder de todos los otros sectores y que asegure un planeta mejor a las próximas generaciones, por más utópico que eso parezca a ratos y peor aún en las circunstancias actuales. Solo así las listas y las categorías tendrán algún sentido, más allá de declaraciones y ratificaciones.

Hace poco hice un recorrido por buena parte del Geoparque Imbabura con uno de mis compinches de aventuras desde hace 35 años, Mario García. La meta era obtener datos y fotos para un libro sobre la biodiversidad de la provincia para la Prefectura. Estuvo fantástico y me recordó un poco otro viaje que hicimos hace décadas, esa vez con otro de los fundadores de EcoCiencia, Lucho Suárez. En esa ocasión, antes de las tecnologías digitales y máximo un buen GPS, buscábamos remanentes de bosques en la costa. Sin Google Earth la manera de hacerlo era por tierra y por aire. Pasamos una serie de aventuras, pero tal vez la mejor fue la del cachicamo. Esa es la forma en que llaman en Venezuela al armadillo. En alguna carretera de Manabí alcanzamos a ver que alguien tenía uno de estos animales sostenido por la cola, vendiéndolo, no sé si como mascota o como alimento. Paramos para ver cómo era la cosa y porque Mario quería tomarle una foto. Decidimos adquirirlo (no me acuerdo en absoluto en cuántos sucres en esa época), tomarle unas fotos en un sitio lo más natural posible, y dejarlo libre. Yo manejaba, Mario iba al lado y Lucho atrás. El cachicamo (sinceramente no sé por qué le decíamos así y no solo armadillo) se acurrucó aterrorizado debajo del asiento, pero en algún momento parece que el paso del tubo de escape calentó esa parte del piso y el animal salió despavorido, causando que Lucho lanzara un grito estremecedor desde atrás. El pobre bicho cayó en las piernas de Mario, que reaccionó con una danza macabra, y procedió a meterse debajo de los pedales, sin permitirme frenar. De alguna manera el jeep paró tras momentos de pánico destilado (para seres humanos y animal) y tuvimos que agarrar al armadillo de la cola y jalarlo para que se soltara y saliera de su escondrijo. Se fue llevando una serie de cables y otros elementos, lo que afortunadamente no significó la muerte del vehículo. Ya medio calmados, pusimos al animal en la foresta adyacente para así tratar de salvar el día con una par de imágenes espectaculares. El cachicamo tenía otros planes. No bien puso pies en tierra desapareció en la espesura.

RINCONES

Quito y el Cayambe desde el museo Yaku.

El patrimonio natural de Quito: un complicado balance entre activos y pasivos

FUE en los años 30 del siglo pasado cuando se declaró el primer parque nacional en el Ecuador. El planeta estaba en una especie de fiebre tras la declaración de Yellowstone en Estados Unidos como el primero del mundo en 1872, y una parte del archipiélago de Galápagos fue oficialmente constituida como área protegida nacional. Ahora la lista alcanza 60 sitios especiales en nuestro territorio (marino y terrestre) que se lee como un *best of* de la naturaleza ecuatoriana. Son los miembros del Sistema Nacional de Áreas Protegidas (SNAP, ahora parte del PANE, o Patrimonio de Áreas Naturales del Ecuador) e incluyen no solo a las famosas islas —declaradas como parque nacional casi en su totalidad en 1959— sino a sitios tan conocidos como Antisana, Arenillas, Cajas, Cayambe Coca, Chimborazo, Churute, Cotacachi Cayapas, Cotopaxi, Cuyabeno, El Ángel, Ilinizas, Llanganates, Machalilla, Pasochoa, Podocarpus, Pululahua, Santay y Yasuní. Esto hace que una buena cuarta parte del Ecuador tenga su naturaleza oficialmente protegida a cargo del Ministerio del Ambiente (y ahora Agua y Transición Ecológica).

Aparte de este hay otros sistemas de áreas protegidas como los bosques protectores. Son áreas importantes que pueden ser de propiedad privada (al contrario de las del SNAP, que en principio son estatales) y cuya declaratoria se basa principalmente en la necesidad de mantener vegetación nativa para protegernos contra los deslaves y otros riesgos naturales, pero que en realidad se pueden ver como un complemento del SNAP. Mindo, Mojanda, Jerusalem y Pichincha saltan a la mente al hablar de Quito y sus alrededores.

Quito *sensu stricto* debió haber sido hace cientos de años un mosaico impresionante de humedales y bosques andinos que solo permanece como una muestra mínima en las quebradas que se salvaron del relleno. Así y todo, nuestros jardines y parques están repletos de plantas de todo el mundo y aves andinas y migrantes. Una pequeña muestra de la riqueza natural de nuestro entorno se puede ver, por ejemplo, en el Jardín Botánico de la Carolina.

Pero hablando del patrimonio natural fuera de la mancha urbana, varios de esos nombres de áreas protegidas memorables están a la vuelta de la esquina y por todos lados, aunque casi ninguna en el propio Distrito Metropolitano. Basta con asomarse a la ventana o a la terraza (si se tiene la suerte de vivir en un sitio más o menos alto y donde los nuevos bosques de edificios no tapan todo) y divisar el Cotacachi, el Cayambe, el Antisana, el Cotopaxi, el Pasochoa, el Corazón y los Ilinizas, todos ellos en su propio parque o reserva. El Pululahua también está a tiro de piedra. De hecho, en pocas horas podemos llegar prácticamente a cualquiera de las otras (y hasta a Galápagos, en avión…). Y lo que logramos al hacer esto es estar nada menos como las joyas en el centro de la corona de un país que reina en variedad natural y cultural.

Ni siquiera tenemos que planear un safari sino solo tomar un vehículo, llevar ropa adecuada, tentempiés y bebidas, y arribar pronto a sitios tan espectaculares y únicos como Limpiopungo en Cotopaxi, el páramo de la Virgen en Cayambe Coca, el bosque seco de Jerusalem o la caldera del Pululahua. Con algo más de tiempo llegaremos sin dificultad a la cascada de San Rafael (o lo que queda de ella) en la vía a Nueva Loja, al bosque nublado repleto de pájaros en Mindo y a los frailejones de El Ángel. Las lagunas de Cuyabeno, las ballenas de Machalilla o los manglares del Cayapas ya requieren de un poco más de sofisticación logística, gastos y tiempo, pero igual están muy próximos.

Muchas de estas áreas maravillosas caen dentro de lo que se podría considerar el patrimonio natural de Quito. Pero hagamos un pequeño análisis de la palabra "patrimonio". Si nos fijamos en una de las definiciones técnicas de la palabra y no en la acepción más vernácula (que nos hace pensar solo en positivo), vamos a ver que el patrimonio no solo se refiere a lo que tenemos (que, como hemos visto, en términos naturales es bastante), sino también a lo que debemos. Podríamos tener solo deudas y seguiríamos teniendo un patrimonio constituido por "pasivos". Una herencia, que es parte obvia de nuestro patrimonio, no solo consta de los bienes y derechos, sino también de los deberes y obligaciones.

Todas estas palabras hacen que el patrimonio a la vez sea algo más complicado y más interesante: si, tal vez de manera heterodoxa pero no por ello menos real, las aplicamos al patrimonio natural de quiteños y quiteñas, resulta que nuestros activos son fáciles de apreciar: parques nacionales y bosques protectores envolviendo a la ciudad como una cobija verde maravillosa que no solo es linda, sino que provee de innumerables servicios ambientales esenciales: Quito sin los páramos de Pichincha, Cotopaxi, Cayambe Coca y Antisana simplemente no existiría por falta de una fuente de agua limpia y constante. Así de fácil.

Los pasivos son más difíciles de observar, peor de asimilar. Pero si nos damos cuenta, por ejemplo, de que los deslaves del último invierno no son culpa del calentamiento global (que se ha convertido en una muy conveniente pera de boxeo que nos hace olvidar de las causas verdaderas: tala indiscriminada, contaminación, avance loco de la frontera agrícola y la urbanización, incendios, tráfico de especies; en suma, mala planificación y falta de educación y control), podremos ver el panorama con más claridad.

No: los deslaves y muchos otros "deberes" de nuestro patrimonio son culpa del maltrato a los ecosistemas naturales que eran nuestro activo y que por ese maltrato han pasado a ser parte de nuestro pasivo. Y un pasivo que se autoalimenta: el daño al ecosistema es una bola de nieve que hace que lo que perdemos sea cada vez más y más grande frente a lo que conservamos.

Patrimonio siempre vamos a tener: de lo que se trata es de que la herencia que manejamos y vamos a dejar esté repleta de activos y no de pasivos. No estamos tarde en absoluto: basta subir nuevamente a la terraza y observar tanta maravilla, incluida la ciudad misma; pero hagámoslo de una manera más integral, activa y trascendente. Es sorprendente lo que se puede hacer, pero lo que se necesita es una actitud de búsqueda y cambio que complemente y vaya más allá de ordenanzas y declaratorias oficiales.

Una ciudad sustentable incluye lo que está fuera de su límite urbano, porque eso que está "allá lejos" también es parte crucial de su vida.

¿Por qué Quito está donde está y no un poquito más abajo, en el valle de Tumbaco o de los Chillos? El clima es mejor, la topografía es menos compleja... Tiene que haber razones históricas, estratégicas o de otra índole para que tanto los pobladores originales como los invasores incas y españoles hayan decidido hacerlo en esta sitio al pie de un volcán, repleto de quebradas y con un clima, al menos en buena parte, incómodo. Sin embargo, si no lo hubieran hecho, y más allá de los detalles históricos, ahora no contaríamos con una de las ciudades más encantadoras, si bien complicadas, que uno puede encontrar. Sí, es una ciudad muy complicada, a ratos insufrible. El tráfico, los rayos ultravioleta, el caos... pero dónde más uno encuentra un centro colonial así, un paisaje tan alucinante, una serie de rincones que no acaban de ser descubiertos. Panaderías como en pocas ciudades del mundo, *tripamishki* cerca del mejor restaurante parisino, árboles de todo el planeta... No sé, a ratos dan ganas de salir volando de esta ciudad que en realidad son dos, la húmeda del Atacazo y la seca de Guayllabamba, pero nunca he pensado en quedarme a vivir, incluso en lugares tan atractivos (no necesariamente bellos o seguros) como Nueva York o Wageningen.

Gallinazos volando sobre Guápulo con el fondo de los edificios de la González Suárez y el Pichincha, Quito, 2020.

De desechos, gallinazos y otras cosas asquerosas

LOS gallinazos son víctimas de una gran injusticia. Su familia incluye una serie de especies de aves sombrías y de vuelo elegante, pero que se dedican a comer basura. ¿Qué puede ser peor? Los cerdos, famosos también por costumbres alimentarias retorcidas, al menos tienen crías bonitas y son materia prima de manjares. Pueden hasta ser mascotas limpias y refinadas. Pero los gallinazos… encima de comer desperdicios, son feos como pocos, con su cuello pelado y verrugas en el rostro. Hasta para esa característica puede haber remedio: "el hombre como el oso: mientras más feo, más hermoso", pero su cochina dieta no halla redención alguna.

Es una injusticia doble. Primero, el gallinazo no come basura, sino carroña, como muchos otros seres más apreciados (incluidos nosotros mismos, si lo piensan un poco). El que los humanos hayamos creado basurales donde encuentra comida más o menos aceptable es una cosa, otra que la prefiera. Por otro lado, al hacerlo, cumple con una tarea muy loable. Es de esas típicas faenas que, si fuera hecha por un grupo de trabajadores, provocaría una mezcla de admiración y angustia, una de esas tareas que incluso son materia de series de televisión, "importantes pero desagradables y peligrosas que alguien tiene que hacer" (afortunadamente, siempre hay alguien excepcional que lo hace). Sin carroñeros, los ecosistemas estarían gravemente incompletos y los basureros serían sitios todavía más deplorables.

Pero no hablemos de gallinazos, sino de su supuesto alimento: la basura. Este es un tema que da mucho que decir en estas épocas, especialmente en Quito. El manejo de "lo que ya no sirve" es uno de los problemas graves del planeta. Los océanos y los ríos están repletos de basura de todo tipo. Los botaderos ya no se dan abasto, crean conflictos multifacéticos y hay que inventarse nuevas formas de deshacerse del desperdicio. La proliferación de pestes por la mala gestión de remanentes putrefactos y tóxicos es alarmante. Tal vez lo peor es esto: la testaruda falta de interés de las gentes e instituciones por reducir, reusar o reciclar lo aparentemente inútil… Posiblemente lo que necesitamos es primero entender desde los conceptos básicos de qué estamos hablando.

"Basura" no es un término técnico. Los que saben prefieren decir "desechos". La cantidad de tipos de desechos es notable y los criterios muy variados. He aquí una lista ecléctica: biodegradables, domésticos, peligrosos, humanos, clínicos, radioactivos, reciclables, incontrolados, residuales, sólidos, fluidos, tóxicos, industriales... Su manejo constituye una ciencia multidisciplinaria que se puede llamar (apropiadamente) "Manejo de Desechos" y que incluye, entre otros, la recolección, el transporte, el procesamiento, el reciclaje y la disposición.

Conforme la humanidad ha ido progresando, ha habido un aumento concomitante de la basura y de los problemas asociados a ella. Los ecosistemas naturales tienen una capacidad de aprovechar animales muertos, restos de comida, hojas secas y otros elementos que consideraríamos generalmente desechos; pero en la naturaleza este concepto no tiene sentido: todo es útil y reciclable. Parte de este ciclo natural son precisamente nuestros amigos los gallinazos. El momento en que se sobrepasa este límite natural, tenemos que entrar a manejar los desechos. En nuestras épocas, con miles de millones de seres humanos sobre toda la superficie del globo y con procesos industriales que nuestros antepasados ni soñaron, la cantidad de desechos (y de tipos de desechos) se ha convertido en un problema socioambiental muy espinoso. En Quito, por ejemplo, un dolor de cabeza mayúsculo de las administraciones municipales es lograr un buen sistema de para disponer de las miles de toneladas de desechos que producimos cotidianamente. Y también hay que tener en cuenta los procesos legales, de educación y concienciación vinculados.

La definición exacta de desecho es complicada. El DRAE dice: "Cosa que, por usada o por cualquiera otra razón, no sirve a la persona para quien se hizo". Noten lo de "no sirve". Las definiciones pueden tener un contenido ideológico: Zero Waste America, una institución que aboga por niveles mínimos de basura en EUA, los define como "recurso que no ha sido reciclado de manera segura para que vuelva al ambiente o al mercado". Noten aquí lo de "recurso" y "mercado". Al botar la basura no solo estamos dañando el ambiente, sino que, paradójicamente, perdemos la oportunidad de aprovecharla.

Si no sabemos bien qué es y no es un desecho, y tampoco qué es lo mejor que se puede hacer con él, mal podemos establecer lineamientos para su gestión apropiada. Por ejemplo, si la basura está ya en un relleno sanitario, ¿ha dejado de ser basura? Si el criterio es que ya no representa un peligro para la salud o el ambiente, depende de la calidad del relleno (es decir, de cuán sanitario realmente sea). Posiblemente la filtración de los desechos del relleno llegue a un río cercano, y así tendríamos algo peor que cuando era solo basura. Si el criterio es reciclaje, no se puede decir que el papel, el plástico y todo lo que estaba en la basura, y que ahora está enterrado, hayan sido reciclados. La tarea de las personas que minan los rellenos puede ser, al igual que la de los gallinazos, mucho más importante (y peligrosa) de lo que queremos aceptar.

En todo caso, considerar algo como desecho es relativo. Lo que para ti es algo inservible y hasta sucio, puede ser para mí algo desde muy útil a supremamente ventajoso. De hecho, una de las tendencias que están desarrollándose, aunque lentamente, es la de no considerar prácticamente NADA como desperdicio. Algunas veces, la "basura" puede servir para su objetivo original: los papeles pueden seguir sirviendo como papeles. En las oficinas hay cierta tendencia a reusar las hojas por los dos lados y no desecharlas cuando siguen inmaculados en su 50%. Es difícil que se usen papeles usados para correspondencia oficial, pero ¿por qué no usarlos para notas y correo interno? Hay artistas que recogen ciertas cosas desechadas para hacer obras magníficas. En este caso lo que están es reciclando los materiales. A veces se pueden reciclar materiales y usarlos para su objetivo original, como plásticos y vidrios. Se ha visto, por cierto, una saludable explosión de empresas que acopian y reciclan varios materiales, lo que es alentador pero insuficiente. Mucho puede servir para hacer abonos mejores y más sanos (y baratos) que sus sustitutos químicos. La basura "mala" realmente es escasa y se refiere, por ejemplo, a desechos de hospitales o atómicos. Por supuesto, siempre hay la alternativa de reducir el uso y, por tanto, la generación de desechos. Existen incluso apps de celulares, como la de la iniciativa ReciVeci (reciapp, la encuentran en las tiendas de Android y iPhone), que agrupa a gente que recicla los desechos y a los que se puede contactar para entrar a ser parte de una red muy interesante.

El manejo de desechos es uno de esos procesos que necesita una sinergia general. Es como una trampa de ratón: si falla uno solo de los elementos (base, resorte, receptáculo de cebo, palanca), la trampa simplemente no servirá de nada. Un caso típico en la cuestión de la basura es este: una familia decide separar la basura porque así ayudará al planeta. Tiene básicamente tres basureros: para papel, vidrio y plásticos. La basura orgánica la usa en una pequeña compostera en el jardín. Si esta familia vive en Loja, no hay problema. Es más: *tiene* que hacer este proceso. Pero si vive en Quito, está perdiendo el tiempo y la plata: cuando el recolector de la basura pase, pondrá el contenido de los tres tarros en un solo sitio. La familia verá con ojos húmedos e ira creciente que su esfuerzo ha sido inútil y torpe; la próxima ya ni siquiera querrá separar la basura para su compostera. Si no hay un sistema completo e integrado de gestión de basura, los esfuerzos a cualquier nivel serán infructuosos y producirán más frustración y conflicto que otra cosa. Leyes, instituciones y personas deben ir de la mano.

¿Cuánta basura produce Quito? ¿Por qué en Loja sí y en Quito no? ¿Qué exactamente podemos hacer con nuestra basura para mejorar la situación? ¿Qué leyes de gestión, sanción o incentivos existen? ¿A quién me dirijo con sugerencias, críticas o quejas? ¿Qué tan malos son los rellenos sanitarios y cuáles son sus alternativas? Como estas, seguramente hay muchas más preguntas. En otros lugares y momento se seguirá con este tema, tan sucio como importante. Además, el Internet está repleto de sitios con buenos consejos a todo nivel.

Para finalizar, un dato adicional sobre los pobres gallinazos: han sido clasificados históricamente como los parientes pobres y feos de halcones y águilas (en el orden de los Falconiformes) y otras veces en su propio orden; una hipótesis reciente los pone más cerca de las cigüeñas. Ya sabemos que los gallinazos, por más desagradables que sean, ayudan a limpiar el planeta. Ahora sabemos que son primos de un ave majestuosa que hace nada menos que traer a los bebés recién nacidos; eso tal vez ayude a que suban de categoría dentro de nuestra extraña forma de ver (y ojalá reciclar) las cosas.

Me acuerdo al hablar de gallinazos de una tesis que hacía mi amigo Miguel Vázquez en la Católica. Rompiendo un poco la tradición del venerable Departamento de Biología, él intentaba hacer una tesis de zoología, pero no desde un punto de vista clásico, por decirlo así, sino más bien con un enfoque más integral y aplicado. De lo que se trataba, entre otras cosas, era de establecer las percepciones de la gente sobre estas aves, tan cargadas de tradiciones en su mayoría negativas. Entre las cosas que hacía dejaba pollos muertos en determinado lugar para ver el comportamiento de los gallinazos. Debía regresar al sitio y observarlos, pero estos animales al parecer eran demasiado rápidos y eficientes en su tarea carroñera; cuando él regresó al sitio acompañado de su pequeña hija, de pocos años en esa época, lo que ella dijo resume lo que sucedió. No quedaba nada de los pollos que pudiera ser analizado, nada más que "pumas, papi, solo pumas...".

Minadora de basura en el botadero de Zámbiza, Quito.

Reciclar, Reusar, Reducir: cómo todos podemos ayudar a salvar al mundo

TODOS hablan de la destrucción del ozono (bueno, ya no tanto), de la desaparición de las especies o del calentamiento del planeta. Son predicamentos trascendentales y substanciales que afectan a todos los habitantes de la Tierra. Piensen solo en lo que significa que la Tierra se caliente por el efecto invernadero: las capas polares se derretirán y causarán que las ciudades costeras de todos los continentes se sumerjan bajo metros de agua de mar y que las grandes zonas agrícolas del mundo pierdan todas sus cosechas para siempre.

Los otros problemas tienen consecuencias económicas, sociales, éticas y estéticas igualmente drásticas. Con cada especie que desaparece (a veces sin siquiera haber sido descubierta por la ciencia occidental) se va una posible cura para muchas enfermedades o una fuente potencial de alimentación o vestido.

Aparte de estas características comunes —ser fundamentales y globales— parece que hay otro rasgo que une a estos asuntos: la escasa posibilidad de arreglo. Ha habido reuniones mundiales para que los gobiernos se pongan de acuerdo para frenar el abuso de los recursos naturales. Sin embargo, la situación no parece mejorar sustancialmente; de hecho, a ratos parece peor. Aparentemente, la visión inmediatista del ser humano hace que no pueda ver más allá de las narices y su egoísmo innato no vela precisamente por un futuro medianamente agradable para las nuevas generaciones. Los pocos preocupados siguen siendo vistos como locos utopistas.

Pero, piénsenlo bien, no podemos quedarnos esperando a que los gobiernos se pongan de acuerdo ni a que buenamente el equilibrio del planeta se reestablezca después de que nos hayamos ido. Esto, según los entendidos, sí va a suceder. Los *Homo sapiens* no podemos creernos tan poderosos como para destruir TODA la vida sobre el planeta. Lo que sucederá será que nosotros mismos nos extingamos, con lo que el planeta respirará y seguirá viviendo; después de todo, ya ha soportado catástrofes inmensas, no tan rápidas como la que estamos viviendo, pero igualmente poderosas.

El ciudadano (semi)consciente se preocupa al ver que el sistema no le permite hacer algo efectivo a través de sus representantes políticos o de sus organizaciones. Algunos pertenecen a entidades ecologistas pero se limitan a pagar sus cuotas y a recibir cierta información. El lograr que las entidades oficiales encargadas hagan algo claro y definitivo, parece estar cada vez más lejos. Cala cada vez más hondo la idea de que todo esto no es más que patadas de ahogado frente a un sistema fijo y con una inercia invencible. Lo peor de todo es que a la mayoría de gente la cuestión poco o nada le importa.

Analizando el tema, TODOS nos damos cuenta de que nuestra calidad de vida ha disminuido, incluso si tenemos un auto más nuevo o un departamento más grande (cosa muy rara en estos días). Reflexionen solo en el hecho de que ahora las gripes y las conjuntivitis son cosa de todos los días; o en el hecho de que hay que esconder a nuestros hijos bajo el abrigo para que no les llegue una tremenda bocanada de humo de los buses; o el no poder enseñar orgullosamente el Centro de Quito a un amigo afuereño porque es un basurero intransitable; o el ver botaderos malolientes en cada quebrada y río; o el observar cada mañana desde las colinas la nube verdosa que cubre sarcásticamente a nuestro Patrimonio de la Humanidad...

Por otro lado, el problema no es "algo que está ahí", acechándonos; el problema somos nosotros mismos. Cada uno de nosotros, desde el más común hombre de la calle hasta el mandatario más poderoso, contribuye no solo a que el problema continúe, sino a que se agrave. Es justamente aquí donde entra el cambio de actitud que debe llevarnos a acciones que ayuden a solucionar el problema lo antes posible.

De acuerdo, todos somos parte del esquema y a todos nos afecta...Pero volvemos al principio: ¿Qué podemos hacer más allá de lo típico, si es que algo hacemos? Incluso los tomates llamados biológicos u orgánicos son demasiado caros y los escuálidos bolsillos no pueden darse ese lujo. El sistema mismo nos obliga a hacer cosas que ni siquiera pensamos que son malas.

Es cuestión de sentarse un momento y pensarlo. Sí se puede hacer algo. Hablemos ahora, por ejemplo, de la "triple R".

Todos hemos oído que hay que buscar cosas "buenas, bonitas y baratas" (la triple B). Esa es la actitud del consumidor medio en esta sociedad de consumo del tercer mundo. Esta no es necesariamente mala, pero a lo que se ha llegado es a que más y más gente consuma la mayor cantidad de cosas, las necesite realmente o no (esto es muy importante). Ahora, la triple B se ve junto a la triple R: las cosas deben ser RECICLABLES, REDUCIBLES, REUTILIZABLES.

RECICLAR es reusar los materiales gastados para hacer el mismo producto u otros sin obtener material nuevo de los recursos naturales. Los casos más típicos son el papel y el vidrio. En los países industrializados la "moda" (que es mucho más que eso) es el reciclaje. Los basureros para vidrio y metal, orgánicos y plásticos están en todas partes. El reciclaje, sin embargo, no es la panacea. Establecer y mantener una planta de reciclaje es costoso y también un gasto de energía; de hecho, es un proceso complejo y que debe ser bien planificado. Pero, en muchos casos, funciona muy bien.

A este nivel, los ciudadanos podemos contribuir a los programas de reciclaje que los estados o los municipios llevan a cabo. Desgraciadamente, en nuestro país el reciclaje todavía está (irónicamente) muy verde y solo el papel y algo más se reciclan. Los programas son muy restringidos y, además, poco publicitados. Cuando los organismos oficiales o de otra índole se embarquen en verdaderos planes sistemáticos de reciclaje habrá que cooperar con ellos al máximo. Por lo pronto hay que presionar de alguna manera para que ello ocurra, y esto se puede hacer a través de cartas o llamadas por teléfono a los medios apropiados de comunicación, por ejemplo.

Pero también hay como hacer cosas prácticas en nuestras labores cotidianas con respecto a REDUCIR y REUTILIZAR. Son acciones que no son cosa del otro mundo. Lo más complicado es, de hecho, el cambio de actitud de los consumidores de los recursos naturales. Lo primero que hay que aceptar es que, como parte de problema, cada vez que usamos papel o comemos carne, estamos usando de alguna manera los maltratados recursos naturales del planeta. Cada vez que lanzamos a la basura algo estamos contribuyendo a dañar el ambiente.

La doble R que queda pues, reducir y reutilizar, nos da una serie de alternativas simples pero muy efectivas si se hacen en masa. Alguien dijo que una persona no puede parar al mundo; pero si todos los terrícolas se pusieran de acuerdo para golpear el suelo, en el mismo sentido y en determinado instante, el planeta sí se frenaría. Ponerse de acuerdo para reducir el consumo y reutilizar los productos no es tan complicado, ¿o sí?

REDUCIR es sencillamente evitar todo aquello que de alguna manera genera un desperdicio excesivo e innecesario.

REUTILIZAR se refiere a darle la máxima utilidad a las cosas en vez de destruirlas o botarlas cuando todavía sirven, aunque ya no sea para su objetivo original.

Los que estén leyendo este artículo, por favor tengan en cuenta antes de leer las recomendaciones próximas, lo siguiente: es muy fácil decir "pero si yo dejo de hacer tal cosa para el ambiente, todo el mundo lo seguirá haciendo. ¿Para qué me sacrifico si igual el problema continuará?". ESA es una de las actitudes que hay que cambiar, porque se trata precisamente de que TODOS adoptemos nuevos comportamientos. Una golondrina no hace verano, pero podemos empezar a formar toda una bandada efectiva.

Lo que sigue solo son ejemplos de lo que cada uno puede hacer en la casa, en la oficina, en el carro, en la calle. Hay muchas cosas más que requieren solo de un poco de buena voluntad y decisión:

- Usen servilletas de tela (el gasto extra de agua para lavar las no es mayor y se compensa controlando los goteos y los desperdicios al lavarse la boca o los platos).

- No acepten bolsas y bolsas innecesarias (por ejemplo, cuando se compran cosas pequeñas), y lleven consigo bolsas de tela para reemplazar a las de plástico en el supermercado (imagínense el ahorro de basura solo en eso).

- Preparen yogurt, mermeladas y otros productos fáciles en el hogar.

- Reutilicen en la oficina, para comunicaciones internas, el papel con una sola cara escrita.

- Usen solamente botellas retornables (ahora las hay prácticamente de todos los sabores y colores).

- No compren recipientes específicos para ítems como clavos o botones si se pueden usar para el efecto envases de mermeladas, rollos de fotos o conservas.

- Busquen productos amigables con el ambiente, lo que incluye desde aerosoles que no destruyen el ozono hasta envases con etiquetas pequeñas, o productos que ofrecen "repuestos" que evitan comprar cada vez envases grandes.

- Mantengan el motor del automóvil en el mejor estado posible para evitar emisiones dañinas, ruido y excesivo gasto de combustible.

- Lleven siempre una bolsa para la basura en el auto y eviten en todo momento lanzar desperdicios por la ventana.

- Entérense de posibles programas de reciclaje o reutilización que se lleven a cabo por parte de ciertos organismos (o incluso negocios), y colaboren con ellos.

- Pronúnciense a través de los programas de opinión de los medios de comunicación que permiten la participación ciudadana.

- Discutan estas ideas con sus familiares y amigos, pero háganlo con la fe indispensable para convencer a la gente de que no están hablando por hablar sino de que están enfrentando un problema real y grave.

Cosas que parecen ridículamente fáciles y que en realidad resultan muy difíciles... Romper hábitos firmemente afincados que ni siquiera reconocemos como tales: botar lo más posible y comprar de nuevo, una y otra vez. Sin embargo, todas estas acciones no solo ayudan a salvar al mundo sino que nos hacen sentir bien ética (y a veces hasta económicamente, lo que –aunque no lo crean algunos– no es lo más importante en esta vida).

Así que por qué no nos ponemos las pilas (recargables, para no hacer más basura); ya que no podemos parar al mundo para bajarnos, paremos el tren de destrucción en que estamos embarcados absolutamente TODOS.

Por favor, piénsenlo y actúen. Esto es cosa seria.

Posiblemente lo más difícil para alguien que escribe esto es ser coherente. Es decir, no solo escribir que hay que salvar al mundo sino realmente hacer algo práctico, real, cotidiano al respecto. Es simplemente imposible empatar teoría con praxis: después de todo no podemos aislarnos y vivir en una burbuja o esperar a que suceda algo parecido a lo que sucede en *Los Desposeídos*, la genial novela de Ursula Le Guin. Pero solo parecido, porque incluso la utopía de un nuevo planeta anárquico termina resultando una quimera insostenible. En mi caso particular, trato de serlo, pero es complicado, tanto por la inercia personal como por la falta de alternativas reales. En casa usamos la materia orgánica para una huertita, utilizamos fundas de tela en los mercados, entregamos todo lo posible a la gente que recoge desechos. Usamos el automóvil lo menos posible, tratamos de dejar la menor huella posible sin llegar a extremos muy loables pero poco realistas. Hace poco hice de tripas corazón y decidí por fin ser vegetariano, no por razones médicas sino ambientales. Hace poco descubrí que soy un "flexitariano", es decir, una persona que no come carne deliberadamente pero que no la descarta si se la sirven y no hay nada más. Alguien dirá que es una manera que podría llamarse "ni chicha ni limonada", pero sinceramente me siento bien de haber enfrentado algo que me molestaba mucho.

Una vereda quiteña (acera en el resto del mundo), a veces útil para
todo (menos para andar). Foto tomada en noviembre de pandemia,
2020.

¿Hace falta luxarse el tobillo para tomar conciencia?

NO voy a pretender ser el primero en notar que Quito no es una ciudad para la gente sino para los carros.

Hace poco me pegué un suelazo en casa y me luxé feamente el tobillo. Como consecuencia, aparte de las malas noches, varias semanas tuve que depender de un par de muletas para movilizarme. Resultó peor de lo que esperaba…

Esta eventualidad me abrió los ojos ante algo que otras personas deben sufrir todos los días y en condiciones extremas. Me refiero, por ejemplo, a las no videntes, a las que necesitan muletas o silla de ruedas para trasladarse cotidianamente, a las que tienen problemas óseos o de otro tipo, a las que tienen una edad avanzada. Si para la gente sin esas características puede ser bastante complicado andar por Quito, ¿pueden imaginarse cómo será para una persona que no ve nada o a la que le falta una pierna? Traten de caminar 10 metros con los ojos tapados por las calles de la capital. Yo ya tuve bastante, solo por un par de semanas, con muletas.

No puede entrar, señor

Empecemos con esas puertas y garitas colocadas en muchas calles que impiden el paso. Si uno desea ingresar (y el guardia no es pana) tiene que dejar su cédula. Así, simple y llanamente, se coarta la libertad básica y constitucional a la libre movilidad de la gente en el territorio patrio. No se trata de áreas protegida ni de zonas estratégicas de alguna índole: son calles comunes y corrientes que pertenecen al espacio público, por las que cualquier mortal tendría derecho a transitar, a pata o en carro.

La explicación clásica es que con esto se protege el barrio. Suena lógico, pero se contrapone al derecho de libre movilidad... Además, ¿cuánto realmente ayuda a la seguridad poner una puerta enorme y retirar la cédula? La existencia de guardias y alarmas debería ser más que suficiente, ya que la policía no parece darse abasto. No he encontrado estadísticas que me digan si después de haber tomado estas medidas realmente mejoró la seguridad.

El campo minado de las aceras

Luego, tenemos el estado de las aceras y el uso que se hace de ellas. Aquí es donde más dificultad encuentra la gente que tiene algún tipo de discapacidad temporal o permanente.

Por todo lado hay aceras de cemento que no han sido cuidadas, peor reparadas, seguramente en décadas. Los baches, los remanentes de postes y troncos, los árboles sembrados en lugares inapropiados y mal podados, las malas hierbas y las cacas de perro marcan el camino. Parecerían pistas de obstáculos. Súmense a esto las gradas y cambios de inclinación provocados por las entradas de garajes. Y, además, el que, por alguna lógica chueca y extraña, los dueños de las casas piensan que la vereda es parte integral de su vivienda, lo que les da derecho a dejar sus vehículos subidos en la rampa, cortando a veces completamente el paso de los peatones. Más de una vez he tenido un horrible rato al reclamar por este hecho. Resultado: las personas que agravian, lejos de reconocer y enmendar el error, se ponen agresivas, insultan y defienden su mal habido territorio diciendo "pero sí es la entrada a mi casa". Uno se pregunta de dónde pueden salir tanto egoísmo y tanta irracionalidad.

El carro: rey de la acera

Una de las funciones primordiales de las aceras, aparte de dar espacio a los transeúntes para su desplazamiento, es permitir que los vehículos se estacionen a su costado. Suena a perogrullada pero, si fuera tan claro el asunto, ¿por qué hay edificios y casas cuyos frentes están copados con rampas para estacionamiento? La acera ya no es acera en esos edificios, sino playa de parqueo. ¿Y la gente de a pie? ¿No existe?

Lo malo es que la gente se acostumbra y ya no repara en estos problemas, excepto cuando, como en mi caso, andar con muletas se vuelve un rally extremo. Por el estado de las aceras, la gente elige caminar por la calle. Esto, que tanto molesta a algunos choferes, se explica entonces fácilmente: la calle es más plana y, de alguna manera, más segura (a pesar de que allí uno puede morir aplastado por uno de esos Schumacher que abundan).

¿Y cómo cambiar esto?

¿Dónde está la autoridad que haga respetar las ordenanzas que dicen que los edificios deben reservar espacios para estacionar? ¿Dónde está quien debe velar porque las aceras no sean campos minados ni anexos de los estacionamientos? ¿Dónde está la entidad encargada de generar procesos de educación para generar una ciudadanía más generosa, solidaria y proactiva? ¿Dónde las organizaciones que defienden a los grupos más amenazados por estos líos, es decir, discapacitados, embarazadas, menores y personas adultas mayores?

No es que no se haga nada. Para personas con discapacidades, se ha mejorado el acceso a edificios a través de rampas, se construyen pasos elevados menos parecidos al Cotopaxi. Se quitaron los terribles tornos de los buses y de muchos sitios públicos. Algunas aceras están muy bien.

Sin embargo, ¡cuánto falta para que Quito realmente sea una ciudad para vivir! La tarea no es fácil y, por supuesto, no se reduce a las veredas y garajes.

La tarea es de todos y todas. La Alcaldía y la Policía, con todas las autoridades e instituciones involucradas e interesadas, deberán ponerse todavía más las pilas; pero si los ciudadanos y ciudadanas no estamos dispuestos a entender y cambiar estructuralmente, todo caerá en saco roto. Seguiremos, en el mejor de los casos, quejándonos del ruido, de las multas, del irrespeto, del egoísmo, de la viveza criolla, de la ineficiencia y del desatino, y muriéndonos de iras por los siglos de los siglos.

No es mayor cosa: solo hay que pensar un poquitito en el resto de gente con la que convivimos en Quito, sin que, para adquirir conciencia, tengamos que luxarnos el tobillo.

La pandemia ha desnudado aún más las deficiencias en la gobernanza del país a todos los niveles. No solo se trata de las consecuencias directas del virus sino de la mínima capacidad de respuesta manifestada en muchas circunstancias, tanto personales como institucionales. Quiteños y quiteñas, por ejemplo, que ya hemos estado expuestos a terremotos y erupciones, aún no tenemos en las casas las mínimas precauciones para cuando vuelva a suceder una catástrofe. ¿Estaremos mínimamente preparados para otra pandemia o algún otro desastre planetario en el futuro cercano? Y a nivel gubernamental, tanto nacional como en los diferentes niveles locales, la cosa es impresionante. En Quito siguen las inundaciones y los derrumbes como si nunca hubiéramos enfrentado esas vicisitudes, y ahora con el caos de la pandemia desnudando administraciones que, con honrosas excepciones, solo demuestran improvisación, ineptitud y corrupción. Esa es la verdadera catástrofe.

Quito desde el Panecillo. Una ciudad que se resiste a ser tan verde como pudiera.

Quito, la biodiverciudad de la perpetua primavera

JORGE Juan y Antonio de Ulloa fueron dos marinos y científicos españoles del siglo XVIII que participaron en la misión geodésica liderada por La Condamine, Godin y Bouguer. Esta ayudó, entre otras cosas, a entender que la Tierra era achatada en los polos y a desarrollar la medida "metro" que se convirtió en el estándar casi universal (la diezmillonésima parte de la distancia medida en ese entonces del polo norte hasta la línea equinoccial, conocida como ecuador). De esas épocas y andanzas también viene el nombre –más original que bonito– que posteriormente se le dio a nuestro país.

Aquella misión estuvo en Quito, donde se le unió, entre otros, Pedro Vicente Maldonado. Juan y Ulloa escribieron una obra llamada *Relación Histórica del Viage a América Meridional* acerca de esta y otras aventuras en el Nuevo Mundo, de la que extraigo este párrafo relacionado con nuestra ciudad capital:

Hacenla vecindad dos Llanos espaciosos; el uno por la parte del Súr llamado Turu-bamba; cuya extensión es tres leguas; y el otro por la del Norte, que nombran Iña-Quito; y se dilata el espacio de dos. Ambos estàn poblados de Haciendas, ó Chacaras, que hermosean sus Orillas; porque el vivo, y agradable, verdòr de las Sementeras, y Yerva, y el matizado de las Flores, que adornan Llanos, y Colinas, no se agosta en todo el año; y assí es una perpetua Primavera, que no tiene descaecimiento en ninguna Sazón…

Son deliciosos la puntación abusiva, las itálicas medio al azar, las extrañas tildes al revés y el método teutón de poner mayúscula en todos los sustantivos, pero en este texto me quiero referir a que aquí parece ser la primera vez en que se le llama a Quito "la ciudad de la perpetua primavera", título que no por coincidencia escogí para mi libro sobre especies ornamentales de árboles y arbustos de Quito y sus alrededores.

El estar a casi 3000 metros sobre el nivel del mar y a escasos kilómetros de la línea que da nombre a nuestro país, le confiere a Quito una característica muy especial. Al ser absolutamente tropical (por estar en plena mitad del mundo), en Quito tenemos una constancia meteorológica que impide los cambios bruscos que, a lo largo del año, causan las estaciones climáticas en las latitudes templadas y polares del planeta.

Lo tropical y la altitud hacen que ciudades ubicadas en las montañas de las regiones en el cinturón del planeta, como Quito, gocen de una perpetua primavera, lo que favorece el crecimiento de árboles de diversas zonas geográficas del mundo: esto es a lo que me gusta llamar una "biodiverciudad" alucinante. Entre ellos representantes muy autóctonos, como cedros, arrayanes, yalomanes, palmas de cocos, palmas de ramos y pumamaquis, así como de otras partes de las Américas que compartimos, como huarangos, molles, cholanes, palmas de cera, buganvillas, araucarias y sauces. Algunos llegaron de lugares cercanos, como capulíes, jacarandás, palmas chilenas y ceibos brasileños; otros llegaron de un poco más lejos, como magnolias, pinos, palmas de abanico, cipreses y arces; y otros de aún más lejos, como acacias, eucaliptos, cepillos, casuarinas, platanes, azahareros y palmas canarias.

Ir a un sitio como el parque de El Ejido, el Jardín Botánico de La Carolina o algunos de los pocos grandes jardines privados que sobreviven en el Batán o la Mariscal es encontrar un muestrario fantástico de la variedad de árboles, arbustos y hierbas que colaboran con esta espectacular biodiverciudad de Quito. Especies como las magnolias o las cucardas, no obstante ser de origen extranjero, hoy son tan quiteñas como un arrayán o una chilca, como lo es también el tan vilipendiado eucalipto.

No concuerdo mucho con la idea de repoblar la ciudad exclusiva o especialmente con especies nativas, pues ya no se trata de usar tal o cual especie únicamente por su origen sino de escogerla de manera integral, porque en determinados sitios es más conveniente. Quito se ha ido convirtiendo en una ciudad de vidrio y cemento en detrimento del arbolado urbano. La percepción de la gente con respecto a los árboles desgraciadamente es muchas veces negativa: que quitan la luz, vuelven peligrosos los barrios, tapan las alcantarillas, se pasan donde el vecino, no dejan ver los letreros ni los semáforos, etc.; estos problemas no se deben a los árboles en sí sino a la mala práctica de haberlos sembrado impensadamente. Está claro que debemos volver a Quito tan verde como su inmensa potencialidad permite, pero no sin una planificación profunda.

Algunos ejemplares particularmente hermosos o con ciertas otras características sobresalientes han sido declarados patrimoniales por el Municipio. El libro *Los Árboles Patrimoniales de Quito*, ya en su segunda edición, describe 426 de estos árboles, algunos de ellos ubicados en las parroquias del Distrito Metropolitano de Quito. Se trata de ejemplares realmente magníficos, como lo son las palmas chilenas del Parque del Arbolito o las araucarias del Centro Cultural Metropolitano.

De aquí nace una última reflexión: el patrimonio no es solo lo que heredamos, sino también lo que ahora tenemos. El patrimonio es lo que nos queda después de restar lo que hemos perdido. Nuestro patrimonio verde, más allá de los árboles patrimoniales, tiene que crecer. Ya hemos perdido demasiado, y la ciudad debe recuperar el amor por los parques, las plazas y los jardines que alguna vez tuvo. Una ciudad verde, y con conectividad entre sus espacios arbolados, es una ciudad alegre, atractiva, productiva y sana. Quito es especial en ese sentido. Los esfuerzos del municipio, a veces fallidos pero siempre fundamentales, no deben acompañarse solo de una planificación sino también, muy importantemente, de una ciudadanía consciente, conocedora, participativa y crítica. Debemos recuperar lo que llamó la atención a Jorge Juan, Antonio de Ulloa y tantos otros notables visitantes de nuestras tierras.

¿Perpetua o eterna primavera? Siempre había pensado que eterna era la palabra más usada para definir esta característica del clima de Quito. También había creído que nuestra ciudad era la única que reclamaba ese título, pero obviamente no era así. Cada ciudad que esté en las montañas tropicales podría ser caracterizada con esa frase. Sin embargo, eso tampoco sucede. Personalmente nunca he oído que, por ejemplo, Ibarra o Ambato o Loja hayan sido conocidas así, aunque su clima delicioso así amerita. Posiblemente alguna urbe en Etiopía, donde también hay no solo ciudades en montañas tropicales sino hasta páramos, tenga una historia dentro de este contexto. Pero estoy seguro de que hay por lo menos una gran urbe fuera del territorio patrio: la colombiana Medellín. Hermosa capital de los paisas, famosa por muchas cosas, buenas y malas, también reconocida por su clima. Incluso se dice que, más que Quito, ahí sí se puede hablar de primavera, pues, al estar a más o menos 1500 metros sobre el nivel del mar, es más abrigada que nuestra capital. Pero yo no me hago lío en este sentido: Quito tiene una primavera temprana, Medellín una primavera más madura. En todo caso, parece que Medellín es la ciudad de la *eterna* primavera, y Quito el de la *perpetua* primavera. Por lo menos así dicen Jorge Juan y Antonio de Ulloa.

Una zona grata y sorprendentemente verde, arbolada y diversa en el norte de Quito

Un jardín botánico dentro de otro

PISA es famosa por su legendaria torre inclinada. Allí Galileo comprobó algo que va contra el sentido común: dos objetos con pesos distintos soltados simultáneamente llegan al suelo al mismo tiempo. Pero Pisa posiblemente debería ser más conocida por otro evento: allí se estableció el primer jardín botánico.

Esto se produjo en 1544, en el *Cinquecento* renacentista. El objetivo de estos parques era medicinal y seguía una tradición medieval. Se habían desarrollado en los castillos vergeles para plantas curativas. La separación de botánica y medicina, más las nuevas tierras que se adjuntaban a los imperios europeos, hicieron que estos espacios empezaran a ser vistos más como muestrarios de lo nuevo que llegaba de tierras asombrosas. Los jardines botánicos empezaron a dedicarse a la investigación (botánica y horticultural) y el esparcimiento, en muchos casos relacionados con centros de investigación públicos o privados. Urbanísticamente, los parques y los edificios que integran estas instituciones se convirtieron en elementos destacados de las ciudades.

En las tierras conquistadas también se crearon y hoy algunos de los más famosos e influyentes, como el de Nueva York o el de Río, están en el Nuevo Mundo. Las nobles funciones de estudio y solaz siguen allí, aunque hoy los jardines botánicos son fundamentales para la conservación ex situ: el estudio y manejo de plantas amenazadas fuera de su distribución natural. Dentro de esta nueva visión está su papel como herramientas de educación ambiental.

El desarrollo de los jardines botánicos en el Ecuador merece un texto propio. Aquí diremos de sopetón que Quito tiene uno en La Carolina, heredero de una serie de jardines y parques mantenidos desde la Colonia por entidades religiosas, académicas y oficiales. A la final, todas aprovechaban una característica especial de una ciudad en el centro del mundo y a gran altura: una ciudad que es en sí un enorme jardín botánico de eterna primavera, un catálogo de plantas del mundo entero.

El jardín de La Carolina tiene una historia especial y conmovedora: por muchos años pasó abandonado en un terreno que antes había sido un vivero, al lado de lo que ahora es el parque acuático, y en el que quedaron algunas plantas en sus fundas. La mayoría murió, pero algunas aguantaron, sus raíces rompieron las fundas y entraron en el suelo. Frente a la entrada están estos sobrevivientes como íconos de un origen humilde e insólito.

El jardín mantiene en un espacio pequeño una colección notable de plantas de todo el mundo, especialmente de nuestras tierras. Un reducido personal, muy entregado y calificado, se encarga de la administración, investigación, promoción y guía. Se ha logrado un oasis de paz y color: es casi increíble creer que al lado haya edificios, avenidas y gentíos. Entre otros, hay guantos, romerillos, casuarinas, fresnos, cholanes, palmas de cera, yalomanes, sietecueros, arrayanes, molles y pusupatos, acompañados de inevitables acacias, eucaliptos y pinos, todos cobijando a un sinnúmero de plantas menores cuya lista sería interminable.

Como zonas determinadas están el páramo y el bosque andino, rincones muy especiales donde se ha logrado que hasta los extraños frailejones florezcan y los helechos gigantes prosperen. Las colecciones forman pequeños jardines temáticos de rosales, floripondios, fucsias, palmeras, pencos, bromelias y achiras, todo vinculado por un riachuelo que recorre el terreno.

El jardín etnobotánico nos retrotrae a cuando estos jardines estaban casados con la medicina, pero aquí no son las hierbas de castillos medievales, sino la eterna farmacopea nativa andina y Shuar. A su lado está un teatro acogedor, donde se realizan actividades de educación ambiental. Los antiguos terrenos del Club de Jardinería han sido adjuntados por medio de un hermoso puente que lleva hacia enormes molles y pomarrosas, alrededor de un parque infantil educativo. Un rincón especial en la parte abierta del jardín es el estanque o humedal. Aunque es difícil escoger el lugar preferido, el humedal tiene el sonido del agua, el colorido de los peces y la singularidad de los nenúfares, lo que lo hace particularmente atractivo.

Algo que llama la atención desde afuera es una especie de trompeta amarilla gigante. Se trata del techo del conservatorio de los jardines clásicos, porque dentro de esas estructuras majestuosas se conservan plantas de climas ajenos. En zonas templadas, estas estructuras de clima controlado albergan palmas y helechos tropicales. En Quito se trata de una obra moderna conocida como La Rotonda, donde se realizan eventos, y que une dos espacios con una colección de más de 100 especies de orquídeas y otras plantas que requieren de clima cálido húmedo.

Las oficinas y viveros están escondidos entre la exuberancia de los helechos. Allí Carolina Jijón, la Directora Ejecutiva, nos informa que el 30 % del costo de operación y mantenimiento se financia a través del aporte anual del Municipio del Distrito Metropolitano, el 40% de ingresos provienen de taquilla y el restante 30% de proyectos y gestión de fondos. El Jardín Botánico recibe por año unos 70.000 visitantes; el principal grupo son los escolares, que buscan ampliar y reforzar en vivo los contenidos tratados en clase. El Jardín cuenta con programas educativos para escuelas y colegios que están adaptados a diferentes grupos de edad y conocimiento. Otro grupo importante son los turistas extranjeros, que encuentran aquí la flora más representativa de varios ecosistemas sin necesidad de recorrer grandes distancias.

El jardín también es la casa de la Sociedad del Árbol, una asociación informal cuyo objetivo es promover la conservación y el cuidado de los árboles; inició su gestión hace unos cinco años con la importante responsabilidad de salvar el patrimonio arbóreo de la ciudad. El proyecto de Rescate de Árboles Patrimoniales ha logrado catalogar alrededor de 300 individuos en el Distrito Metropolitano, generando un primer inventario de los árboles más valiosos y antiguos de nuestra ciudad. Lamentablemente este patrimonio está en riesgo y la necesidad de protegerlo es eminente. Un desafío del jardín está en continuar identificando árboles y palmeras patrimoniales; se considera que se ha cubierto un 30% del patrimonio arbóreo de Quito. Se cuenta con un documento normativo sobre este tema que pronto será entregado al Concejo capitalino. Esta reglamentación garantizará la protección del arbolado patrimonial; sin ella, el trabajo sería incompleto e ineficaz.

Habíamos dicho en una entrega anterior que Quito está un poco peleada con sus árboles, lo que es una paradoja si comprendemos que esta ciudad tiene características especiales en relación con la vegetación ornamental. El Jardín Botánico de Quito es una de las puntas de lanzas para lograr una nueva cultura en la que la gente vea a Quito no solo como la poseedora de un centro histórico fenomenal y tantas otras cosas que la hacen única, sino que también, más que Pisa y su torre recostada, tiene plantas maravillosas en un jardín botánico admirable.

❦

Mi relación con el Jardín Botánico de Quito ha sido múltiple y siempre agradable. La amistad con su directora, Carolina Jijón, viene de las épocas de estudiantes en la Universidad Católica. Un capítulo particularmente memorable fue la generación de letreros explicativos para la zona de páramo dentro de una colaboración entre EcoCiencia y su Proyecto Páramo con el jardín. Hasta hoy están allí esos letreros, tras alrededor de 20 años. Desgraciadamente, no ha sucedido lo mismo con los frailejones que se sembraron para crear lo más cercanamente posible un paisaje paramero en medio de la ciudad de Quito. Todos hacíamos votos porque esas mágicas plantas aguantaran y hasta se reprodujeran. Soportaron bien un tiempo y hasta aparecieron flores, pero a la postre sucumbieron. Posiblemente había mucho calor y poca humedad, a pesar de los cuidados.

Cuatro actuales residentes del zoológico de Guayllabamba: jaguar, saíno, oso de anteojos y mono ardilla. Una prueba de que las cosas sí pueden cambiar para bien.

Zoológicos:
algo más que muestrarios
de animales cautivos

CON cierta nostalgia recuerdo cuando íbamos de guaguas al zoológico viejo del Colegio Militar en la avenida Orellana, donde ahora hay un hotel. En esa época, sin ningún conocimiento de biología ni conservación, pero con la curiosidad y la ingenuidad infantiles, nos maravillábamos en jorga ante tigres, cóndores y leones. Ni siquiera sabíamos que los ositos eran propios de nuestras montañas andinas. El puente colgante era un desafío que no perdía vigencia por más visitas que hiciéramos. Desde entonces muchas cosas han sucedido en Quito, incluyendo la casi desaparición del zoológico y el peligro de extinción de algunos de sus habitantes, tanto en el zoológico mismo como en su territorio silvestre.

La concepción misma de lo que es un zoológico, su estructura y sus objetivos ha evolucionado notablemente. El mantenimiento en cautiverio de animales en los centros urbanos ha cambiado tanto desde fretes prácticos como filosóficos. La idea clásica nació posiblemente con los romanos, que mantenían animales exóticos. La meta básica de entretener se mantuvo durante mucho tiempo. La idea fundamental era la de conservar animales exóticos y atractivos para recreación de la gente. Los zoológicos europeos del siglo pasado, y hasta hace poco del presente, tendían a mostrar animales extraños lo más lejanos posible de la realidad urbana circundante. Siempre ha habido una fascinación del habitante urbano por la naturaleza extraña.

Los zoológicos, como los jardines botánicos, han sido tradicionalmente sitios para alejarse del ruido, de lo normal, de lo típico de una metrópoli. De lo que se trataba era primordialmente de evadirse del problema diario por un par de horas viendo jirafas, elefantes, avestruces, monos, camellos y cocodrilos. Por supuesto, también debe haber habido en algunos casos una afán oficial de mostrar un aspecto diferente de la riqueza de los imperios colonialistas de épocas pasadas.

En la actualidad, y como uno de los productos de la crisis ambiental que vive el planeta, los zoológicos (es decir, aquellos que realmente merecen ser llamados tales) tienen metas que van más allá del simple recreo o de la evasión del mundanal ruido. Los zoológicos deben ser, por un lado, educadores de la gente sobre la necesidad de conservar la naturaleza a través de mostrar algo de ella, aunque sea en un ambiente cerrado, y, por otro, mantener programas de conservación ex situ (es decir, fuera del sitio original) de una serie de especies en peligro de extinción.

La conservación de animales en zoológicos y de plantas de jardines botánicos se ha convertido de hecho en la última y única posibilidad de sobrevivir de algunas especies cuyas poblaciones han ido disminuido sustancialmente por acciones humanas, como son la cacería y la recolección para tráfico ilegal de mascotas o sus partes. Los programas de los zoológicos pretenden regenerar la población para repatriarla cuando tenga número suficientes, como ha sucedido con el cóndor de California y nuestro propio cóndor andino.

La tarea de estos zoológicos modernos es técnicamente muy complicada y requiere en algunos casos de ingentes cantidades de dinero. En muchos casos, por ejemplo, la reproducción de ciertos animales es sumamente difícil. Los padres o el recién nacido no están en condiciones ambientales óptimas, muy difíciles de conseguir en un zoológico, que, por más moderno que sea, no es ni remotamente el ecosistema natural.

En otros casos, se deben conformar parejas entre cutos miembros no haya un parentesco cercano. La endogamia, un término técnico para expresar el cruce entre parientes próximos, puede llegar a ser un problema muy grave para ciertas especies cuyas poblaciones se han reducido a niveles peligrosos, como lo demuestra el triste caso del guepardo o chita africano. En esta especie, como en algunas otras, hay tan pocos que prácticamente todos son parientes cercanos, con los consiguientes problemas genéticos. El papel de los zoológicos en estos casos es también establecer una red internacional para hacer un inventario completo de los animales disponibles para cruces genéticamente apropiados. En muchas ocasiones se han prestado animales entre zoológicos para lograr este objetivo.

Los programas de educación ambiental en los zoológicos y jardines botánicos son básicos para generar el tan necesitado cambio de actitud de la gente, especialmente de la gente joven de las ciudades. Los zoológicos no son, por supuesto, los únicos mecanismos para lograr este cambio, pero definitivamente tienen un lugar muy significativo. Entonces un zoológico es mucho más que una simple colección de animales raros. Pero para que una muestra de animales sea un verdadero zoológico debe contar, entre otras cosas, con personal especializado y diverso, que incluye personas capacitadas en zoología, veterinaria y educación, infraestructura adecuada para la administración, servicios varios para los visitantes, para el personal científico y, por supuesto, para los animales mismos. También se requiere de una ayuda financiera continua y suficiente.

Varios zoológicos del mundo cumplen adecuadamente con los objetivos descritos a grandes rasgos en los párrafos anteriores. Vienen rápidamente a la memoria los zoológicos de San Diego, Nueva York y Chicago en los Estados Unidos, y los de Frankfurt y Jersey en Europa. En nuestro país, como lo demuestra un estudio de un equipo profesional de la Fundación Ecuatoriana de Estudios Ecológicos, EcoCiencia, liderada por el biólogo Guillermo Paz y Miño, ninguno de los "zoológicos" alcanza a llenar los requerimientos mínimos. Estas condiciones no son las mejores para llevar a cabo programas de educación Ambiental o de investigación. Es muy difícil hacer educación ambiental en patio sucios donde los animales están en condiciones deplorables o investigación cuando no se conocen datos básicos sobre los animales, como edad y procedencia.

En este estudio pionero se encontraron cinco muestras de animales que podrían catalogarse como zoológicos y por lo menos 14 colecciones en universidades, colegios, escuelas, hosterías, restaurantes y paraderos turísticos. El criterio para determinar que una muestra es un zoológico o una colección se fundamenta en los fines que cumple cada una. Así, los zoológicos tendrán como su fin esencial y único es tener una muestra de animales para observación, investigación o conservación; las colecciones privadas, en cambio, son aquellas conformadas como un elemento adicional dentro de otras finalidades que puede tener el coleccionista, casi siempre con fines turísticos.

La infraestructura física que debe ser evaluada para establecer la calidad de estos centros es la siguiente: oficina central, luz, agua potable, teléfono, laboratorio microbiológico, áreas para cuarentena, cocinas, sistema de registros, departamento educativo, área de recreación, centro de compras, restaurante, estacionamiento y cerramiento. El estudio, aparte de hacer un inventario completo de la mayoría de animales, analiza detalladamente la situación del personal, los tipos de encierros, la procedencia de los animales, la alimentación, las enfermedades y los accidentes ocurridos. El panorama resultante no es halagador: desgraciadamente nos hace pensar que hay mucho que recorrer para que las muestras de animales del Ecuador lleguen a ser verdadero zoológicos, es decir, que estén de acuerdo con las tendencias actuales.

La conservación de los recursos naturales es un tema candente que muestra dos cosas: la incapacidad de la especie humana de pensar a largo plazo, por un lado, y la capacidad de la especie humana de darse cuenta de los errores, aunque sea tarde, y hacer algo en caso de emergencia, por otro. La fauna y la flora han sido la base del desarrollo de la civilización humana y están a la cabeza de los recursos naturales que debemos preservar para que la calidad de vida de los seres humanos se eleve y se mantenga durante el mayor tiempo posible y para la mayor cantidad de generaciones futuras. Esta idea, tan clara de formular pero tan difícil de digerir en estas épocas de inmediatismo económico, tiene mucho que ver con la noción contemporánea de zoológicos y jardines botánicos.

Sin embargo, si no hay un compromiso oficial y personal e individual, los zoológicos volverán a cambiar de filosofía: se terminarán convirtiendo en vergonzosos recorderis. Ojalá pronto tengamos en Quito, paradójicamente un centro mundial de biodiversidad y de destrucción ambiental, zoológicos y jardines botánicos bien planificados, en los sitios adecuados y con el apoyo de la nación en todos sus niveles. Los zoológicos deben ser, entre varias cosas, sitios hermosos y de recordación grata; deben ser lugares donde la gente se divierta educándose, cuestionando racionalmente la situación ambiental, entendiendo la alternativa del desarrollo sostenible, generando conciencia sobre la necesidad de conservar la naturaleza entera para nuestros propios días y para la posteridad.

Este es posiblemente el texto que más actualización requiere. Las ideas acerca de hacer un zoológico moderno evidentemente sí cristalizaron. A la final, fue Guayllabamba donde se estableció un lugar que se ha convertido en un zoológico relativamente pequeño pero muy agradable e importante. Cuando era su director mi colega y camarada Mario

García tuve la oportunidad de realizar para ellos un marco conceptual que sería la base para establecer el sendero de bosque seco interandino, que es el ecosistema donde se asienta Guayllabamba. En otra ocasión se me pidió que fungiera de traductor de un par de especialistas del Jardín Zoológico del Bronx en Nueva York, que habían venido a dictar un curso práctico de mejoramiento de encierros. Fue una de esas veces en las que, retrospectivamente, dices que lo hubieras hecho gratis por lo espectacular de la experiencia. Junto al personal del zoológico, mi hijo Mateo (entonces de unos siete años) y yo pudimos entrar, por ejemplo, a la jaula del jaguar y mejorar su encierro poniéndole cosas como piedras y troncos, de modo que el animal mismo se sintiera menos estresado y más cercano a su hábitat natural. Cuando Felipe, que así se llamaba el jaguar, entró a la renovada jaula, fue simplemente delicioso ver cómo se quedó mirando el lugar y pensando: "A ver, a ver, qué han hecho aquí… ¡Quién les dio permiso!", para proceder a mover con sus poderosos brazos y manotas los troncos y piedras de modo que quedaran a su gusto. Lo que siguió fue toda vía más espectacular: los leones heredados de antiguo zoo militar todavía estaban ahí y, como siempre, holgazaneaban de lo lindo. Una vez que se colgó una vaca muerta en uno de los algarrobos de su encierro, la reacción fue alucinante. Empezaron a rodear el cadáver y en un momento dado una leona se abalanzó y se quedó fija en él con garras y dientes, balanceándose hasta casi romper la rama antes de que cediera la soga. El frenesí que siguió fue mejor que cualquier documental de Animal Planet.

El mosaico andino en la zona de Olmedo, Cayambe.

La vida en los Andes

¿CÓMO llegamos a vivir en la cordillera más larga del mundo, con algunos de los picos más altos del planeta, con una variedad de plantas y animales alucinante, una escalera de ecosistemas pocas veces vista, ríos poderosísimos, valles de altura que acunan megaciudades tan caóticas como hermosas junto a blancos pueblitos estancados en el tiempo, una historia que comienza hace mucho tiempo y que ahora continúa tan prometedora como incierta, un mosaico humano que recuerda al más llamativo de los vitrales góticos?

Todo comenzó cuando la Tierra era muy diferente que ahora. La corteza de nuestro planeta es un rompecabezas mal hecho, y las fuerzas cósmicas desde hace eones no atinan a armarlo. Los continentes y los mares han ido cambiando y siguen cambiando. La piel de la Tierra de hoy no es la misma que la que existía hace diez, cien o mil millones de años.

Esa piel está hecha de varias placas tectónicas, las piezas rígidas del rompecabezas, enormes como continentes y que flotan y se deslizan sobre el manto fluido que las subyace. La velocidad a la que se mueven estas placas es muy lenta como para ser percibida a simple vista (unos pocos centímetros al año), pero suficiente para que con el tiempo, mucho tiempo, los continentes, que al inicio fueron uno solo, se hayan separado y algún día vuelvan a unirse. No es coincidencia, entonces, cuando en un mapa a uno le parece que, por ejemplo, las costas de Brasil encajan más o menos bien en las costas occidentales de África; alguna vez formaron una sola masa.

Esta deriva continental, como se llama el fenómeno, no es la única consecuencia de la acomodación de las placas. Otros desenlaces más importantes en términos cotidianos son los terremotos, las erupciones volcánicas y el aparecimiento de islas como las Galápagos. Al toparse dos placas, una se hunde debajo de la otra y la empuja hacia arriba. La fricción y fracturas generadas por este choque permiten que se produzca y se libere magma a la superficie. Además, la placa que cede se dobla como un papel de proporciones monumentales. Así sucedió hace unos 250 millones de años, cuando la placa de Nazca —que avanza hacia el este en el océano Pacífico— se empezó a meter debajo de la placa sudamericana que empuja hacia el oeste: se produjo la colosal arruga que llamamos cordillera de los Andes. Los Himalaya y muchas otras grandes cordilleras tienen un origen parecido. Los Andes crecieron así desde abajo hacia arriba, pero también lo hicieron desde arriba hacia abajo. La piel arrugada se fue cubriendo de nuevos suelos producto de la caída de la ceniza de las erupciones.

Sin embargo, los Andes son mucho más que una cordillera de roca de 7 mil kilómetros entre Mérida y el cabo de Hornos, el testimonio de estos cataclismos geológicos. Son también la región más biodiversa de la Tierra, la columna vertebral de la cultura de al menos siete países e incontables pueblos y comunidades, el escenario de eventos históricos y sociales que cambiaron el devenir de naciones y territorios.

El Ecuador es uno de los países catalogados como megadiversos. Su situación tropical es la causa primaria de esta gran variedad de seres vivos. Pero si pensamos por un momento en nuestro país —o cualquiera de las naciones andinas tropicales— sin la presencia de los Andes tendríamos una gran planicie más o menos homogénea entre el Pacífico y la Amazonía. Definitivamente habría diversidad, pero los Andes hicieron que esta se potenciara; crearon una densa escalera de hábitats donde han evolucionado organismos en números casi infinitos, tanto aquellos que se originaron aquí mismo, como los que han llegado de norte, sur y oriente en oleadas de migraciones naturales.

Uno de los mecanismos para la aparición de nuevas especies es el aislamiento entre poblaciones. Esto lo constató Darwin cuando en cada isla de las Galápagos encontró especies emparentadas pero diferentes. En los Andes, las barreras creadas por la rugosidad del terreno y los cambios pequeños pero importantes en las condiciones de sitios relativamente cercanos, han hecho que, para algunos organismos, las montañas se constituyan en verdaderos archipiélagos en tierra: las cimas de las montañas, muchas veces con páramos y nieve, son las islas. El mar son las sábanas de bosques, destendidas y enormes. Estas islas han sido crisoles de evolución: "cada quebrada tiene su ranita" dice la gente especializada en herpetología, y algo parecido proclaman quienes estudian las orquídeas.

Un mapa de ecosistemas del país nos enseña una abigarrada mezcla de colores. La zona andina es un maremágnum de tonalidades que no solamente se manifiesta a ambos lados de la cordillera, sino en el callejón interandino. No es solo la diferente altitud la causa básica de esta diversidad. En ciertas zonas interandinas, más bajas y alejadas de las fuentes de humedad al este y el oeste, los vientos que traen la lluvia no pueden flanquear las altitudes de los grandes volcanes y así se producen valles relativamente áridos, como Chota y Guayllabamba. Notables por su alta humedad, los ecosistemas andinos tienen también su contraparte en estas zonas, algunas de las cuales alcanzan grandes elevaciones como en los páramos del Chimborazo, más parecidos a una puna peruana o boliviana que a un clásico páramo de pajonal, que es húmedo y lluvioso.

Los páramos son la punta de este iceberg de ecosistemas andinos. Contienen la más alta biodiversidad entre los ecosistemas de alta montaña del mundo, que incluye al cóndor y al recién descubierto colibrí estrella de garganta azul (ver página 8). Son la fuente principal de agua para cultivos, ciudades e hidroeléctricas en toda la zona andina tropical; ciudades como Mérida, Bogotá, Quito y Cajamarca dependen en su totalidad del agua recogida por sus suelos casi mágicamente esponjosos. Existen muchos tipos de páramo: los súper páramos, cerca de las nieves eternas, tienen algunas de las plantas más resistentes del mundo; los páramos típicos, con una alta dominancia de pajonal (pero de ninguna manera monótonos) y los míticos páramos de frailejones en el norte y en el Llanganati son solo parte de la diversidad intrínseca de estos lugares extraordinarios.

Por debajo de los páramos está un repertorio de bosques andinos caracterizados todos por una alta biodiversidad, en sitios donde la niebla se presenta día a día, lo que les proporciona un aspecto de fábula. Vale la pena revisar por un momento el mapa ecológico del distrito metropolitano de Quito como un ejemplo de la complejidad de estos paisajes. Según la secretaría de Ambiente, desde la punta del Sincholagua (a 4780 metros) hasta las tierras más bajas en el occidente, en Pacto y Gualea (a unos 700 metros), existe hoy un territorio de campos y ciudades, pero que aún contiene remanentes importantes de lo que debió haber sido un continuo de selvas montanas, ahora categorizadas en diecisiete tipos de vegetación. En términos generales, a más de los páramos, hay bosques montanos altos y bajos, bosques de piedemonte, zonas con matorral y bosques de zonas semiáridas, a más de la vegetación asociada con ríos, quebradas y lagunas. La propia ciudad de Quito es, de alguna manera, una zona de transición entre los ecosistemas muy húmedos del sur hacia el Atacazo y los ecosistemas semiáridos hacia Guayllabamba en el norte. Un mosaico igual de copioso encontraremos ya sea que sigamos la cordillera hacia el norte, hacia Imbabura y Carchi, o hacia el sur del Ecuador.

Los seres vivos encontraron en los Andes tanto una barrera como un pasadizo. Como producto de su efecto de barrera, las selvas esmeraldeñas son parecidas a las selvas orientales, pero su composición florística y faunística es hasta cierto punto diferente. Por ejemplo, los tapires amazónicos no llegaron a la costa pacífica, pero ahí hay, o había, un tapir propio, con parientes en la fauna centroamericana. Por otro lado, al elevarse, los Andes replicaron ciertas condiciones climáticas que se encontraban más al norte o al sur de los trópicos, y plantas típicas de zonas templadas pudieron avanzar hacia la zona ecuatorial: los nuevos climas, más fríos, les permitían colonizar y adaptarse. Un análisis clásico de los orígenes de la flora andina en la cordillera oriental de Colombia realizado por Thomas van der Hammen y Antoine Cleef en 1983, muestra que la mayoría de los géneros son tropicales, pero que hay varios que llegaron desde el norte, como por ejemplo el mortiño (*Vaccinium*) y el aliso (*Alnus*), y desde el sur, entre otros el sisín o romerillo (*Podocarpus*), el único árbol pariente de los pinos propio de nuestras tierras, y el precioso arupo (*Chionanthus*); desde el oriente llegó el género de la naranjilla (*Solanum*), que también incluye especies tan importantes y andinas como el tomate, la papa, el tomate de árbol o el pepino. Esta gradiente altitudinal, que se traduce en una gradiente de condiciones ambientales, puede ser importantísima si se presentan escenarios de cambio climático catastrófico. Las partes altas de los Andes podrían convertirse en refugios de la flora y fauna exiliada de los llanos a ambos lados de la cordillera por las eventuales condiciones muy calientes o muy secas.

En algún momento llegó otra especie, la nuestra. La teoría clásica dice que hace unos 13.500 años apareció el ser humano en las Américas, tras haber cruzado el congelado estrecho de Bering. Poco a poco se distribuyó y llegó con relativa rapidez a Sudamérica. Sin embargo, hay evidencias que promueven la teoría de que incluso antes, hace 18 mil años o más, ya había gente en tierras americanas. En cualquier caso, los Andes se fueron poblando, es posible que desde varios flancos. Sitios como El Inga en Pichincha, Cubilán en Loja y Chobsi en Azuay dan cuenta de actividad humana desde hace unos 8 mil años. Eran cazadores recolectores que hacían uso extensivo de la biodiversidad boscosa y paramera. Se han encontrado, por ejemplo, puntas de lanza de obsidiana con las que parecen haber cazado, entre otros, zarigüeya, conejo, puercoespín y tapir. El uso de plantas como uvilla, taxo, nogal, nigua, capulí, ataco, quinua, chocho y melloco puede haber sido el inicio de un proceso de domesticación que legó al mundo entero la papa, el tomate, el babaco, el fréjol, la chirimoya y el tomate de árbol.

Los Andes, con sus realidades biológicas y físicas únicas, son la base para entender la historia, la cultura y la realidad de nuestros países y pueblos. Tras la consolidación de varias nacionalidades a lo largo de la cordillera, desde los paltas en Loja hasta los pastos en Carchi —pasando por kañaris, puruháes, panzaleos, kayambis y karankis— la llegada de los incas solo fue el presagio de que un cambio radical estaba por venir. Cobijados por la majestuosidad de Machu Picchu, a lo largo de nuestros valles interandinos tenemos los restos mixtos de Ingapirca y muchos otros pucarás, pirámides, tolas y monumentos. En los Andes están los Llanganates, donde tal vez esté enterrado el tesoro de Atahualpa, pero donde existe con certeza un tesoro natural con riscos profundos y frailejones gigantes.

Los incas estuvieron por acá poco tiempo, pero dejaron una huella honda que incluye sistemas de riego antiguos y el runasimi, el kichwa, que aún se habla en las alturas andinas. Su impacto fue menor en comparación con lo que vendría con la invasión europea. Estas montañas se vieron pobladas de seres extraños: caballos, vacas, cerdos, ovejas… Junto a los tubérculos andinos empezaron a cubrir los campos los cereales del viejo mundo. Una fusión cultural inicua pero rica empezó a generarse, la cuna de la compleja idiosincrasia actual de la gente de los Andes. Las luchas por la libertad de los países andinos se manifestaron en las icónicas batallas de independencia, muchas de ellas en las laderas andinas: Boyacá, Pichincha, Junín, Ayacucho y Maipú. Desde entonces, y en toda la historia republicana, los Andes han sido protagonistas.

Hoy en día los Andes siguen creciendo, siguen temblando, siguen escupiendo lava. Ahora hay mucha más gente, mucha menos naturaleza, más carreteras, más túneles, más puentes y menos quebradas. No solo es la deriva continental la que los cambia: ahora hay fuerzas más inmediatas, riesgos más inminentes, pero nada quitará que desde cualquiera de las ciudades serranas, e incluso desde Guayaquil en un día despejado, podamos darnos el lujo de observar, disfrutar y a ratos temer esta grandiosidad trascendente.

☙

Durante la pandemia, la primera vez que salimos de Quito fue al páramo de la Virgen en la vía a Papallacta. La sensación de libertad y comunión natural, en el aire purísimo y el paisaje sobrecogedor, fue igual a la que sentí la primera vez que visité estos parajes hace tanto tiempo. Para bien y para mal, el coronavirus nos ha hecho volver a nacer.

Doña Anita con sus hijas extranjeras.

De vacas, virus, torbellinos y flores: ¿la corta vida de un pequeño emprendimiento?

CREO que la mejor frase que he escuchado en medio de la pandemia es esta: "Estamos en la misma tormenta, pero de ninguna manera en el mismo barco". En efecto, en esta catástrofe global e inmediata hay gente en barcos acorazados contra toda vicisitud, algunos hasta pescando a río revuelto, y hay gente abandonada en el agua sin la menor posibilidad de flotación y rescate. La mayoría estamos entre estos dos extremos y esto aplica tanto a países como a personas.

A propósito de personas, comparto aquí un par de reflexiones. Al ser una persona de 60 años, y diabético desde la niñez, estoy en el grupo de riesgo, aunque no me he sentido tal. La sensación de desasosiego producto del encierro aumenta con el paso de los días, pero es un buen paliativo el estar con la familia rodeado del aire más limpio que hemos tenido en años y tener la suerte de poder trabajar al menos parcialmente a distancia. En estos días han venido a mi memoria cosas arriesgadas que, como biólogo de campo, alguna vez hice; afortunadamente, aparte de las típicas peripecias de campo de los que los biólogos nos ufanamos a veces con exageración, nunca me pasó nada grave. Pero hubiera bastado un accidente en el que, por ejemplo, se dañara la insulina, para que mi historia fuese bastante diferente. Haber procesado aquello tal vez me hace tener una perspectiva más positiva frente a la crisis.

Como parte final de mi proyecto de tesis doctoral —tras un largo y arduo proceso— recibí hace poco mi título de PhD en la Universidad de Wageningen, Holanda. En esta aventura tuve oportunidad de compartir algún tiempo con pobladores de la etnia Kayambi. Mi interés en la tesis era entender la situación del agua de riego en la cuenca del río Pisque, al norte de Quito. Desde los tiempos de los Incas la población local, los Kayambi, han enfrentado a intereses externos poderosos que han intentado despojarles de sus derechos de acceso y control del agua de riego. El último capítulo de estas luchas, a veces cruentas, pero en su mayoría subrepticias y típicas de este resiliente grupo humano, es el surgimiento de pequeñas florícolas manejadas por familias campesinas, a imitación de los grandes agronegocios que se instalaron en el área desde hace unos 40 años.

Pienso en aquellas familias que abandonaron su mísera producción agropecuaria y que, tras haber ganado cierta experiencia en invernaderos industriales, decidieron instalar sus propios mini invernaderos. Conozco el caso de doña Ana Farinango, a quien tuve oportunidad de acompañar mientras trataba de demostrarle al mundo que no se había equivocado al vender sus vacas y construir su plantación de rosas con eucalipto y restos de los plásticos y las tuberías que pudo encontrar. Su historia es una de altos y bajos, en la que tuvo que enfrentar a su comunidad (que pensaba que se estaba robando el agua), a su familia (que la veía como una traidora) y a sus comisionistas (que le pagaban mal, tarde o nunca). No obstante, logró generar suficiente ingreso y convenció a un par de vecinos para construir juntos un pequeño cuarto frío a fin de evitar los intermediarios.

Su modesto y esforzado emprendimiento iba por buen camino, hasta que un día, no hace mucho, llegó lo impensable: nada menos que un fuerte torbellino, algo que no se había visto jamás en el valle, que se llevó la mitad de su invernadero. La iniciativa para la postcosecha quedó truncada.

Pero aquel torbellino no fue nada comparado con otro enemigo invisible que aparecería poco después, uno aparentemente mucho menos violento y que ni siquiera sabemos si está vivo: este virus llegado desde la China. Posiblemente en el lugar donde vive Ana no haya muchos contagios, pero tampoco hay ventas. Todas sus flores se han podrido porque ni siquiera puede salir a las carreteras a tratar de vender a precio de huevo lo que antes vendía bien a Rusia y Chile.

Tal vez el virus haga que Ana llegue a la conclusión de que, a pesar de todo, lo que parecía una buena decisión para labrarse un destino —en el que soñaba alcanzar aunque sea un poquito de lo que los foráneos habían logrado en sus tierras ancestrales— haya sido la peor idea que pudo habérsele ocurrido en este mundo cada vez más seco, caliente, inicuo y enfermo.

Y Ana no está sola en su predicamento, su barquito no es el único a la deriva.

Doña Anita fue mi "estudio de caso" durante mis trabajos de campo para la tesis de doctorado. Recorrí buena parte de la cuenca del Pisque entrevistando a los actores involucrados en la producción de rosas: grandes florícolas, gobiernos locales, líderes comunitarios y, sorprendentemente, un montón de pequeños invernaderos que podríamos llamar artesanales, tanto por la pequeña escala la que trabajaban como por la gran calidad de su producción. Una vez en la parte alta de Cayambe, en la comunidad de Santo Domingo 2, alcancé a ver un pequeño invernadero cerca de unos eucaliptos y rodeado de pastizales para ganado. Era la plantación de Anita. Desde el inicio, por intuición me pareció que su caso era especial frente a los cientos de otros de familias campesinas que se habían decidido a plantar flores. Entre otras cosas, terminamos haciendo un documental sobre ella que se llama *Ana, volar sin alas* que se puede ver en http://justiciahidrica.org/Ana-VsA/Ana-FlyingWithoutWings.htm. Ahora Ana es mucho más que un estudio de caso. Nos hemos vuelto amigos y estamos en contacto más o menos constante. Espero poder visitarla cuando la paranoia haya disminuido y la situación sanitaria haya mejorado. Su historia es de sufrimiento, dedicación y valor, algo que parece ser congénito con la gente Kayambi que generó personas como Dolores Cacuango y Tránsito Amaguaña.

PAISAJES

La publicación original en El Comercio.

Con un pie en la Antártida

TAL vez no haya una definición oficial de chuchaqui, pero todo el mundo sabe lo que esta palabra, tal vez demasiado familiar, significa: esa sensación general horrible, rezago de haber ingerido demasiado alcohol unas horas antes.

También tiene otras definiciones las que, de alguna manera, son una extensión de la primera; por ejemplo, se dice que uno está con chuchaqui cuando le ha fallado algo que deseaba mucho, cuando se ha quedado "con los churos hechos". Ese es precisamente el tipo de chuchaqui que tengo ahora porque ya no puedo ir a la Antártida...

Más allá de lo obvio ante un continente misterioso e interesante como ninguno, mi contacto previo a lo que les voy a relatar con respecto a la Antártida viene de dos fuentes. La primera es un maravilloso (y terrorífico) cuento largo de H. P. Lovecraft, *En las Montañas de la Locura*, que se desarrolla en un paraje que no puede ser otro que la Antártida misma.

La segunda fuente es un video producido por el grupo de acción ecologista de Greenpeace, el cual, a pesar de que dura exactamente un minuto, logra decir muchísimo. Básicamente lo que se ve es una serie de personajes muy desagradables, todos inmensamente ricos y poderosos, enfrascados en un juego semejante al monopolio, en el cual se reparten con dados las diferentes partes del planeta. Mientras fuman y beben copiosamente, van dando cuenta uno a uno de los continentes y de los mares.

Casi subliminalmente, aparecen escenas de destrucción de los bosques y los mares, de guerra y de pobreza. El efecto es sobrecogedor y poco a poco se llega a un clímax de perdición y destrozo totales.

Abruptamente, la cámara enfoca la parte del tablero donde nadie (todavía) ha puesto sus fichas, el único continente inalterado por la codicia y el inmediatismo humanos. Es el continente blanco situado en el extremo sur del globo. La bulla del juego ominoso cesa y empiezan a vibrar acordes armoniosos y profundamente evocadores. Los últimos diez segundos están llenos de imágenes de un vuelo lento y bajo sobre las tierras vírgenes de la Antártida... Nada más.

Con estos antecedentes, y conociendo las dificultades logísticas y de otra índole que pueden existir, jamás me imaginé que alguna vez pudiera ir a la Antártida. En mis planes había estado siempre, por ejemplo, conocer los tepuyes venezolanos o el Gran Cañón del Colorado, pero la Antártida no entraba en esos sueños: sencillamente, era demasiado pedir.

Por eso, dentro de la serie de emociones que se presentaron ante mí cuando la increíble oportunidad se presentó, fue la sorpresa la sensación que dominó, junto con la alegría. No podía ni articular bien las palabras de aceptación de la propuesta.

Voy a tratar de dar aquí algunos detalles importantes del continente septentrional y contarles también de mi negada participación en ese viaje soñado. Permítanme comenzar con un par de detalles de mi historia personal en este sentido.

El biólogo Fernando Arcos, coordinador y parte del equipo de científicos ecuatorianos que hacen los estudios dentro del Programa Antártico Ecuatoriano, me llamó para saber si me interesaba participar como botánico en la próxima expedición, la que se llevará a cabo en los primeros meses de 1994.

La Armada Ecuatoriana, a través de su renombrado Instituto Oceanográfico, ya ha hecho expediciones muy interesantes a la porción del continente blanco que nos corresponde dentro del Tratado Antártico. Allí, en la parte más saliente del continente, en la Península Antártica, el Ecuador mantiene una estación científica que lleva el apropiado nombre de "Pedro Vicente Maldonado".

A pesar de que mientras más uno se aleja de la línea ecuatorial menos plantas existen (es decir, la diversidad de plantas es inversamente proporcional a la latitud), en la Antártida –especialmente donde no hay hielos eternos– el componente botánico es muy interesante, más por las adaptaciones a un clima tan adverso que por la cantidad de especies existentes. Lo mismo sucede, en general, con cualquier tipo de ser vivo.

Este hecho motivó a que en las expediciones de la Armada siempre se incluyera a una persona especializada en Botánica y Fitoecología (es decir, la Ecología de las Plantas). Otros países con mayor tradición y experiencia en estas labores, como Chile y Argentina en nuestro propio continente, ya han hecho expediciones desde hace décadas y poseen un conocimiento bastante sólido de la biología y de otras disciplinas en la Antártida. La voluminosa serie de libros específicos así lo testifica.

El que se considerara mi nombre para la tercera expedición, como dije, me llenó de emoción y, por supuesto, también sentí el peso de la responsabilidad. Yo tengo cierto conocimiento de primera mano del páramo y del bosque andino, especialmente. Las plantas que crecen en la Antártida son en su mayoría musgos, hepáticas, aparte de líquenes y muy pocas plantas con flores. Era un reto el escribir un pequeño proyecto para realizar estudios botánicos en un sitio tan alejado de mi experiencia diaria.

Afortunadamente, el proyecto que presenté fue aprobado por las autoridades respectivas. Fernando Arcos me dijo que incluso el dinero, que estaba todavía por verse, ya había sido prácticamente aprobado. De hecho, ya estaba con un pie en la Antártida...

Y con un pie me quedaré, o sea: lo mismo que nada. La cuestión es que padezco de diabetes. Esta es una enfermedad de algún modo peculiar: si uno se cuida, casi no hay síntomas y se puede llevar una vida normal. Pero si falta la insulina o si la dieta es incorrecta, los síntomas pueden ir desde una sed insoportable hasta la ceguera y la muerte. Un diabético insulinodependiente puede fallecer en pocos días si no hay insulina o jeringuillas disponibles.

A pesar de que he estado en partes muy remotas del Ecuador, como por ejemplo en el corazón del Parque Nacional Podocarpus en Zamora Chinchipe, a varios días de la civilización, nunca he tenido problemas con la insulina o la dieta (aunque confieso que he estado muy cerca de estarlo, como cuando una de las mulas que llevaba nuestro equipo rodó por una ladera llevándose el termo que contenía los frasquitos).

Por razones obvias, en la carta que escribí junto a la presentación del proyecto botánico expliqué que era diabético. Como ya se habrán imaginado, se me explicó que era una dolencia que representaba mucho riesgo en una expedición de logística complicada y en la cual la ayuda potencialmente necesaria no sería de ninguna manera inmediata, aparte de que el frío intenso y otras consideraciones de ese tipo podrían afectarme más que a la mayoría. Eventualmente, luego de las consultas con médicos y de revisar las normas internacionales al respecto, se me comunicó la imposibilidad absoluta de que yo participara en el viaje (y, supongo, en cualquier viaje posterior...).

Entiendo perfectamente la decisión. En el fondo, la razón me dice que un viaje así realmente sería demasiado azaroso para un diabético, por bien controlado que esté. Pero me quedé con unas ganas tremendas de viajar a un sitio que no tiene ni de lejos parangón, no solo en nuestro planeta sino incluso en todo el sistema solar y posiblemente en la Vía Láctea.

Como se dice, "me quedé picado" y empecé, de todas maneras (y azuzado por el hecho de que puedo colaborar con el Programa Antártico Ecuatoriano aunque sea desde la Mitad del Mundo), a enterarme de ciertas verdades sobre la Antártida. Aquí van algunas:

El gran continente blanco no ha estado allí, donde está ahora, toda su vida. Por el proceso denominado tectónica de placas, más conocido como deriva continental, la Antártida ha tenido una larga historia (al igual que las otras masas continentales) de desmembración de tierras mayores y de flotación en los mares. Originalmente, junto a Sudamérica, y África, la Antártida formó parte hace cientos de millones de años de un supercontinente llamado Gondwana.

Poco a poco este se fue partiendo y dando lugar, junto con otras masas gigantes que seguían una suerte parecida, a lo que hoy conocemos como nuestro planeta. Entre otras cosas, la Antártida tenía un clima más benigno pues estaba menos alejada de las áreas tropicales. Todo este proceso de deriva continental, aparte de establecer los mapas generales del mundo, ha dado lugar a las montañas, de las cuales la Antártida tiene muy buenos representantes.

El adjetivo "antártico" se refiere no solo a la parte continental propiamente dicha sino a las aguas e islas que se encuentran en la zona climática fría al sur de la Convergencia Antártica, una zona de poca variación estacional donde las aguas tropicales se encuentran y mezclan con las heladas aguas polares. Para propósitos prácticos, se usa arbitrariamente como límite el paralelo 60 de latitud sur.

Al contrario de lo que sucede con el Polo Norte, en el Sur existe un verdadero continente y no una serie de partes de varios continentes que conforman el casquete polar septentrional (el nombre Antártida significa "opuesto al ártico"). La Antártida está casi en su totalidad cubierta por una masa constante de hielo con una profundidad promedio de más de dos mil metros. Esto suma un volumen que representa el 90% del hielo total del planeta. Mucho de él se desprende continuamente como inmensos y peligrosos icebergs.

En la actualidad (porque el proceso de deriva continental continúa), la Antártida tiene una extensión de más de 14 millones de kilómetros cuadrados y es casi concéntrico con el Polo Sur. Básicamente tiene una forma circular a pesar de que existen la gran Península Antártica (cercana a Sudamérica, a unos mil kilómetros) y dos entradas de mar mayores: el Mar de Weddell y el Mar de Ross.

Estos dos mares permiten reconocer dos partes en el continente: la parte oriental, más grande, y la occidental o Antártida Menor, separadas por las Montañas Transantárticas (seguramente las del cuento de Lovecraft), que entran en la península Antártica y son una especie de continuación de los Andes sudamericanos. La apariencia general del continente es el de una pera irregular que va desde el polo mismo hasta aproximadamente 60⊠ de latitud sur. Algo interesante es que, al ser concéntrico con el Polo, posee todos los meridianos y está en todos los husos horarios de la Tierra. Por estar en estas latitudes, y por el ángulo con que el globo gira alrededor del Sol, hay seis meses de verano (bastante frío de todas formas) y seis meses de oscuridad.

Mucho de la geografía y la geología de la Antártida permanece escondido debajo de la formidable capa de hielo. Se han descubierto montañas y valles solamente gracias a prospecciones sísmicas, por ejemplo. Las dificultades que presenta el hielo, otros notables problemas logísticos y el costo ingente de las expediciones, hacen que la investigación en este continente sea algo sumamente lento y difícil.

La biología es poco conocida todavía, aunque en realidad no hay muchísimo que conocer. La biodiversidad (en especial de plantas) a la que estamos acostumbrados en los bosques tropicales declina notablemente, aunque no por ello deja de ser poderosamente interesante.

Sobre la vida en el Polo se hablará en otra parte de esta serie de artículos.

Topando algo de la historia, no se llega todavía a un acuerdo final acerca del descubridor de la Antártida, aunque hay más apuestas en favor del líder expedicionario ruso Fabian Gottlieb von Bellingshausen (sí, ruso), seguido de cerca por el inglés Edward Bransfield y el norteamericano Nathaniel Palmer, todos en 1820. Sin embargo, ya hay referencias a la misteriosa *Terra Australis* en el año 650 y son varias las leyendas maoríes al respecto.

El más famoso expedicionario, durante la época heroica (a principios del siglo XX), fue el inglés Robert F. Scott. El polo Sur físico (de rotación y no magnético) fue, sin embargo, eventualmente conquistado por la expedición del noruego Amundsen, en 1911 (por si acaso, hay una canción del grupo español Mecano que hace referencia a este hecho y a la decepción concomitante del pobre Scott).

A pesar de las dificultades descritas y más que nada desde que se llevó a cabo el Año Geofísico Internacional (1957-58), se ha avanzado bastante en el conocimiento de la Antártida, que ya no es la *terra incognita* de los mapas antiguos.

Al principio se trataba de expediciones nacionales para asegurar reclamos territoriales; en años recientes, según el Tratado Antártico, el enfoque es diferente. Este tratado es un hito en las relaciones internacionales. Muchos países lo han firmado (incluido el Ecuador) desde 1959 y se comprometen a mantener este continente libre de guerras y destinado exclusivamente a investigaciones científicas no militares. El Tratado prohíbe también los reclamos territoriales, aunque las riquezas potenciales son una carnada, tal vez, demasiado atractiva.

La Antártida es mucho más que un montón impresionante de agua congelada. A pesar de que posiblemente nunca pueda poner el único pie que me faltaba en él (y de que el chuchaqui perdura), no dejará de atraer mi atención. Por muchas razones, no hay nada como la Antártida.

☙

Hablando de las aventuras y desventuras de un biólogo diabético, esta es una que involucra, una vez más, al inefable Mario García. Él se especializó en interpretación ambiental y, entre otras cosas, ha sido director de EcoCiencia y del Zoológico de Guayllabamba, siempre ha sido un enamorado del bosque seco de Manabí y particularmente del Parque Nacional Machalilla. Realmente no comprendo por qué no se ha decidido aún a irse a vivir en esos parajes únicos en el planeta. Resulta que en alguna de nuestras visitas al parque, cuyo objetivo principal se me escapa, estábamos dando la vuelta a todo el perímetro del área protegida y en un momento dado me percaté de que era hora de mi pinchazo de insulina, pero me había olvidado de traerla. Yo hice solo un comentario, algo como "uy, me he olvidado la insulina". Lo hice sin angustia ni susto, porque bien sabía, después de haber vivido prácticamente toda mi vida con esta "dolencia", que atrasarse un poco no conllevaba ningún peligro. Pero el pobre Mario casi se muere del susto y la vuelta alrededor del parque se volvió más bien una trepada a la montaña rusa más rápida del universo.

Interioridades de un pueblo repleto de contrastes

Nambija: *más allá del fin del mundo*

PATRICIO MENA •
para EL COMERCIO

Pensar directamente solo en las condiciones en que vive la gente de Nambija puede causar un colapso espiritual del que uno difícilmente se recupera.

Paralelo al camino principal, corre la quebrada: un arroyo convertido en alcantarilla abierta que corre por debajo de las casas, repleta de ba[...]

Sobre estas líneas, la "avenida principal" de Nambija.

En la foto uno de los más comunes paisajes del pueblo.

Un vistazo general de la zona, que quedó todavía peor, después del derrumbe ocurrido hace algunos meses.

La publicación original del artículo sobre Nambija.

Nambija: más allá del fin del mundo

ESTUVE en Nambija. No sabía si escribir sobre esta experiencia lo antes posible, antes de que las imágenes se desvanecieran, o hacerlo un poco después, cuando estas hubieran cobrado un poco de objetividad, cuando los sentidos hubiesen estado menos enervados. No importa: de cualquier manera, lo que pueda escribir jamás será más que un anémico reflejo, una caricatura floja de lo que realmente pasa en esa tierra olvidada de Dios y del resto del mundo.

No solo está lo que ya todos (incluyendo presidentes y ministros) leen en el periódico o ven en la televisión: pobreza, suciedad, perdición. Hay como fondo algo surreal que trasciende cualquier descripción con palabras meramente humanas. Lo más cercano que se me ocurre para comparar el ambiente en Nambija son los barrios más bajos y denigrados de las novelas de Phillip K. Dick o William Gibson.

El encontrar este tipo de relaciones con obras de ficción es en realidad una forma de escapar un poco del fondo del asunto. Pensar directamente solo en las condiciones en que vive la gente en Nambija puede causar un colapso espiritual del que uno difícilmente se recupera. Además, hasta en las novelas más negras y deprimentes hay algo de humor, por más oscuro que sea. En Nambija solo alguien completamente ebrio o loco podría reír con gusto.

Se llega a Nambija, luego de varias horas de camino lastrado, en los buses de la compañía que es propiedad de los mismos dueños de la carretera; esta es de uso público y en ella sus dueños ganan incluso más que los pocos mineros con suerte. Si ha llovido, el lodo es impresionante. Si ha hecho sol uno o dos días (lo máximo posible en este clima), el polvo es peor que el mismo lodo.

En el sitio donde quedan los vehículos, justo en las afueras del pueblo, no se aprecia todavía nada de lo que vendrá en pocos momentos. Parece un pueblo tan pobre/rico y tan feo/acogedor como muchos otros. Hay mulas amarradas a los palos de las primeras casas vetustas, como un remedo de las películas de vaqueros. En las vitrinas hay colas, velas y licores. También hay un poco de gente.

La avenida principal dentro del pueblo es un chaquiñán que ha sido encementado en ciertos tramos. El tránsito es difícil porque Nambija cubre una ladera empinada con miles de gradas desiguales y trechos resbalosos. A los lados se ven las vías secundarias que llevan hacia los molinos, las viviendas y los almacenes. En pocos minutos, el visitante no acostumbrado está jadeando y empapado en un sudor pegajoso. Seguramente ha resbalado un par de veces en la basura desparramada en la calle.

Una de las emociones más ajenas se produce al darse uno cuenta de que las casas están apiñadas sin dejar siquiera que la luz llegue a tocar el piso del camino. Es casi como ir por un túnel repleto de ángulos rectos, diferentes a los irregulares y redondeados que llevan (con suerte) hacia el oro. En los días de sol este túnel permanece en penumbra, añadiendo presión sobre el ambiente ya supercargado.

Paralelo al camino principal corre la quebrada, que hace años debió haber sido de agua impecablemente pura, como la que se genera en las vertientes andinas no alteradas. Ahora, este arroyo es una cloaca, una alcantarilla abierta que corre por debajo o junto a las casas, repleta de basura, jabón, excrementos y, por supuesto, de polvo de oro que baja de las cimas. El olor es sencillamente insoportable; el jadeo por el cansancio obliga, sin alternativa, a tragar bocanadas de aire podrido.

El advenedizo trata de enfocar algo medianamente agradable, pero no hay como: aquí cerca está irremediable la cloaca pestilente; más allá un perro sarnoso se come las vísceras de una vaca que han sido lanzadas a la calle desde una casa; al frente una cerda grotesca hoza en el montón de basura que se ha acumulado por días y que se desliza desde el techo de una pseudovivienda; aquí cerca un comprador de oro quema el mercurio produciendo gases mortales que entran por la ventana del vecino, donde llora un bebé; en el último rincón posible, una chancadora mete una bulla del demonio con sus pistones que destrozan el molón mágico que tal vez tenga oro. No hay escape: la visión, el olfato, el tacto, el oído están bombardeados sin misericordia desde todas las esquinas.

Por fin llegamos a una zona abierta pero alguien nos grita que nos hagamos a un lado. Asustados corremos nuevamente a las casas atestadas antes de que un montón de piedras caiga sobre la vía. Eso es normal: solo los ingenuos recién llegados pueden pararse en ese sitio a esperar el golpe. En el sitio desde donde veíamos las piedras que bajaban hasta las profundidades de la quebrada se veían también lavadores de oro, con sus cobijas tendidas sobre la alcantarilla y con los pies hundidos en el agua que, seguramente en cantidades mucho mayores a las del mismo oro, contenía heces, mercurio y quien sabe cuántas barbaridades más.

En realidad, ya muchos murieron aquí, y no eran recién llegados. El famoso derrumbe de hace meses, que costó la vida a varios cientos de personas, está cerca, pero nuestras piernas ya no dan más, y solo alcanzamos a verlo de lejos. De hecho, después de ver tanto, el paisaje del derrumbe no llama la atención: es solo una franja de montaña que se ha resbalado. Las franjas de casas a los lados están en inminente peligro, pero sus habitantes siguen allí. Se ven personas minando, tal vez incluso sigan buscando cadáveres. Con el humor más amargo y tétrico que he oído en mi vida, un residente comentó: *"El río no solo lleva oro y basura. También se lleva el jugo de los muertos..."*.

Resultaba casi imposible digerir tantas sensaciones frías y me empezaba a sentir como una máquina de fotos que solo enfocaba lo que había, sin analizar lo que estaba llegando a mi cerebro y a mi corazón. Cuando paramos un momento a que nuestro guía se hiciera revisar un ojo que le molestaba, tuve la oportunidad de descubrir que cada cierto trecho había plazoletas, es decir, pequeños sitios donde el sol, aunque tímido, podía llegar. Allí los adultos jugaban con las justas una versión extrema de ecuavóley y los niños pedaleaban en bicicletas vetustas. En cualquier sitio eso hubiera sido algo más parecido a una cárcel que a otra cosa, pero en Nambija las plazoletas eran oasis benditos en medio de un infierno pestilente. Sin embargo, incluso aquí un pequeño deseo de comer algo fue inmediatamente corchado. Ni siquiera daban ganas de destapar una gaseosa.

A pesar de que he estado en los túneles de minas de oro por mis actividades de documentación del impacto ambiental, no me puedo imaginar siquiera cómo serán los túneles de Nambija. De lo que estoy seguro es de que *no quiero* conocerlos. Los que he visitado tienen máximo un par de cientos de metros y la altura de una persona mediana. Los de Nambija son inmensamente largos y parecen catedrales mefistofélicas. De hecho, "catedrales" es el nombre con el que los conocen los residentes. Allí, la dinamita ha convertido a la montaña en queso suizo. Hay gente trabajando a 400 metros de profundidad, gente que carga en su espalda quintales de roca para llevarla a la superficie, rompiéndose los huesos y ganando una miseria. No los vi, pero sí observé que una persona subía como treinta litros de gaseosas sobre la espalda, casi al trote, mientras nosotros, solo con la cámara y la cantimplora, ya no teníamos coyunturas funcionando.

Pero el buen estado físico de esta gente no es sinónimo de buena salud. No es necesario hacer exámenes para darse cuenta de la condición en que estarán sus estómagos, sus huesos, sus neuronas, sus pulmones. No es indispensable haber estudiado medicina para adivinar lo que sucede cuando se trabaja enterrado en la alcantarilla abierta, o en las profundidades de los túneles, o en la ventana por la que entra todo el veneno gaseoso que se produce en la última etapa de la pesquisa del oro. No es difícil entender el estado mental en que muchas personas estarán al verse rodeadas de explosiones, pestilencias, sombras e inmundicia, las veinticuatro horas del día, cada día del año, por décadas.

Lo que sí es difícil de comprender, o en último término por lo menos aceptar, es cómo llegó a pasar todo esto. No sabe uno por dónde empezar a analizar lo básico. No se entiende cómo los seres humanos que viven en estas condiciones están dispuestos a morir por permanecer allí, incluso usando la dinamita de las minas para defenderse de quien quiera sacarlos del mismísimo averno.

Es difícil explicar cómo una falta tan grande de planificación haya producido una estructura torcida tan difícil de desmantelar. Desde la telaraña de canales, mangueras y molinos que existe en Nambija, una especie de cuento de ciencia ficción inmensamente pesimista hecho realidad, hasta la forma de ver la vida que tienen los nambijeños —en la cual no hay Dios ni ley que no sea la del oro— la situación de este pueblo es tan insostenible como incurable.

¿Cuántos políticos u oficiales de alto vuelo conocen esto? ¿Se atrevería algún miembro de elevado rango del Gobierno a asomarse por allí? ¿Habrá algún Ministro que hable claramente sobre las acciones que se deben tomar para mejorar por lo menos en algo esta situación? Yo creo que no. Nambija seguirá prosperando en su camino al infierno hasta que llegue definitivamente a él. Solo se acabará este execrable monumento al quememportismo de la sociedad cuando Nambija sola decida suicidarse o muera porque la montaña se colapse de una vez por todas.

Cuando salimos de allí, la mezcla de sentimientos era la más extraña y negativa que había sentido en mucho tiempo. Los barrios marginales de las ciudades grandes, los derrames de petróleo, la desaparición de los bosques, la estupidez humana de alto vuelo por todo lado no parecían sino prólogos comparados con lo que habíamos visto por unas horas en Nambija. Lo único que se me ocurrió pensar fue: "*Ojalá llueva fuertísimo para que por lo menos se lave un poco el pueblo...*". Lo que he pensado después es todavía incoherente, incompleto, inexplicable. Las imágenes siguen apareciendo en mi mente y me hacen perder el hilo de las conversaciones.

Ayer soñé que bajaba rodando sin control por la alcantarilla de Nambija, tratando de agarrarme de cualquier cosa para evitar seguir hasta el fondo del abismo, enmarañándome en las cobijas y las mangueras, atorándome con el líquido que ya no es agua. Cuando por fin pude sostenerme de algo resbaloso que se cruzó en mi camino, alcé la vista y vi a un inmenso guerrero indígena mirándome desafiante, con un pie en cada orilla de la cloaca. Sostenía una espada de oro infinitamente brillante y estaba protegido por una coraza del mismo material. A pesar de que parecía estar vivo, a la vez parecía que su piel se resquebrajaba imperceptiblemente, como el cuarzo que produce el oro y que causa la peor fiebre del mundo. No recuerdo mucho más, pero me desperté de golpe, con el corazón acelerado.

Por lo menos algo práctico se puede sacar de todo esto, ya que una o dos personas no pueden hacer casi nada por siquiera hacer conocer lo que les pasa a los seres humanos más olvidados del universo. La próxima vez que me moleste con alguien no lo voy a mandar figurativamente al Cairo, ni al infierno, ni tan solo a la punta de un cuerno: no más le mando a Nambija, que está a la vuelta de la esquina, pero es infinitamente peor.

Hace poco estuve en Imbabura. Parece que la fiebre del oro se ha trasladado desde el suroriente al noroccidente del país. Hay allá otra Nambija, se llama Buenos Aires, un nombre particularmente paradójico que suena más bien a un mal chiste. Se ha dicho que la pandemia nos dejará secuelas positivas en el sentido de una nueva apreciación de la naturaleza, el aire limpio y el agua cristalina. Tal vez, pero no creo que en todo el mundo ni por mucho tiempo. Se habla, por ejemplo de que ha sido la peor época de deforestación en la Amazonía. En las urbes, el aire puro y el silencio que se notaron en las primeras épocas han vuelto a un estado igual o peor al de hace menos de un año. La desesperación y el hambre se unen a la corrupción de una manera tal vez nunca vista. La necesidad de generar ingresos de manera rápida hace que los gobiernos de todo el mundo, incluido por supuesto el nuestro, se lancen por las actividades de rédito inmediato, sacrificando una vez más el largo plazo y dando al traste con décadas de discursos y ciertos avances en términos de desarrollo sustentable. No sé si hay una receta para cambiar esta situación, pero sí sé que la minería podrá ser una respuesta adecuada por un rato pero que, en definitiva, acabará generando un mundo todavía más complicado para las próximas generaciones. Por más que suene a perogrullada, lo que se necesita es educación para la ciudadanía y gente que entienda la situación, personas que se lancen a ser elegidas y a la vez voten por "autoridades" que realmente sepan de lo que se trata todo esto y que piensen más allá de sus bolsillo y narices, y a las que se les pidan cuentas claras.

La primera página del artículo en *Mundo Diners* (originalmente en color).

Gales: el otro país británico

DESDE la parte más alta del soberbio ayuntamiento de Cardiff, el dragón galés observa rojo, atento y severo lo que ocurre a su alrededor. Y lo que sucede en la capital galesa es el resultado de millones de años de prehistoria y de miles de años de historia céltica, romana, anglosajona y contemporánea.

Gales es un país con un tamaño aproximado al de la provincia de Manabí y es tal vez la parte menos conocida de la Gran Bretaña (que incluye también Inglaterra, Escocia e Irlanda del Norte). Es básicamente una península grande situada en la porción sur occidental de la isla británica mayor, sobre el canal de Bristol y frente a la isla de Irlanda. Su situación le confiere un clima algo mejor al de otras partes de la isla pero que, de todas maneras, es famoso por la gran humedad y las lluvias. Para un galés el aguacero es un elemento tan normal como el desayuno. Una típica postal de Gales muestra dos estaciones, invierno y verano; ambas se representan a través de dos imágenes idénticas de una oveja bajo la lluvia. Por supuesto, hay algo de exageración en esto: el verano galés puede ser delicioso.

La instancia más común en la que se escucha este nombre es en el título oficial del heredero del trono del Reino Unido (el Príncipe de Gales) y en la célebre tela que lleva este mismo nombre. Por otro lado, Gales es también conocido hoy en día por la lana, materia prima de prendas de vestir altamente cotizadas. En Gales hay nueve millones de borregos, tres veces más que seres humanos. Así como en la sierra ecuatoriana es prácticamente imposible dejar de ver eucaliptos por todos lados, en la porción rural de Gales pasa lo mismo con las ovejas.

Pero, por supuesto, Gales va mucho más allá. Entre otras cosas, es un lugar con una historia lejana con ecos no solo en sus espléndidas artesanías y en las ruinas y reconstrucciones de castillos de varias épocas, sino también en un marcado sentimiento nacionalista, generado en parte por siglos de dominación inglesa (de hecho, la existencia de un "Príncipe de Gales" que no es galés sino inglés es una muestra duradera de este perdurable dominio). El nacionalismo galés, que incluye la alternativa de una nación independiente, puede sintetizarse en las palabras de un intelectual nacido aquí: "Mi pasaporte es británico, pero yo soy GALÉS". El dragón del ayuntamiento y de la bandera galesa es el emblema de estas emociones.

Parte fundamental de este nacionalismo es el idioma propio del país, un lenguaje muy antiguo del grupo céltico, llamado precisamente galés, pariente del irlandés, el escocés y el bretón (en Francia), entre otros. Muchas de las adorables pero impronunciables palabras del galés se ven a diario en los letreros públicos, todos ellos bilingües. Los nombres de los pueblos y ríos galeses parecen salidos de un libro de Tolkien: Gabalfa, Bangor, Llandaff, Pentyrch, Trimsaran, Rhaeadr, Gorseinon, Gregynog... Los nombres y apellidos célticos también son peculiares: Rhyanon, Siân, Huw, Llewellyn, Powys, Rhys y Gryffyd. A más del idioma están las riquísimas tradiciones musical, literaria y artesanal del país. Por razones varias la música folclórica galesa no ha logrado una notoriedad semejante a la escocesa y, especialmente, la irlandesa, pero estas razones no incluyen la falta de calidad, originalidad y belleza. Posiblemente los grupos musicales galeses más conocidos son los conjuntos de rock *The Alarm*, famoso en los años ochenta, y que interpretaba sus canciones en inglés y galés, y Catatonia, más reciente. El cantante galés más famoso es sin duda el eterno Tom Jones, aunque tiene un gran competidor en el célebre barítono Bryn Terfel, uno de los cantantes de ópera más taquilleros del mundo.

Aproximadamente un 20% de los galeses habla su idioma, un número que se ha logrado desde que se enseña el galés en las escuelas de manera obligatoria. Como en muchas otras partes del mundo donde los lenguajes tradicionales se estaban perdiendo irremediablemente, el galés ha sido parte de un notable renacimiento en las últimas dos décadas. Hasta no hace mucho, los niños galeses eran castigados si hablaban galés en sus clases. Hace poco tiempo murió la última persona que hablaba este idioma y no el inglés.

El nombre romano de Gales es una derivación del nombre céltico del país: Cymru (que se pronuncia aproximadamente *Cambri*, aunque no lo crean). La antigua Cambria, invadida hace 2000 años por las tropas imperiales, ha dado también el nombre al período geológicos llamado Cámbrico (que se desarrolló hace unos 600 millones de años). La geología del país no solo ha servido para dar un par de nombres a los estratos de la superficie del planeta, sino que le ha conferido una serie de paisajes impresionantes y ha sido protagonista de su historia reciente a través de la producción de carbón.

Mucho de Gales es rural, pero hay concentraciones urbanas importantes, entre ellas la principal Cardiff (en galés Caerdydd), que es la dinámica capital, y la bella Swansea (Abertawe), lugar natal del gran poeta y dramaturgo Dylan Thomas (autor, entre otras cosas, de La Navidad de un Niño en Gales). Cardiff es una ciudad de 300.000 habitantes, con una de las universidades británicas de más renombre y un movimiento cultural y comercial notables. El teatro y el cine son elementos importantes de Cymru; una muestra de esto está en los grandes teatros de Cardiff, en los festivales en el interior del país y en el hecho de que nada menos que Richard Burton, Anthony Hopkins, Timothy Dalton, Katherine Zeta-Jones y el nuevo Batman, Christian Bale, hayan nacido en Gales. Otros ilustres galeses son el filósofo Bertrand Russell, el político David Lloyd George y el codescubridor de la selección natural con Charles Darwin, Alfred Russell Wallace. Enrique VIII y la dinastía Tudor también eran galeses.

Cardiff hace titulares por otras razones: el plan de desarrollo de su bahía tenía como meta cerrar esta entrada de mar y llenarla con agua de tres ríos, convirtiéndola en un lago que mejoraría las condiciones estéticas del puerto (en bajamar, en pocas horas, el mar se alejaba completamente, el agua bajaba 14 metros y la bahía se convertía en un lodazal impresionante, donde las naves encallaban en espera de que regresara el agua); así se ha atraído la inversión nacional y foránea. Con un costo de 500 mil millones de libras, ha sido uno de los proyectos más ambiciosos en Europa, pero, como siempre, uno de los más controvertidos en términos ecológicos y sociales: entre otras cosas, se ha alterado la ya de por sí escasa vida silvestre, se ha perdido el sentido de comunidad en el área de la bahía y los precios se han puesto por los cielos.

Este proyecto se asienta en los escombros de uno de los puertos más famosos del siglo XIX y de la primera mitad del siglo XX. Cardiff fue hasta 1950 el puerto más activo en la era del carbón y una de las ciudades más ricas del globo; en algunas construcciones, en la magnificencia del centro de esta atractiva ciudad, y también en algunas ruinas, reverbera este pasado glorioso.

Desde Cardiff salieron incontables toneladas de carbón y de acero a todo el mundo; por ejemplo, muchas de las líneas férreas de América del Sur fueron construidas con materia prima galesa. Con la caída del mercado del acero y con el advenimiento de la era del petróleo, Gales entró en una recesión muy grave de la cual todavía lucha por salir. De hecho, todo el Reino Unido ha sufrido en estos términos en las últimas décadas y ellos mismos se consideran a veces una potencia de segunda categoría.

También en la porción rural del país se nota la riqueza pasada: Las cicatrices de las excavaciones de carbón a cielo abierto están por doquier en el sur de Gales, donde también se ven pequeños pueblos exmineros luchando por sobrevivir en una economía radicalmente diferente a la que los vio nacer. Ahora la nueva riqueza galesa se asienta en el turismo, las industrias electrónicas y los servicios, sin olvidarse de las eterna y ubicuas ovejas.

Más al norte la situación cambia: se entra en el terreno donde se refugiaron los últimos celtas y donde el sentimiento nacionalista es más fuerte. Es tierra agrícola, ganadera y turística; las suaves colinas, matizadas por montañas de regular tamaño y hermosos valles y ríos de origen glaciar, mantienen una población ovina y vacuna de notables proporciones. Los habitantes hablan normalmente galés entre ellos y un inglés fuertemente acentuado con el resto del mundo. En medio del intenso verdor, clásico de esta región, resaltan a ratos los pintorescos pueblos y las soberbias casas de campo de los antiguos nobles ingleses, que aparecen como lunares en medio de las diminutas aldeas galesas; ahora están convertidas en hostales y jardines públicos, o manejadas por universidades o entidades privadas. La costa galesa está repleta de acantilados y poblaciones seductoras, cada una con su castillo medieval y su panorama magnífico. Un pueblito particular tiene el nombre geográfico más largo del mundo (no intenten pronunciar esto): Llanfairpwllgwyngyllgogerychwyrndrobwllllantysiliogogogoch. Tres parques nacionales ayudan a proteger este fabuloso legado cultural: Pembroke, Brecon Beacons y Snowdonia.

La gente galesa es excepcionalmente amable e industriosa. Nada de la flema inglesa por acá. Los del interior le hablan al visitante primero en galés y después de comprobar que no es nacido en Inglaterra, le empiezan a hablar en un inglés con un marcadísimo acento. A pesar de que los separatistas extremos no tienen mayor acogida, ya hay un Parlamento aparte del de Inglaterra. Por otro lado, Gales es cuartel tradicional de los Laboristas, el menos reaccionario de los dos partidos dominantes en Gran Bretaña.

Así, la antigua Cambria es hoy día un país pequeño pero inmenso en folclore, paisaje y cultura, con una historia antigua apasionante, un pasado inmediato de gran riqueza material, un presente claroscuro, y un futuro que le confiere a la nación un viso paradójico de melancolía y resplandor. Algo de esto puede verse por lo menos en dos películas: *First Knight*, un romance histórico con Richard Gere, y *The English-man Who Went Up a Hill and Came Down a Mountain* (El Inglés que subió una colina y bajó de una montaña), una deliciosa comedia con Hugh Grant. Dicen que los paisajes que se presentan en estos fil-mes han generado ya una avalancha de turistas norteamericanos (lo que no le cae nada mal a la deprimida economía galesa).

Gales es el país de las ovejas, las minas y la lluvia, de la lengua rara y bella, de los castillos, de la gente afable y orgullosa, de los grandes artistas, de los letreros bilingües y de mucho más. La vieja Cambria es un país desgraciada e injustamente poco conocido que merece ser visitado, estudiado, comprendido y apreciado por otras culturas como la nuestra que, a pesar de las diferencias, comparte muchas de sus suertes y dilemas.

❧

Parece increíble que hayan pasado ya 25 años desde que estuvimos en Gales. Cuando cumplimos 20 años de graduados, algunos colegas pre-tendieron hacer una reunión en Cardiff, pero a la final fracasó. Todos estaban o muy lejos, o muy pobres o simplemente ya no sentían una conexión. A mí personalmente me hubiera encantado, pero era impo-sible. Éramos conocidos como el "Mickey Mouse course" por los estu-diantes de las otras carreras más técnicas porque consideraban que el periodismo no es en realidad una profesión sino solo una especie de oficio que más o menos cualquiera que sepa escribir puede llevar a cabo. No voy a entrar a discutir eso, pero sí voy a decir que nos diver-timos como locos, especialmente cuando nos llevaban al corazón de Gales, a esa gran mansión victoriana llamada Gregynog, propiedad de la universidad, donde teníamos talleres pero más que nada tomábamos cerveza, jugábamos fútbol y armábamos cantatas con, entre otros, un ruso de Ekaterimburgo al piano y un indio de Benarés a la guitarra. Si eso es un Mickey Mouse course, pues, ¡que viva Walt Disney!

Birmingham: la majestuosa Victoria Square, considerada el centro mismo de la "ciudad de los mil oficios", con la Council House y la fuente llamada El Río.

Espagueti junction

SOY un tipo con suerte, a pesar del traspié en mi malhadado no-viaje a la Antártida. Por ejemplo, quise conocer Nueva York gratis (o casi) y lo logré a través de una beca para estudiar botánica (no voy a ser tan caradura como para salir con que busqué la beca principalmente para conocer la Gran Manzana). También tenía la ilusión de conocer Europa gratis (y lo de "gratis" nace sencillamente por el hecho de que nunca he podido, ni he querido, para ser sincero, tener platales como para hacer todo eso sin necesitar bastante suerte). También lo logré, y esta vez con Rossana, a través de una beca para estudiar periodismo en Gales (tampoco voy a ser caradura en este caso). Ella consiguió una beca para estudiar una maestría en educación ambiental.

Esto de haber viajado con mi media naranja a Europa puede ser el ejemplo máximo de la suerte. Ambos, en 1993, un poco después de habernos casado, decidimos concursar en las becas del Consejo Británico. Increíblemente, ambos logramos las becas (aparentemente la primera vez que eso sucedía, por lo menos en el Ecuador). Planificamos que nos veríamos cada dos fines de semana o algo así para conocer algo de la Gran Bretaña; ni siquiera se nos pasó por la cabeza que estaríamos en la misma ciudad, peor en la misma universidad. Efectivamente, a mí me mandaron a Cardiff, la capital galesa de la que no sabíamos nada, y ella fue enviada a las cercanías de Birmingham. Eso también ya era afortunado, porque no estaríamos muy lejos. Pero, por alguna razón que hasta ahora no entendemos, a ella finalmente le colocaron en la misma universidad a la que yo iría.

Así que durante un año disfrutamos de una ciudad que, sin ser la quinta esencia de la belleza, es muy atractiva y, más que nada, muy interesante, entre otras cosas porque en ella se conjugan las culturas galesa e inglesa. Los letreros de tránsito, por ejemplo, están en dos idiomas: el antiguo, difícil y musical galés, y el ubicuo inglés. A pesar de que lo que mucha gente piensa, ambos idiomas no son cercanos en absoluto (casi como el español y el quichua), y la cultura galesa, contra toda predicción, se ha mantenido y ahora atraviesa un renacimiento como el de otras culturas célticas. Sin embargo, a diferencia de lo que ha sucedido especialmente con lo irlandés, lo galés permanece todavía oscuro y desconocido para el gran mundo. Tal vez por eso mismo, su música y otras manifestaciones artísticas son más puras, "primitivas" y, por eso mismo, cautivantes. Si uno va al centro de este país, la gente le recibe hablando galés, y solo luego, cuando descubren que el turista no es nativo, empiezan a hablar en un inglés profundamente acentuado. La gente de Gales es amable como pocas, vive en un país que por la depresión de la era posterior al carbón es considerado pobre para estándares europeos, y de alguna manera es "latina" en comparación con sus flemáticos y, hasta cierto punto, sobrados vecinos ingleses.

Una de las muchas cosas maravillosas que se refieren a estas islas (que son y no son parte de Europa) es que en un par de horas se está en sitios seductores como pocos (incluyendo lo que ellos llaman "el continente", a través del canal de la Mancha por el tren súper rápido o por el más tradicional ferry). Muy cerca de Cardiff, por ejemplo, están Bath (una de las ciudades más hermosas del mundo), Stonehenge, Liverpool, Manchester y cientos de sitios galeses menos conocidos pero igualmente fantásticos, como las cuevas de Dan-Yr-Ogoff o el menhir de Pentre Ifan. Un poco más lejos están Birmingham, el propio Londres, York, Oxford, Cambridge, Stratford-on-Avon, Chester, Edimburgo, las islas escocesas, cruzando un poco de mar toda Irlanda, y mil cosas más. Para los británicos, algunos de estos lugares están lejísimos, pero no para otra gente, especialmente si se viene de países enormes como la China o de países donde, a pesar de distancias cortas las carreteras hacen que los tiempos se dilaten, como el nuestro. Esta, que es una de las muchas particularidades de este pueblo, llevó al periodista estadounidense Bill Bryson a escribir el delicioso libro *Notas desde una pequeña isla*. Sitios como Edimburgo (otra ciudad fascinante) o incluso más al norte en Escocia, están a pocas horas en bus, auto o tren, pese a que implican todo un ritual de viaje largo para la gente oriunda.

Aparte de la obvia y profunda ventaja espiritual y física que representaba estar en la misma ciudad con mi esposa, había una virtud más en ese hecho: podíamos ahorrar bastante porque compartíamos un apartamento y pagábamos cada uno la mitad de la renta. Conseguimos un piso enano en un barrio obrero de Cardiff (23 Broadway), que fue nuestro nido de amor y centro de estudios por 12 meses fascinantes. Vivíamos sobre una tienda de motos y al frente de un edificio para estudiantes. Aparte de que una vez sonó la alarma de las motos a media noche y de que otra vez tuvimos que llamar a la policía porque desde el edificio de enfrente salía un estruendo de los mil demonios hasta altas horas de la madrugada, nuestra vida en la capital galesa transcurrió sin contratiempos. Con el dinero que ahorrábamos pudimos viajar por Gales, Inglaterra y Escocia, y hasta nos dimos un par de vueltas de mochilero por el continente, incluyendo una visita a la familia de mi hermano Antonio, pues mi cuñada estaba estudiando en Alemania. Ver a mis sobrinos María Isabel y Juan Ignacio en una ciudad tan delicada y seductora como Tubinga fue un regalo inesperado dentro de toda esta experiencia. Pero jamás fuimos a Irlanda porque estaba a la vuelta de la esquina y siempre podríamos hacerlo cualquier rato. Ese rato nunca llegó y así surgió la que bien puede ser la única frustración de ese año maravilloso.

Otro elemento esencial de nuestro peregrinaje fueron las amistades que hicimos. Yo tenía como 60 compañeros y compañeras de algo así como 40 nacionalidades, desde Australia hasta el Canadá, pasando por países africanos cuyo nombre jamás había escuchado. Había gente de Malasia, Tonga, Hungría, Brasil y Corea del Sur. Desarrollamos una amistad distintamente entrañable con una pareja paraguaya, dos personas geniales con quienes compartimos noches inolvidables, ayudados en nuestros intentos de salvar al Tercer Mundo por decenas de latas de cerveza de todas partes del mundo (incluyendo una espantosa inglesa con más de 12 grados de alcohol y la insuperable Brains, propia de Cardiff). Con María José y Armando vivimos, entre muchas otras cosas, lo que da título a este relato.

Así como en Nueva York yo hacía lo imposible para tener dinero para ir a conciertos, en Cardiff no perdimos la oportunidad de asistir a eventos memorables que incluyen, entre otros, a Jethro Tull, Pat Metheny, King Crimson, Marillion, Iona, Carla Bley, Sara McLachlan, Ravi Shankar, André Previn, Mirage (los ex Camel), The Chieftains y Christy Moore. No nos atrevimos a comprar unas entradas carísimas a Pink Floyd porque estábamos recién llegaditos y nos dio susto, pero eso se convirtió (¡ups!) en otra pequeña frustración: nunca se volvieron a presentar mientras estuvimos allá. Gracias a amigos en Londres pudimos asistir en la gran capital a algunos de estos conciertos sin tener que gastar en hoteles; también viajamos un par de veces a Bristol, que está muy cerca de Cardiff, y una vez viajamos también a Birmingham. Y así comienza el meollo de esta historia.

A través de una revista nos enteramos de que el gran saxofonista noruego Jan Garbarek se presentaba en esa ciudad, la segunda en tamaño de Gran Bretaña y, entre otras cosas, cuna de *Led Zeppelin*. Decidimos ir con María José y Armando, pero esta vez lo haríamos en automóvil para poder regresar el mismo día. El plan era arrendar un carrito barato, manejar hasta Birmingham un sábado, ver el concierto y regresar por la noche a Cardiff para no gastar en hospedaje (era un trayecto de un par de horas). Había un pequeño problema para empezar: en Gran Bretaña manejan al revés, en contravía, al otro lado de la calle, y como yo era el único que tenía licencia me tocaba enfrentarme a ese hecho absolutamente solo. Más que susto era incertidumbre lo que sentía. Después de todo, no podía ser muy complicado si todos los días miles de carros van y vienen de Francia, donde manejan como se debe (o, según los ingleses, al revés), y no se ha sabido que sea gran cosa... En cualquier caso, encontramos un sitio económico (por no decir de a perro) donde nos dieron sin el menor problema un Ford Fiesta del año uno, rojito, sin radio y cuyas ventanas era imposible subir o bajar. No tuve la menor oportunidad de practicar la manejada al revés porque inmediatamente después de salir del patio de carros debía enfrentarme a una de las avenidas principales de Cardiff.

El adrenalinazo fue tremendo pero efectivo: sin saber ni cómo me vi manejando en contravía, con el volante a la derecha, con la palanca de cambios a la izquierda y, en general, con todo el bulto del carro en el lado equivocado. Lo del tráfico inverso, el volante y la palanca no resultaron gravitantes en el proceso, pero lo del bulto del carro sí: acostumbrado por decenas de años a manejar con el carro mayormente a mi derecha, naturalmente tendía a irme hacia la izquierda para evitar toparme con la vereda u otros carros. Pero ese reflejo, tan útil en el Ecuador, resultaba fatal en circunstancias británicas. Rossana se vino hacia mí aterrada de que la distancia entre nuestro vehículo y todo lo que estaba a la izquierda era cada vez menor, tanto que empecé a topar mi retrovisor con los de los carros estacionados a ese lado: *tap*, *tap*, *tap*. El terror inicial fue desapareciendo y poco a poco le fui cogiendo el tino (paraguayos: perdón por lo de "cogiendo"), y al poco tiempo ya hasta sacaba el codo (derecho) por la ventana (derecha) y solo faltaba que me pusiera un cigarrillo en los labios (algo que jamás he hecho en mi vida). Lo que sí hice, como siempre, es ponerme a silbar.

El viaje a Birmingham no tuvo contratiempos. Viajar por una autopista británica es delicioso. Lo novedoso con respecto a la manejada eran los redondeles: había que entrar en ellos por la izquierda, lo que al principio también fue causa de un par de adrenalinazos extra, pero después todo estuvo bien. A la entrada de Birmingham paramos un momento en la famosa fábrica de chocolates Cadbury. Yo, con mi interés en la botánica económica, quise quedarme para dar una vuelta por las inmensas instalaciones y hacer un tour por una especie de museo del chocolate que tenían allí, pero mi interés no fue compartido en absoluto por mis acompañantes, así que en seguida seguimos rumbo al centro de la ciudad.

Para entrar a Birmingham hay que lidiar con una maraña impresionante de entradas y salidas desde y hacia la autopista. Quien crea que estas cosas solo existen en los Estados Unidos, se equivoca: por lo menos la de Birmingham debe competir sanamente con las de Los Ángeles. Esta maraña es conocida localmente como *Spaghetti junction* porque desde el aire lo que ven los helicópteros de tráfico es algo semejante a lo que ve una mosca planeando sobre el famoso plato italiano. Por supuesto, aunque los letreros eran muy claros, por lo menos dos veces tuvimos que volver a entrar en el enredo para volver a intentar no perdernos de la salida adecuada.

El concierto comenzaba a las 8 y llegamos a un estacionamiento como a las 7. Fuimos caminando aceleradamente hacia el teatro y no tuvimos mucha oportunidad de conocer una ciudad que, sin ser una atracción turística de primera, tampoco debía ser despreciable. Solo el hecho de ser la segunda ciudad de Gran Bretaña ya era propaganda suficiente. Sin embargo, sabíamos muy bien que para lo que habíamos ido era a ver el concierto y punto, así que nos hicimos al dolor de estar en ella sin la oportunidad de conocer por lo menos algo de sus mejores ofertas. Lejos estábamos de saber en ese momento que otro era nuestro destino...

El concierto estuvo maravilloso. Se trataba efectivamente de un concierto del saxofonista noruego Jan Garbarek, pero en esta ocasión no tocaba su jazz idiosincrásico sino que su creatividad proverbial le había llevado a juntarse a un grupo de cantantes a capella, con los que interpretaba obras propias de una dulzura y delicadeza sensacionales. Yo cometí el error de conchabar a la pareja paraguaya y a Rossana, que nunca habían oído de este músico, diciéndoles que era jazz lo que íbamos a escuchar. Realmente hay que estrechar más allá de lo aconsejable el concepto para aceptar que lo que estábamos oyendo era jazz, lo que generó comentarios severos de parte de los tres, a pesar de que no pudieron negar que por lo menos había estado interesante el evento (es decir, hasta donde pudieron atestiguar en los momentos en que el saxo y las voces no les produjeron un intenso estado de somnolencia).

Al salir del concierto ya eran como las 10 de la noche y, luego de tomar unas cervezas en un pub cercano, nos dirigimos al estacionamiento para emprender la retirada hacia territorio galés. En un principio no podíamos creer lo que estábamos viendo: el estacionamiento estaba completamente cerrado y a oscuras. Dimos vueltas con la vana esperanza de que hubiera una entrada para la noche o algo así, pero nada... Cuando leímos un letrero enorme que estaba justo a la entrada casi nos desmayamos: "Hora de salida tope: 10 de la noche". Ya eran las 11.

Luego de salir del estupor y de no tener otro remedio que matarnos de la risa con las caras rojas de vergüenza (tal vez yo más, por ser el chofer del grupo), decidimos que lo único que nos quedaba era irnos a dormir en un hotelucho y ver qué pasaba mañana. Tratamos de llamar a un teléfono que había en el tiquete, pero no contestó nadie. Tomamos un taxi, de esos típicos negros británicos, y terminamos en una pensión bastante alejada (la carrera nos salió más que la gasolina de ida y vuelta desde Cardiff), donde una señora portuguesa muy simpática nos dio dos cuartitos. Al día siguiente desayunamos (era un "Bed and Breakfast" de los típicos británicos... las cosas inconfundibles británicas no acaban de acabarse) y por fin nos pusimos en contacto con alguien en la central de estacionamientos. No nos sorprendimos mucho al saber que ese estacionamiento en particular era posiblemente el único de la Gran Bretaña que no abría los domingos, pero por lo menos quedamos en que el encargado iría a las 3 de la tarde a abrirnos el estacionamiento para poder sacar el carrito rojo. No podía ir antes porque estaba en su día libre y había ido con su hijo de pesca. Lo que sentimos en ese momento fue una mezcla de vergüenza por fregarle el domingo al pobre cristiano, pero también frustración y coraje por tener que esperar tanto. Seguíamos gastando plata que no teníamos y perdiendo tiempo que necesitábamos para estudiar y hacer tareas.

Para colmo de males, mi cámara de fotos se había quedado en el carro (pensaba poder tomar un par de cosas en algún momento a pesar de lo apurado del periplo). Pero con nuestro espíritu latino de enfrentar sonriendo (más o menos) cosas mucho peores, nos dedicamos a recorrer el centro de Birmingham, que resultó mucho más interesante y atractivo de lo que podíamos esperar. En general, las grandes ciudades del occidente de Inglaterra (incluyendo con Birmingham a Manchester y Liverpool), tienen fama de ser feas, oscuras, industriales, poco atractivas para el turista común. Para la mayoría de gente, Liverpool no es mucho más que la cuna de los Beatles (aunque ya con eso tendría más que suficiente) y Manchester no es mucho más que el terruño de un gran equipo de fútbol del que fue capitán nuestro Toño (y eso, en el país donde supuestamente se originó el deporte de multitudes, es ya mucho decir). Pero obviamente, así fueran las ciudades más feas del mundo, si es que logramos obtener una vara objetiva con la que medir la belleza urbana, nunca puede dejar de haber por lo menos algo que valga la pena visitar.

En el caso de Birmingham, aparte de cualquier otra cosa de la que no hemos oído siquiera hablar pero que debe existir, el centro mismo de la ciudad es muy, muy lindo. Tiene una serie de esculturas modernas que conforman con los edificios neoclásicos circundantes un paisaje urbano fascinante. Son esculturas que proclama la historia industrial de la ciudad, que creció precisamente a las dimensiones que tiene hoy día como producto de la revolución industrial (otra cosa típica británica que llevó a pensar a Marx que el comunismo llegaría primero a ese país si es que se cumplía su teoría del desarrollo de las sociedades). Como nos demoramos encontrando una salida a nuestro entuerto, el tiempo que tuvimos para conocer alguna otra cosa (un museo quizá) no fue en absoluto suficiente. Cuando llegamos al estacionamiento a nuestra cita con el dependiente, allí estaba él con su hijo, que tendría unos 12 años. El tipo era muy amable y, como siempre en Gran Bretaña, fue él el primero que se disculpó con nosotros. Nos contó que era nuevo en el trabajo y que era la primera vez que le pasaba algo así. Mientras trataba de abrir la puerta principal con su inmenso llavero, nosotros observábamos el carrito rojo en la oscuridad interna, agarrados del enrejado como lobos viendo pasar una oveja despampanante. Como el tiempo pasaba nos preocupamos y nos enteramos de que el individuo no podía abrir la puerta ni a patadas. Ya medio desesperados, empezamos todos a usar todas las llaves para ver si teníamos suerte, pero nada. La puerta no se dignaba abrirse por nada del mundo. En un arranque de inspiración, cuando ya nos íbamos retirando para ver si el lunes el dependiente del estacionamiento la abría sin problema, se me ocurrió usar las llaves de una puerta secundaria que había por allí y ¡eureka!, pudimos entrar y desde adentro no hubo problema en abrir la puerta grande. Antes de salir de la ciudad dimos una vueltita más y pude tomar un par de fotos del hermoso centro de Birmingham.

Al regreso nos agarró la noche pronto (era invierno). Armando era el copiloto y el pobre tuvo que soportar mis semihistéricos y semihistriónicos gritos de "¡qué hago, qué hago!" durante todo el viaje. Íbamos a mitad de camino y nos perdimos. Lo increíble es que en algún momento nos salimos de la autopista y el camino se fue haciendo cada vez más estrecho hasta que se convirtió en algo por lo que solo pasaba un carro. Ante semejante situación lo único que quedaba era preguntar a alguien del lugar. Como siempre pasa en Gran Bretaña, a lo que llegamos fue a un pub. Ya nos había pasado varias veces antes: una vez que el bus de la universidad chocó con un camión, lo hizo con gran criterio frente a un pub en la mitad de nada, donde esperamos el bus de reemplazo con gran comodidad y alegría generalizada. Otra vez, cuando otro carro, arrendado en la misma empresa líchiga, fundió máquina, lo hizo con gran criterio frente a un pub, donde esperamos, con gran comodidad y alegría, a que una grúa se llevara el carro fenecido y nos trajeran uno nuevo (increíblemente, esta empresa, tal vez precisamente porque era tan maluca, tenía el mejor seguro contra accidentes y daños). Esta vez, al final del camino estrecho, nos recibió una casa inmensa con la única luz en kilómetros a la redonda. Un individuo en estado de ebriedad tremendamente avanzado nos indicó con gran éxito el camino de regreso. Unos minutos después estábamos de regreso sobre la autopista y desde allí sí nadie nos detuvo. Lo último que nos pasó es que nos detuvimos a poner gasolina para entregar el carro con la cantidad igual a la original. La modalidad era que uno se acercaba a una ventanilla, pagaba y uno mismo usaba la manguera. Armando, el paraguayo, se bajó a pagar y regresó, molesto porque le habían dado el vuelto en muchas monedas y no en un solo billete. Pero al poner la gasolina nos dimos cuenta de que solo funcionó durante unos pocos segundos. Al ir a reclamar al dependiente, Armando se dio cuenta de que no había solicitado cinco libras sino cinco centavos (*pennies*) de combustible... Lo increíble fue que, como otra característica británica, al dependiente no se le ocurrió preguntar por qué tan poco, sino que muy amablemente tomó el billete y le entregó a Armando un vuelto inmenso (allá nunca falta el vuelto, por supuesto).

Llegamos a Cardiff exhaustos pero, en el fondo, felices por el concierto y por haber conocido Birmingham a la fuerza porque no leímos un letrero inmenso en el único estacionamiento que cerraba a las 10 de la noche y no abría los domingos. Así, dentro de todo, la suerte que me llevó a conocer Nueva York, Europa, a Armando & María José y a Rossana, no me había fallado tampoco esta vez cuando

decidimos aventurarnos manejando en contravía eterna en la espagueti junction.

Amanecer en el Gran Cañón del Colorado, Arizona, Estados Unidos (de diapositivas).

El Gran Cañón: vivencias al borde del abismo

ESTÁBAMOS al borde de la quebrada más enorme del planeta y no lo sabíamos. O, mejor dicho, yo no lo sabía. Tina Ayers, mi compañera de viaje y querida amiga, era algo así como la botánica oficial del Parque Nacional Gran Cañón y sabía muy bien donde estábamos. No me lo dijo a propósito y así no arruinó la sorpresa.

Claro, yo sabía en términos generales que estábamos cerca del Gran Cañón del Colorado, de eso se trataba todo el viaje. Pero los pinos no dejaban ver nada; era imposible saber dónde exactamente estaba el borde. Los conocimientos de Tina hicieron que escapáramos de miles de personas que estaban en las zonas más turísticas. La primera hora tras el viaje desde Flagstaff, en el norte de Arizona, la pasamos en el centro de información donde asistí a una espectacular presentación del cine Imax. Pero inmediatamente después nos alejamos del mundanal ruido, hacia parajes que prácticamente solo ella conocía.

Al caer la tarde, en una carretera de tierra completamente encerrada por pinos de aquellos que producen unas semillas comestibles deliciosas, alcanzamos a ver una torre de guardaparques. Al estar junto a ella nos percatamos de que estaba abandonada y en mal estado. Sin embargo, en un arranque de temeridad y atletismo, trepamos, arriesgándonos a cortarnos con las herrumbradas ruinas y a que toda la estructura colapsara con nuestro peso. Pero valió la pena. Desde esa altura, unos 15 metros talvez, se podía ver el cañón. Estaba tan cerca que parecía mentira: si hubiera lanzado una piedra habría desaparecido en el abismo. Tras los pocos pinos que nos separaban del borde no había nada, era como si el mundo hubiera sido realmente plano y nosotros hubiéramos llegado al límite final.

Tras recuperar el aliento, perdido más por lo insólito del espectáculo que por la trepada, empecé a darme cuenta de detalles que le devolvieron la redondez al planeta. A lo lejos, aproximadamente hacia el norte, opacado por una insospechada bruma de contaminación urbana, se podía ver el otro lado del cañón. Solo era un fantasma geográfico, una línea apenas discernible y a una distancia inestimable. No había nada que impusiera escala en el paisaje. Hasta la luna, inmensa y transparente sobre el horizonte, parecía de un tamaño imperfecto.

Al llegar efectivamente al borde, parece que el panorama se coagula. A pesar de que la escala sigue siendo extraña, ya es posible comprender las magnitudes. E incluso así es difícil: hay que hacer un esfuerzo para convencerse de que las diminutas manchas verdes, que más parecen musgos, son en realidad árboles inmensos en la orilla del frente. Estábamos, como la mayoría, en el borde sur, pero, como he dicho, en un sitio adonde no va casi nadie. No había prácticamente ninguna señal de impacto humano (a más de un par de letreros discretos). La orilla norte estaba al otro lado del precipicio, a varios kilómetros (¡en su parte más ancha nada menos que veinticuatro!), y el río Colorado corría torrentoso al fondo, a más de mil metros bajo la planicie donde nos encontrábamos, y por más de 400 kilómetros. Por todas partes surgían montañas caprichosas desde el fondo, esculpidas por el agua, todas ellas con nombres de gente famosa (el más grande cerca de nosotros era conocido como Darwin). El borde norte está unos 300 metros más arriba que el borde sur y su altura promedio es de unos 1200 metros sobre el nivel marino.

Cuando nos venció el sueño, después de haber disfrutado del panorama y de un par de cervezas, preparamos nuestras bolsas de dormir y nos acostamos a la intemperie, en el borde mismo del cañón. La luna estaba en el cenit. Fue difícil dormir con todo esto alrededor. Solo faltaba un rugir de puma o un ulular de búho para convencerme de que no estaba en la Tierra. Al otro día, me desperté con el primer rayo, como a las 5 de la mañana, y empecé a ver el nacimiento diario del cañón: los cambios de luz eran espejismos.

Hacia el oriente iban apareciendo las siluetas de las cañadas secundarias (cada una un monstruo por derecho propio) y al occidente las paredes casi verticales iban mostrando sus estratos de matices de rojo, violeta, gris y amarillo, a ratos cubiertos por un poco de verde vegetal. Por horas, desde las cinco de la mañana, estuve contemplando embelesado este espectáculo único y disparando la cámara como un lunático.

Parece increíble que hace solo cuatro millones de años (una nimiedad en términos de la historia del planeta) haya empezado el río Colorado a roer la tierra hasta llegar a formar la colosal depresión que vemos hoy. Gramo por gramo de tierra deleznable y frágil fue llevada por el agua hacia el Pacífico. El cañón del río Colorado quizá no es ni el más profundo ni el más ancho (aunque si está entre los diez primeros). Lo que le hace el más famoso de todos es la majestuosidad e inconmensurabilidad de su paisaje. La tremenda cicatriz en la piel de la Tierra puede ser vista desde los satélites artificiales y la Luna...

La gente de la geología, arqueología, ecología y etnología ha encontrado que aquí no hay solo un sitio para refocilarse sino un lugar repleto de información científica. Cada estrato en las paredes del cañón, cada fósil, cada especie única en los varios hábitats que se generan en el considerable rango altitudinal, cada resto de culturas milenarias, es parte de una historia natural casi sin parangón. Si nos fijamos que entre el borde y el río llega a haber casi un par de kilómetros de diferencia, podemos entender que el cañón es un muestrario de ecosistemas. Las tierras bajas son notablemente más calientes que las altas: es más o menos la diferencia entre los páramos del Pichincha y el valle de Tumbaco, pero casi en caída libre.

En la actualidad, los descendientes de los aborígenes que han poblado el cañón hace 11.000 años y que desarrollaron una civilización extraordinaria, los Anazasi, habitan en las reservaciones circundantes tratando, como todas las etnias en occidente, de mantener algo de sus tradiciones al tiempo de integrarse a la "sociedad moderna". A pesar de que en Arizona es prohibido el juego, en las reservaciones (que son semiautónomas) sí se permite, lo que ha traído bonanza económica pero también, obviamente, serios problemas sociales. Por otro lado, las artesanías de los Navajos y los Hopis son exquisitas y alcanzan precios exorbitantes. El museo de Flagstaff es parada obligatoria. En el mismo cañón hay relictos de los antiguos pueblos en las rocas. Sí: El Gran Cañón es mucho más que muros kilométricos cavados por un gran río.

También es un Parque Nacional, uno de los primeros del mundo, y como tal tiene programas de educación ambiental y de interpretación de la naturaleza para generar una nueva conciencia ecológica en los seres humanos. La magnificencia de la naturaleza en este sitio es tal que nadie sale sin un remezón espiritual. Además, las aguas del río Colorado no solo sirven para los deportes propios de un río rápido sino que se represan y generan una gran cantidad de energía eléctrica, como por ejemplo en la famosa represa Hoover. El Colorado, que nace en las Rocosas y desembocaba en el golfo de California, ya no lo hace más: sus aguas se van usando en su recorrido para tantos usos y de manera tan intensa que el río se acaba antes de hora. El rico estuario de antaño se ha convertido en un área desecada.

Todos estos datos, por supuesto, me los hube tanto de libros y revistas como de conversaciones con gente del lugar, pero hay algo mucho más duradero y conmovedor que cualquier lectura o diálogo. En el Gran Cañón se respira historia, se respira naturaleza, se respira infinitud. Los seres humanos hemos llegado a creer que realmente somos los dueños del mundo y que podemos hacer con él lo que nos dé la gana. Esos peligrosos delirios de grandeza se suprimen ante la vastedad del Gran Cañón del Colorado. Allí está muy claro el puesto de los humanos sobre este planeta, tan rico, tan generoso y tan maltratado. Alguien calculó que, bien apretaditos, en la gran quebrada cabríamos todos los seres humanos que habitamos hoy en la Tierra…

Al regresar, tal como apareció, el precipicio gigante dejó de estar ahí a poco de habernos alejado del borde. Pero, en realidad, el Gran Cañón (como mucho de la naturaleza) no nos necesita y seguirá allí después de que nos hayamos ido del todo. Lo contrario no es precisamente cierto… Lo que logramos al lastimar la Tierra es acortar el número de generaciones que gozarán de este espectáculo.

❧

Nunca he sido muy místico. Puedo maravillarme y mi espíritu realmente se ensancha cuando estoy ante ciertas cosas naturales o humanas, pero nunca he sido de los que sienten una comunicación con una esfera superior o con algo así. Respeto muchísimo las creencias, pero me molesta profundamente cuando se trata de convencer al otro de que lo que uno cree o venera es mejor, y encima por alguna razón insostenible. En esto coincido con uno de mis autores favoritos, Richard Dawkins, aunque a veces se le va la mano en el otro sentido, como en partes de su libro *El Espejismo de Dios*. De todas maneras ha habido momentos en que he estado cerca de sentir algo que se escapa de la esfera terrena, como en Machu Picchu y el Gran Cañón, o desde la Torres Gemelas, con el ingrediente de que estas ya ni siquiera existen. Aquí también Dawkins viene a la mente con su increíble libro, *La Magia de la Realidad*, de donde saco este extracto: "Quiero mostrarles que el mundo real, tal como se entiende científicamente, tiene magia por sí solo; el tipo de magia que yo denomino poética: una belleza inspiradora que es la más mágica, porque es real y porque podemos entender cómo funciona. La magia de la realidad es, así de simple, maravillosa. Maravillosa y real. Maravillosa *porque* es real".

Algarrobo y barba de viejo en Jerusalem.

El extraño bosque
de Jerusalem

NUESTRO país, en su territorio relativamente pequeño, alberga una cantidad de especies y ecosistemas extraordinaria. Estamos entre los países megadiversos del planeta y tenemos varios récords de biodiversidad. Una de cada cinco aves del mundo es nativa de nuestro país y una de cada diez plantas también. Las razones para esta variedad son tres: en primer lugar está nuestra posición netamente tropical (desde la punta del Chimborazo hasta el fondo del mar), que hace que el clima sea, en términos generales, estable y agradable a lo largo del año; esto, entre otras cosas, permite que muchas especies tengan comida y albergue casi ilimitados. En segundo lugar —y tal vez de manera más importante— están los Andes, esa gran arruga que se formó por la interacción de placas tectónicas y que sigue activa; esto ha creado una cantidad de escalones desde el mar y el oriente hasta los páramos, donde pueden vivir miles de especies diferentes y que hacen que nuestro país no sea básicamente una llanura desde la Amazonía hasta el Pacífico. Por último tenemos las corrientes marinas, especialmente la fría de Humboldt desde el sur (que seca las costas de la parte austral) y la del Niño (cálida y desde el norte) que hace que las costas septentrionales estén en una de las zonas más húmedas del planeta.

Como parte de esta notable diversidad están los valles secos interandinos, de los cuales el de Guayllabamba está casi en su totalidad en territorio del DMQ. La diversidad ecosistémica del Ecuador incluye, aparte de estos valles (más o menos desde arriba hacia abajo): los páramos, los bosques andinos, los bosques semiáridos de la Costa, los bosques húmedos tropicales bajos y los manglares. Las Galápagos tienen en sí mismas varios ecosistemas, y muchos de los mencionados incluyen humedales (ríos, playas, pantanos, lagunas). El océano, por supuesto, es una serie de ecosistemas que forman parte de nuestra naturaleza. Y hay que tomar en cuenta también los agroecosistemas y los ecosistemas urbanos.

Los valles secos interandinos son una aberración: están en los Andes, que se caracterizan en nuestro país por ser más bien relativamente fríos y húmedos, pero tienen temperaturas bastante elevadas y son, como su nombre indica, notablemente áridos, especialmente si los comparamos con los boques andinos y los páramos aledaños. Es sorprendente cómo, en menos de una hora, podemos ir desde un páramo como el de la Virgen en la vía a Papallacta, donde el frío y la humedad son penetrantes, hasta Guayllabamba, con características que hacen pensar que estamos a ratos en un verdadero desierto, especialmente como los del norte de México y sur de EEUU.

Este ecosistema ha sido muy alterado por la acción humana, pero un remanente sobresaliente se encuentra en el Bosque Protector Jerusalem, a una hora al norte de la ciudad de Quito. Estrictamente hablando, esta parte del valle seco de Guayllabamba, que cubre unas 1100 hectáreas, se halla en el cantón Pedro Moncayo. Se llega por la vía Guayllabamba-Tabacundo. Al llegar a la Y en el río Pisque se toma a la izquierda por la vía a Puéllaro y San José de Minas, y a unos 4 kilómetros desde la Y se toma a la derecha. La entrada cuesta 1 dólar para adultos y 50 centavos para menores y tercera edad, y cubre todos los servicios excepto la comida.

La razón principal para la existencia de estos valles extravagantes es lo que se llama sombra de lluvia. La gran humedad de la región Amazónica es llevada por los vientos alisios hacia el occidente, pero de pronto se topa contra la cordillera andina, que a veces llega a casi 6000 metros. Allí se condensa, y los bosques andinos y los páramos de los flancos orientales de la cordillera oriental son, por lo tanto, muy lluviosos y nublados. Algo de la humedad pasa al otro lado y los bosques en el lado oriental del callejón también son bastante húmedos. En ciertas partes, justamente como Guayllabamba, Chota y otros valles a lo largo del callejón interandino, la distancia de las fuentes primarias de humedad, la presencia de grandes montes como el Cayambe —que hacen precisamente que esta sombra de lluvia sea más evidente— y la altitud relativamente baja (a veces hasta menos de 2000 metros), hacen que la temperatura suba y la humedad descienda.

Posiblemente todo el valle seco interandino del Guayllabamba debió ser como Jerusalem es ahora: una selva de algarrobos y otros árboles bastante tupida y repleta de huicundos —parientes de las piñas que a ratos parecen musgos en forma de una larga barba blanca— y una pluralidad de cactos, pencos y muchos arbustos y hierbas con flores espectaculares. El pastoreo, la minería, la extracción de madera y otras actividades han hecho que mucho de este ecosistema se haya empobrecido. Hay zonas profundamente alteradas que muy poco han heredado de ese esplendor pasado.

Especialmente las fértiles zonas más cercanas a los ríos, como el mismo Guayllabamba, han sido aprovechadas para la agricultura; son famosos, entre otros, las limas, los aguacates, los hobos y las chirimoyas. Las mejores zonas han sido también aprovechadas para fincas y quintas privadas. El ecosistema original debió haber tenido una fauna extraordinaria que incluía desde cangrejos de río hasta pumas y zorros, pasando por una infinidad de aves —como quilicos y colibríes gigantes—, reptiles, anfibios y peces. Todavía algo de esa cornucopia se puede ver en Jerusalem.

Muchas de estas formas de vida presentan adaptaciones al clima seco: espinos para evitar los herbívoros que quieren aprovechar el agua recogida en el interior de las hojas y ramas carnosas de cactos y pencos; huicundos que aprovechan la luz solar y la escasa y esporádica neblina en las copas de los árboles; árboles como algarrobos, cholanes, guarangos y kishwares que penetran profundo con sus raíces en el terreno arenoso en busca de agua; roedores, insectos, lagartijas y hasta lechuzas que viven en túneles para evitar el calor y la sequedad, plantas cuyas semillas y bulbos permanecen latentes hasta que haya mejores condiciones... La diversidad es notable, incluso si en terrenos secos esta naturalmente disminuye. Si uno hace la visita en épocas lluviosas, el verdor del bosque es sorprendente.

Actualmente Jerusalem es un área protegida y manejada por el Consejo Provincial Pichincha sobre terrenos de una antigua hacienda. Hay tanto facilidades deportivas –una piscina, paseos en caballo y canchas de fútbol– como sitios para acampar y hacer asados. Desde un punto de vista más natural, varios senderos autoguiados se adentran en el bello ecosistema boscoso y espinoso. Cada uno tiene un tema: el bosque como farmacia natural, la sabiduría de los antiguos habitantes, las aves... Hay que caminar con cuidado por dos razones: una son los espinos que abundan al ser un sitio semidesértico. Un resbalón puede resultar bastante doloroso. Por eso se recomienda caminar con botas seguras y despacio. También hay que caminar con cuidado para no espantar a las aves y lagartijas que se pueden ver con un poco de suerte. Los güiracchuros y los quindes, por ejemplo, son habitantes bastante amigables. Otras recomendaciones son la protección contra el solazo y el calor, con sombreros, cremas protectoras y cantimploras.

Desde la parte alta del bosque se puede apreciar el bosque en su conjunto. Hacia el norte está un farallón impresionante que sigue subiendo hacia Malchinguí y el nudo de Mojanda, y hacia el sur la planicie repleta de algarrobos viejos y cruzada por un par de carreteras. Se aprecian tolitas construidas por culturas preincaicas y que en sí mismas merecen un artículo propio. Más abajo hay pequeñas poblaciones y en el sur se adivina la presencia de la gran urbe quiteña.

Vale la pena hacer el corto viaje para llegar al valle seco de Guayllabamba y especialmente a Jerusalem. Es un rincón especial que nos enseña una parte aún desconocida pero muy interesante de nuestra riqueza natural. Y después de una visita que nos dejará agradablemente cansadas y hambrientos, qué mejor que disfrutar de un locro y una chirimoya antes de regresar al mundanal ruido…

Este me parece un buen sitio para comentar algo más sobre la práctica de la venerable ciencia de la botánica. Como había dicho, lejos de ser siempre un templo de la objetividad y el respeto, muchas veces esta y otras ciencias han sido más bien campos de batalla donde los egos y las ideologías están por sobre el progreso del conocimiento. El caso de las acacias es un buen ejemplo. El género *Acacia*, publicado nada menos que por el padre de la taxonomía moderna, Lineo, era usado para un montón de especies que se encuentran en Australia, África y América. Las revisiones de este tipo de clasificaciones son comunes. Por ejemplo, los ceibos durante mucho tiempo pertenecieron a la familia de las Bombacáceas, pero hace no mucho se hizo una investigación y se decidió que era mejor ponerlos en la familia de las Malváceas, junto a las cucardas. De ese tipo de cosas hay muchas y en general tienden a que la taxonomía sea más coherente y clara, aunque las consecuencias prácticas para el común de los mortales sean muy escasas. Pero en el caso de las acacias entra un elemento adicional que es más sociológico o incluso político. Al hacer la división del género *Acacia* entre tres géneros diferentes, uno para cada uno de los continentes mencionados, se propuso que el género original se usara solo para las especies australianas, con varios otros para las especies africanas y americanas. Los representantes de África en el congreso mundial de botánica en donde se aceptaron estas ideas no estuvieron nada contentos con que sus acacias dejaran de llamarse tales científicamente (sino, por ejemplo, *Senegalia*). Mucha gente sigue usando el género *Acacia* para todas las especies, con la explicación de que se lo hace con base en lo que pasaba "antes de la ruptura". Aunque existen reglas bastante estrictas para definir quién se queda con un nombre (por ejemplo, cuál especie es la más antigua dentro de tal género), un bionacionalismo (o biocontinentalismo) afloró e hizo que, por un lado, las cosas se pusieran feas aunque no llegaron a mayores, y que, por otro lado, se demostrara que la ciencia es un dominio humano que no está pasteurizado y que puede ser más espinoso y ameno de lo que se piensa, y no solo en temas como la evolución humana.

Machu Picchu.

Machu Picchu

¿VALDRÍA la pena tanto viaje? ¿Y en semejante clima? ¿Tenía sentido madrugar y viajar un montón de horas en tren y un poco más en bus y a pie para llegar y verlo? ¿Era lógico y racional estar solo un par de horas en el sitio mismo después de una jornada extenuante? ¿No era suficiente haber conocido la alucinante Cusco?

Esas preguntas uno las hace cuando ya está en el tren a Machu Picchu. Antes de subirse a los vagones de Perurail simplemente no se puede pensar en NO ir a uno de los sitios turísticos y culturales más célebres del mundo. Pero ya en los vagones las preguntas empiezan a surgir al remontar las colinas aledañas a la ciudad; como en nuestra propia Nariz del Diablo, el ferrocarril sube y baja, pa'lante y pa'trás, en un zigzag aparentemente eterno. Al ir trepando desde Cusco llaman la atención los tejados y las figuritas en cerámica de una yunta de bueyes con vasijas que se ponen sobre los techos para dar por terminada la construcción de la casa, parecido a lo que sucede en nuestra propia Sierra central y austral. En esos días, entrando recién a la época lluviosa (inicios de diciembre), hacía un calor rico y lloviznaba a ratos en Cusco, a más de 3000 metros de altura. Típico de los Andes, el sol pega fuerte y quema rápido, y dentro del tren me tocó la ventana del lado soleado, así que, incluso a esas horas, el calor se estaba volviendo insoportable. Varias hora de esto…

Pero las conversaciones con una limeña y un grupo de portugueses y la música en mi remedo de iPod, empezaron a hacer que los recelos se disiparan. El viaje, después de sortear las montañas cusqueñas, se volvió mucho menos monótono y empezamos a correr a lo largo del río y a pasar por antiguas terrazas, pueblitos y sembríos de maíz y papa. Poco a poco la vegetación se iba haciendo más tupida y de hojas grandes. Por alguna razón (tal vez es una percepción más o menos común a pesar de que es fácil despejarla leyendo una guía turística o en el Internet) yo tenía metido en la cabeza que Machu Picchu estaba muy alto en los Andes, cerca de los páramos (o más bien de las punas, en estas latitudes). De ninguna manera: el santuario está en las estribaciones orientales andinas, ya bajando hacia la Amazonía, a unos 2500 metros. Al llegar, me sucedió algo parecido a lo que sentí al estar en el Gran Cañón del Colorado: uno está muy cerca de lo que busca pero, por las características del lugar, es imposible saberlo hasta estar a quemarropa. En el Gran Cañón uno va prácticamente al lado de la quebrada más grande del mundo, pero no hay mucho más que pinos y rocas. De pronto (y eso es parte del encanto), aparece el colosal precipicio.

En Machu Picchu sucede algo parecido: en este caso los montes no están metidos en la hondonada escarbada por el agua, sino que emergen de manera casi extraterrena desde los valles profundos de ríos como el Vilcanota y el Urubamba. La vegetación es oscura y tupida, como la que tenemos aquí en nuestros bosques andinos. De hecho, las dos vegetaciones, a pesar del par de miles de kilómetros que las separan, muestran muchas coincidencias: no hay chilcas ni taxos ni chamanas o guarumos, pero sí cosas muy parecidas. Al llegar en el tren al pueblito de Aguas Calientes, repleto de hoteles, restaurantes y artesanías, uno está rodeado de estas montañas casi verticales y de un río de rugientes aguas blancas. De allí se sube en bus o a pie hacia Machu Picchu. Desde el sitio de estacionamiento al que se arriba, los grupos de turistas, ya con su respectivo guía, entran a un chaquiñán que sube y sube. No hay soroche, no hay respiración acelerada: los 2500 metros son muy agradables, más si se viene de una ciudad como Quito. La primera indicación de la meta son algunas construcciones de piedra con techo de paja, pero el espectáculo que uno ve en miles de fotos, camisetas y afiches, ese paisaje único de la fabulosa ciudad inca en ruinas con el fondo del Huayna Picchu, sigue porfiadamente escondido.

Tal vez les ha pasado que al llegar a un sitio del que se ha oído mucho, del que se han visto tantas imágenes tomadas por las mejores cámaras del mundo, del que se sabe que hay que visitar, por más lejos y cansador que sea, la decepción es grande. Es algo semejante a cuando a uno le sugieren vehementemente una película o una novela y resulta que no le llega ni a los talones de lo que uno se imaginaba. Pero en Machu Picchu sucede todo lo contrario: lo que se haya visto, escuchado o pensado es mínimo frente a la vivencia. De pronto está allí, ante toda la gente que por fin llega a un mirador. Surgen espléndidos los hitos casi sobrenaturales y trascienden la imagen publicitada. Las ruinas de piedras, algunas muy pulidas y pegadas al milímetro sin cemento para los nobles y el inca mismo, otras más rústicas: las del pueblo, las del vulgo. Están las puertas trapezoidales (el guía nos explica que las dobles indican un templo principal), las paredes curvas, las terrazas y andenes que se lanzan al vacío hacia el cañón del Vilcanota, las llamas pastando en la gran explanada central, el jardincito etnobotánico con una chirimoya y varias orquídeas, todo en el centro de un panorama soberbio.

Es fácil decir que uno ha estado en un lugar mágico, pero es muy difícil expresar lo que se siente cuando uno realmente ha estado en uno. Puede uno haberse imaginado cualquier cosa, hasta algo marciano o de un universo paralelo donde las leyes son otras. Incluso puede uno ser un racionalista empedernido. Pero incluso al mediodía y sin la luz rojiza del atardecer o el alba, con una gran cantidad de turistas que le agregan colores y lenguas totalmente ajenas, Machu Picchu le golpea a uno como si de pronto eso, que tantas veces ha visto en imágenes y tapices, ha aparecido del vacío y no hay nada que sirva de referente. Y, a pesar del sinnúmero de ingredientes seductores, no hay nada en particular que llame más la atención: es todo. Es un paisaje holístico

donde la naturaleza brutal de las pendientes andinas, casi imposible-
mente verticales, se funde (y ahí está lo mágico) con las grandiosas
construcciones humanas y hasta con la modernidad chocante de las
cámaras digitales, las gafas y los celulares (que permanecen bendita-
mente silenciosos). Las casas de los Pueblo en el mismo Gran Cañón,
los megalitos de Stonehenge en Salisbury, las pirámides de Tikal y
Egipto, los pueblitos de Cinque Terre derramándose sobre el Mediterráneo, las figuras gigantes que los Nazcas hicieron pero jamás pudieron ver desde el aire… No hay muchos lugares en el planeta que
pueden presumir pertenencia a un club semejante y creo que ninguno
es tan absoluto como el Machu Picchu del inca Pachacútec.

Las dos horas en las ruinas sacras pasan volando, pero ni se nos ocurre
pensar en que faltan cuatro horas (por lo menos) para regresar al zigzag eterno del Cusco. El sol que saca ampollas en el cuello no se
siente, pero, paradójicamente, las escasas 10 hectáreas del complejo
se sienten como un universo. El regreso a Aguas Calientes y al tren
se hace en silencio. No es cansancio… es algo que, como muchas
otras cosas relacionadas con Machu Picchu, no se expresa adecuadamente. Alguien comenta de pronto que los viajes en helicóptero
desde Cusco para ver las ruinas desde el aire por fin han sido suspen-
didos pues ahuyentaban la fauna voladora. Qué bueno: los cóndores
han regresado, el santuario se completa.

La segunda vez que estuve en Machu Picchu la idea era ir los tres, es
decir, con Rossana y Mateo. Rossana y yo estábamos en Cusco en un
congreso de Justicia Hídrica, un conglomerado de gente de la academia
y el activismo dedicada a temas relacionados con conflictos de agua en
el mundo. Al terminar pensábamos reunirnos con Mateo, que venía
solo desde Quito. En esos tiempos él tenía 11 años y podía viajar sin
compañía pero solamente tras una serie de trámites. Hicimos los pa-
peleos pero, el rato del rato, en el aeropuerto se equivocaron en algo

y Mateo no pudo viajar. Iba a llegar justo para salir al tour que nos llevaría al Valle Sagrado, una experiencia fabulosa en sí misma, y después a Machu Picchu. Afortunadamente, dentro de todo este entuerto, Mateo pudo llegar sin lío al día siguiente y, aunque nos perdimos de Pisac y Ollantaytambo, llegamos al objetivo primario. Al regresar a Quito, otro problema con las aerolíneas nos dejó varados en el aeropuerto de Lima por 12 horas. A pesar de que no era permitido por no sé qué normativa, nos escapamos y fuimos a dar vueltas por la Lima señorial y a la final todo estuvo bien. Sería bueno que tras la pandemia la "nueva normalidad" nos traiga aerolíneas eficientes y respetuosas.

El bosque de Waterloopbos en los pólderes holandeses.

Waterloopbos, un bosque antiguo de 70 años en Holanda

HOLANDA es oficialmente los Países Bajos. Solo dos de las 12 provincias de los Países Bajos (Holanda del Sur y Holanda del Norte) le dan el nombre más usado, incluso por los propios holandeses, a esta nación europea, pequeña pero densamente poblada e insospechadamente diversa. El nombre es tan común que resulta raro decirle a una persona nacida en esos lares otra cosa que no sea holandesa. "Bajopaisana" o algo así suena ridículo, y neerlandesa (de Nederland, el nombre oficial en su propio idioma que significa precisamente países bajos), suena pomposo.

La ambigüedad del nombre parece venir de los siglos XVI y XVII, con el poderío de los condados de Holanda, líderes del mercado global. Los "países bajos" eran varios condados incluyendo los que ahora son Bélgica. Cuando se separaron los actuales países bajos de Bélgica, seguramente era más fácil llamar a la parte norte como *Holland*.

En cualquier caso, hay varias cosas en las que generalmente pensamos al escuchar estos nombres: tulipanes, canales, diques, molinos de viento, tierras reclamadas al mar, gente muy alta en bicicleta, una monarquía (y con reina nacida en Argentina), las pinturas de Vincent van Gogh y los *trance* de Armin van Buuren, los *coffee shops* donde venden algo más que café, la bella Ámsterdam con su barrio rojo… pero hay mucho más.

A pesar de ser tan diferentes a simple vista, podría ser fácil encontrar la relación entre los vocablos "países bajos" y "holanda": holanda parece venir de las palabras germánicas *hol* y *land*, que pueden traducirse como "tierra hueca" u "hondonada". Sí, fácil, pero incorrecto… En realidad el origen etimológico más aceptado es que viene de *holt* y *land*, que quieren decir "tierra de bosques". Como veremos, esto tendrá connotaciones interesantes en este artículo.

Los Países Bajos son en buena parte un gran delta, una de esas regiones en el mundo situadas donde ríos caudalosos se abren en amplios estuarios antes de llegar al mar. Pocos países pueden ser considerados países delta y este es uno de ellos junto a Bangladés (Ganges-Brahmaputra). Otros estuarios grandes son parte de países como el del Mississippi en Estados Unidos, el Nilo en Egipto y el Amazonas en el Brasil. En el caso de Holanda se trata principalmente del Rin, que después de cruzar Alemania desde los Alpes suizos, se abre en abanico y termina en el Mar del Norte en un delta compartido con el Mosa, que viene desde Francia y Bélgica.

La característica geográfica más notable de este hecho se ve en el suroccidente del país, en la provincia de Zelanda, formada por varias islas y tierras planas típicas de un delta. Los romanos, con poca gracia, llamaron "comelodo" a la gente que encontraron en la norteña provincia de Frisia. Ese lodo fue convertido de manera paciente y abnegada en granjas cada vez más productivas.

Países Bajos es un nombre apropiado: un espacio básicamente plano y húmedo, con zonas que están bajo el nivel del mar, a veces muchos metros. El que estas regiones no se inunden es otra de las razones que hacen famoso a este país: la ingeniería hidráulica. Una fábula antigua, la de Hansje Brinker (aparentemente no holandesa sino norteamericana, pero tan repetida que hasta a los holandeses ya les parece propia), nos dice que desde siempre los habitantes de esas partes saben que deben estar muy atentos a lo que pasa con los diques que evitan las inundaciones. Un día, un niño va a hacer un mandado y se da cuenta de que hay un agujero en el dique que separa su pueblo del mar inmenso. Para evitar que el hueco se haga cada vez más grande y se produzca una catástrofe, el pequeño mete su dedo en él y así impide que el agua lo convierta en un desagüe inmenso y destructor. Tras largas, dolorosas y heladas horas, alguien lo encuentra casi desmayado, pero sin haber despegado su índice del dique dañado. Este acto de heroísmo legendario simboliza la tenacidad de la gente holandesa para ganarle al mar en una tierra pantanosa y difícil, y para no dejarse arrebatar este territorio conquistado a pulso durante siglos.

En la actualidad, el reino de Holanda tiene alrededor de un 18% de su suelo recuperado del mar. Alguien una vez me dijo que al ser tan húmeda la tierra, los trenes no pueden ir muy rápido porque podrían generar una especie de tsunami de tierra. Todo esto ha hecho que haya aquí obras hidráulicas que datan del siglo XII, pero es en el siglo XVI cuando se inician los grandes trabajos (diques, canales, represas y estaciones de bombeo) para conquistar nuevas tierras o para recuperar las que se habían perdido por la descontrolada extracción de turba (una acumulación de material vegetal parcialmente descompuesto en el suelo que sirve de combustible) y por un proceso natural en el que el suelo simplemente va descendiendo. Muchos de los molinos de viento que aún se ven en Holanda no servían para moler granos sino que, lejos de ser molinos, eran bombas para sacar el exceso de agua hacia los innumerables canales, lagunas y mares. Hay molinos que no muelen sino que se usan también, por ejemplo, para mover enormes sierras que cortan madera o para apelmazar la lana de oveja.

La magnitud de las obras hidráulicas holandesas ha llegado a niveles espectaculares. Una de las provincias del país, Flevoland, está hecha en su totalidad de pólderes, es decir, de superficie ganada al agua. En un mapa físico se ve claramente que su color y su textura son distintos a la tierra hacia el este, y que hay un orden casi perfecto, producto de una planificación súper detallada que no funcionó del todo bien, pero eso es tema de otro artículo.

Otro gran hito geográfico es el inmenso dique Afsluitdijk ("dique de cierre") que, inaugurado en 1932, enclaustra el nuevo lago IJssel (antes Zuiderzee, una bahía poco profunda del Mar del Norte); tiene una supercarretera que une las provincias de Frisia y Holanda del Norte y una gran estatua del gran planificador de estas infraestructuras, el ingeniero y político Cornelis Lely. Otro producto más interior de estas obras, el Markermeer, debía convertirse en un pólder también, pero terminó siendo un lago adjunto pero separado del anterior por otro gran dique cercano a la ciudad de Lelystad, capital de la nueva provincia.

Las tierras ganadas al mar debían ser exclusiva o principalmente dedicadas a la agricultura. No tenía mucho sentido hacer semejante esfuerzo para tener tierras improductivas. Sin embargo, no todo lo que se recuperó del mar terminó con un suelo de calidad agrícola. Y ahí es donde empieza la historia que queremos contar. En la porción suroriental de Flevoland, sobre el gran pólder redondeado pegado al oriente con la provincia de Transisalania (Overijssel), existe una zona reclamada al mar que <u>no</u> se usa para cultivar. Su nombre es Waterloopbos (literalmente "bosque en el curso de agua", pero *waterloop* es también una manera arcaica de decir "hidrología"). Es parte de una zona boscosa de alrededor de 1000 hectáreas, rodeada de terrenos agrícolas que parecen trazados con regla sobre papel milimétrico.

Estos bosques fueron plantados en 1944 —es decir, hace unos 75 años— con la intención de producir madera de álamos y abetos; específicamente en Waterloopbos se desarrolló también un laboratorio hidráulico manejado desde la ciudad de Delft, famosa por su universidad técnica; se construyeron modelos de grandes obras holandesas como el puerto de Rotterdam y el Plan Delta, y también de otras partes del mundo como los puertos de Tailandia, Turquía y Surinam.

Aprovechando el agua que corre por canales dentro del bosque y la notable diferencia de altura con el agua circundante, se construyeron maquetas funcionales a escala y se pusieron a prueba los diseños y los materiales.

En esa época, los 1950 y 60, no se contaba con modelamientos digitales en computadoras. Al laboratorio hidráulico de Waterloopbos solo entraba el personal encargado de hacer correr los experimentos hidráulicos a escala, de modo que la naturaleza tuvo buena oportunidad de tomar control más o menos libre del joven bosque que crecía en este ambiente distintamente heterogéneo en comparación con el paisaje vecino.

Pero las computadoras llegaron para revolucionar el mundo y la ingeniería hidráulica no se quedó fuera de este tsunami digital. Esto hizo redundante este laboratorio analógico y se empezaron a usar modelos electrónicos y virtuales. Se desmantelaron los complicados modelos físicos de Waterloopbos, pero todavía se pueden ver algunos de los diques, esclusas y reservorios que se hicieron en una versión pequeña pero claramente discernible dentro del bosque que iba evolucionando.

La historia de Waterloopbos podría ser muy diferente a la que conocemos y disfrutamos ahora. Tras la evacuación del laboratorio hidráulico se hicieron varios planes para este territorio, y en un principio no se consideró dejarlo como una reserva natural. El terreno se privatizó y una empresa de bienes raíces pensó construir urbanizaciones. Pero la gente local veía este bosque como un oasis que cada vez se volvía más rico, complejo y bonito; en una provincia que había nacido de las aguas hace pocas décadas, se unió a entidades conservacionistas para mantener el bosque. En la actualidad es manejado por una organización ambientalista llamada Natuurmonumenten. Está en marcha una campaña para reparar los modelos y mantener esta peculiar muestra de naturaleza y tecnología.

A pesar de ser un bosque nuevo y plantado, el aspecto es de algo natural y antiguo. A más de los árboles originales, se han establecido muchos más y la estructura del bosque es notable, con un sotobosque denso y variado. Hay unas 70 especies de aves, varias de ellas migratorias que aprovechan sitios de anidación. Hay una sucesión muy rápida en este ecosistema y, por ejemplo, hace poco llegó una especie grande de araña desde Alemania.

Estar allí es mágico. Un bosque aparentemente antiguo y definitivamente bello, con árboles de fustes notables y una biodiversidad notable. Los árboles más viejos tienen 75 años, pero parecen tener cientos. En medio de las estructuras naturales se hacen exposiciones de obras de arte que para unos se conjugan muy bien con el paisaje, para otros dañan su aspecto nativo. Las antiguas estructuras hidráulicas, ahora abandonadas, herrumbradas y en proceso de desaparición entre la nueva espesura, a ratos le confieren al panorama un aspecto de novela de steampunk.

Hay un centro de interpretación ambiental con la historia del sitio. Se puede ver cómo funcionaban los impresionantes modelos hidráulicos en medio de una frondosidad todavía joven y tímida. Un antiguo ingeniero hidráulico nos recibe y nos da una pequeña conferencia. Pudo irse a seguir trabajando con los nuevos modelos digitales, pero prefirió convertirse en un guía naturalista y no abandonar este bosque holandés único, joven y viejo, plantado y natural. El antiguo nombre de *Holtland*, la tierra de los bosques, adquiere una nueva dimensión en Waterloopbos.

☙

Agradezco mucho a Robert Hofstede por sus acertados comentarios a este y el próximo artículo. Con él tuvimos, entre otras cosas, la aventura en el Sangay, y su matrimonio en las cercanías de Medellín con la querida paisa María Victoria Arbeláez debe ser uno de los eventos más agradables y repletos de anécdotas no solo para mí sino para la manada de gente internacional que gozó como puerco en lodo. Hablando de puercos, tras una noche de juerga estábamos todos los invitados durmiendo en un cuarto general en una antigua estación de tren convertida en hostería. De pronto, uno de los empleados empezó a dar vueltas a la casa gritando "¡vamos a matar al marrano!, varias veces y estentóreamente. Poco a poco fuimos entendiendo que, en efecto, iba a matar al marrano y nos lo advertía para que no nos asustáramos con los chillidos del pobre mamífero durante sus últimos minutos en este valle de pasiones. Pobre, pero, después de poco, delicioso...

Una pequeña joya holandesa: el pueblo de IJsil, Frisia.

Las joyas escondidas
de la corona holandesa

HOLANDA… pensamos en cosas bastante distintas a las que conocemos en nuestro país, pero hay por algo, tal vez insospechado, que compartimos y nos acerca: ambas regiones estuvieron bajo el yugo español. Buena parte de América pasó a ser dominada por España tras la Conquista poscolombina, que comenzó hace unos 500 años y terminó en el siglo XIX con las guerras de independencia. Como parte de una historia repleta de recovecos y meandros en el Viejo Mundo, lo que ahora son los Países Bajos entraron en la órbita hispánica un poco más tarde, cuando —en resumen— Carlos de Habsburgo recibió esas tierras como parte de la inmensa herencia que lo convertiría en el Rey Carlos I de Castilla y Aragón y el Emperador Carlos V del Sacro Imperio Romano Germánico. La Guerra de los Ochenta Años o de Flandes (1568 a 1648) logró la Independencia de Holanda, guiada principalmente por Guillermo I de Orange-Nassau, e hizo que empezara su historia moderna. Un hito en esta historia fue la toma española de la ciudad de Breda, inmortalizada en el célebre cuadro *Las Lanzas* de Velásquez.

Detrás de esta coincidencia histórica, los detalles y las consecuencias políticas, religiosas y socioeconómicas de los dos procesos han sido muy diferentes. Pero este nexo nos sirve como preámbulo para hablar de ciudades como la misma Breda, de las que poco se sabe o se oye en nuestro país (y cuyo nombre, a pesar de que suena muy castellano, nace de las palabras en holandés que significan "ancho Aa", por un río de la región). Mucho más que de esta ciudad hemos oído de Ámsterdam, La Haya, Rotterdam y tal vez algo sobre Utrecht y Maastricht (donde se firmó un tratado fundamental para la Unión Europea). Eindhoven nos suena porque de allí es el PSV, donde jugó Edison Méndez. Pero me atrevo a asegurar que pocas personas habrán oído de Den Bosch, Haarlem (de donde toma el nombre el famoso barrio neoyorquino), Nimega o Leiden. La lista de ciudades interesantes pero relativamente desconocidas puede hacerse muy larga… Mi interés en los Países Bajos nació con el haber vivido allí alrededor de dos años y de haber tratado de conocer lo más posible, lo que se hace relativamente fácil por el tamaño y la geografía del país, y por el maravilloso servicio de trenes que posee.

Holanda está hecha de doce provincias cuyas capitales son: Zwolle de Overijssel, Arnhem de Gelderland o Güeldres, Haarlem de Holanda Septentrional, La Haya de Holanda Meridional, Maastricht de Limburgo, Leeuwarden de Frisia, Groninga y Utrecht de las provincias homónimas y Den Bosch de Brabante Septentrional. Drenthe, en el nororiente del país, es la más rural del país, pero allí también hay ciudades y pueblos interesantes como su capital, Assen. Las dos provincias que no han sido nombradas todavía son Zelanda, con su capital Middleburg, una provincia suroccidental que es un conjunto de islas artificialmente interconectadas, y Flevoland, un gran pólder (tierra reclamada al mar) cuya capital es Lelystad —fundada recién en 1967 y situada cinco metros bajo el nivel del mar.

Para completar una breve semblanza y ayudar en los pequeños debates que siempre se suscitan sobre otros temas relacionados con Holanda: La Haya es, aparte de capital provincial, la sede del gobierno, mientras que Ámsterdam es la capital oficial y ciudad más grande. Le siguen en tamaño Rotterdam, con su gran puerto, La Haya y Utrecht. El nombre de Holanda es con el que más comúnmente se conoce al país en español y otros idiomas, pero estrictamente es solo el de las dos provincias mencionadas. El nombre oficial es Países Bajos (un nombre muy apropiado porque más de una cuarta parte del país y más de la mitad de la población están bajo el agua). El nombre inglés *Dutch* tiene la misma raíz que *Deutsch* ("alemán" en alemán) y se relaciona con las palabras españolas teutón y tudesco, usada para designar una antigua tribu. Por último, los Países Bajos son un país que es parte del Reino de los Países Bajos, que incluye las Antillas Holandesas y Aruba en el Caribe, y que en un momento también abarcó Surinam en Sudamérica. El rey actual es Willem Alexander.

No es de extrañar que haya un sinnúmero de ciudades y pueblos en un país pequeño: Holanda tiene el primer lugar de densidad poblacional de Europa y uno de los más altos del mundo. Tiene un territorio que es la sexta parte de nuestro país y en el que habitan más de 16 millones de personas; si fuera del tamaño del Ecuador, tendría 100 millones (y el Ecuador ya es un país densamente poblado en las Américas). Se dice que, desde tiempos de la Reforma, en términos muy generales el norte es reformista (protestante) y el sur católico, pero alrededor de la mitad de holandeses dice no pertenecer a ninguna religión. También hay calvinistas, musulmanes, judíos y budistas. De hecho, gracias a la cantidad de nuevos holandeses (inmigrantes) de los países mediterráneos, africanos y medio orientales, el Islam es actualmente la segunda religión en Holanda.

Nuestro primer encuentro con las joyas escondidas de Holanda fue cuando fuimos a retirar nuestro permiso de residencia. Nos dijeron que debíamos hacerlo en Den Bosch (pronunciado aproximadamente "Denbós") y que era una ciudad muy bonita a como una hora en tren al sur de donde estábamos (la ciudad universitaria de Wageningen, cerca de Arnhem y Nimega). Jamás habíamos oído de ella, pero después nos enteramos de que su nombre es una contracción de ´s Hertogenbosch ("sertojenbos"), en español Bolduque, y que, efectivamente, era una ciudad muy bella y afortunadamente preservada de los estragos de la Segunda Guerra. Aparte de sus atractivos arquitectónicos, que incluyen la casa de ladrillo más antigua del país (siglo

XIII) y la hermosa catedral católica de San Juan, románticos canales (cuándo no) y fortificaciones medievales, esta ciudad es la cuna del célebre pintor Hyeronimus Bosch (1453-1516), conocido en español más como El Bosco. Una particularidad es que durante la época de Carnaval, que se celebra de forma muy intensa en el Sur Católico, las ciudades cambian de nombre y Den Bosch, por ejemplo, pasa a llamarse Oeteldonk.

Después de este magnífico abrebocas, la lista de ciudades medianas en los Países Bajos empezó a crecer e hicimos lo posible por visitar por lo menos algunas de ellas. Utrecht es la más grande de estas joyas y estaba a solo media hora de donde vivíamos, así que estuvimos por allá varias veces. A pesar de que muchas de estas ciudades tienen canales y molinos de viento, todas logran una personalidad muy propia y Utrecht lo hace de manera particular. Su catedral parcialmente reconstruida tiene la torre separada de lo que quedó de la nave; esto hace pensar en el destino de muchas de estas comunidades: fueron destruidas por los bombardeos de la Segunda Guerra Mundial. Sin embargo, por lo menos en este caso nos equivocamos, pues la catedral de Utrecht fue abatida mucho antes y no precisamente en alguna de las incontables guerras que han sido parte fundamental de la historia europea, sino por un tornado que pasó por la ciudad en 1674. Actualmente Utrecht, cuya torre solitaria está en el punto donde la ciudad nació hace 2000 años, alberga la universidad más grande de los Países Bajos y es un centro cultural de primera magnitud. Prueba de ello es que, a más de Ámsterdam y Rotterdam, allá es adonde paran todas las orquestas sinfónicas y los grupos de jazz y rock más famosos del planeta.

Bien al sur, en terreno católico y entre Bélgica y Alemania, está Limburgo, la única provincia con un tipo de relieve que con algo de imaginación se puede llamar montañosa. Claro que la montaña más alta tiene solamente 321 metros y a nadie le da soroche. Su capital es Maastricht, otra gema neerlandesa. Allá hablan incluso otro idioma, aunque alguien dirá que es "solo" un dialecto. Más allá de una discusión académica, el hecho es que en Limburgo se habla algo que es parecido a como hablan en Colonia (que no está lejos) y que está reconocido en Holanda como idioma. Un ejemplo: "Calle Judía" (una de las vías centrales de la ciudad) se dice en neerlandés Jodenstraat y en limburgués Jäöstraot. Se ve y se pronuncia tan o más diferente como el español del portugués, ¿no? Maastricht está orillas del Maas (Mosa en español) y tiene una serie de puentes que le confieren un aire especial, como el de San Gervasio, el más antiguo del país. Su posición lejos de las grandes ciudades holandesas (que forman una conurbación llamada Randstad y que incluye Ámsterdam, La Haya y Utrecht), en una especie de bolsillo entre Bélgica y Alemania, le brindan una identidad muy propia. Se disputa con Nimega el título de ciudad más antigua de Holanda, con asentamientos celtas prerromanos, pero a la vez es una ciudad en donde las manifestaciones contemporáneas de arte, cocina y moda de alto nivel se manifiestan intensamente. Probablemente por su situación más meridional, la ciudad tiene la fama de ser la más "latina" del país, en que sus habitantes dedican más que en otras partes a la buena vida. Por esto aquí se encuentran la mayor densidad de buenos restaurantes y agradables bares y hoteles. Junto al de Oeteldonk, su carnaval es uno de los más sonados de los Países Bajos.

Nimega (Nijmegen ["naimeigen"] en holandés) es una ciudad a orillas del Waal, el río de mayor tráfico en ese gran delta que son los Países Bajos; aquí construyó Carlomagno un castillo, convirtiéndola en ciudad imperial. Algunas ruinas de su largo pasado se pueden encontrar en el parque que mira desde una colina sobre el río desde el centro de la ciudad y su historia se encuentra bien explicada en el moderno museo Valkhof. El centro de la ciudad es muy acogedor, con la calle más antigua del país y muchas boutiques y restaurantes en medio de edificios religiosos y civiles antiguos. La ciudad es conocida a veces como "la Habana sobre el Waal" por la tendencia izquierdista de su política local. Una famosa competencia de marcha internacional se lleva a cabo cada año, pero aparentemente Jefferson Pérez no ha participado en ella. La universidad católica de Radboud también es parte importante de Nimega.

Eindhoven es la ciudad donde está el equipo PSV donde estuvo Edison Méndez; pertenece a la Phillips, compañía que nos ha dado, entre otras cosas, los casetes de música y los discos compactos. Es una ciudad industrial, la más grande de Brabante Septentrional (Brabante Meridional, o solo Brabante, está en Bélgica) y, a pesar de que creció mucho con la revolución industrial del siglo XIX, mantiene un encanto especial aunque no tenga las atracciones históricas de otras. Su centro, muy deteriorado durante la guerra, ha sido recuperado y el río pasa como si estuviera en el campo cerca del gran museo van Abbe. Visitamos también el museo donde estaba la primera fábrica de camiones y automóviles DAF, famosos por su pinta y su pionera transmisión semiautomática. Ahora DAF sigue fabricando camiones, aunque como parte de una gran transnacional. Aquí, en coherencia con la gran actividad ligada a la industria de la ciudad, están la universidad Técnica de Eindhoven y uno de los aeropuertos más activos del país.

Dos ciudades que resultaron particularmente sorprendentes, porque fuimos allá sin saber prácticamente nada de ellas de antemano, son Amersfoort y Haarlem. La primera está cerca de Utrecht y es famosa por las obras hidráulicas antiguas. La parte central de la ciudad es muy atractiva en sí misma por los canales, por el río Eem, la catedral de Nuestra Señora y muchos edificios medievales. Lo más impresionante parece ser Koppelpoort, una serie de estructuras hidráulicas antiguas que sirven, aún ahora, para regular el paso del agua por la ciudad. La ciudad es conocida como Keistad ("ciudad de la piedra"). La historia (¿o leyenda?) cuenta que hubo en 1661 una competencia por llevar una gran piedra de un lugar a otro. Cuatrocientas personas de Amersfoort lo hicieron, pero el hecho fue considerado por mucho tiempo como algo vergonzoso, y la piedra fue enterrada. En 1903 fue descubierta y ahora está como monumento en un lugar destacado. El célebre pintor Piet Mondrian (1872-1944) nació aquí. Aunque su obra se encuentra mayormente en otras partes, se ha fundado en su casa natal un museo para el fomento de nuevos talentos.

Por su parte, Haarlem se encuentra en Holanda Septentrional, a 20 km al oeste de Ámsterdam, en un ecosistema muy especial llamado las dunas costeras, de donde Haarlem y otras poblaciones reciben su agua. Este ecosistema está protegido en el parque nacional Zuid-Kennemerland y se pueden encontrar varias especies de plantas raras en Holanda, venados, zorros, conejos, ardillas, erizos y hasta bisontes europeos (reintroducidos, ya que los herbívoros grandes fueron cazados y devorados por los holandeses hace varios siglos) y más de 100 especies de aves (una enorme cantidad, considerando que en todo Europa solo hay algo menos de 400 especies). La ciudad en sí misma es muy hermosa y está repleta de historia. Por ejemplo, la ciudad sufrió un terrible y prolongado asedio por parte de los españoles en 1572 y 1573, durante el cual un gran fuego consumió buena parte de la ciudad. A pesar de todo esto, en la actualidad Haarlem conserva muchos edificios antiguos como la catedral de San Bavo, la Biblioteca y el molino de viento De Adriaan. Muchas de las casas históricas son *hofjes*, hermosas casitas juntas construidas alrededor de jardines, como el museo Frans Hals, erigido en honor de quien —a pesar de haber nacido en Amberes— es uno de los más célebres ciudadanos de Haarlem.

Hablando de áreas naturales y pintores famosos, el Parque Nacional Hoge Veluwe, en Güeldres, alberga bosques, brezales y dunas que se formaron en la parte final del avance de un gran glaciar hace miles de años. Los terrenos pertenecían a una familia Kröller-Müller, quienes establecieron allí un museo tan famoso por sus obras pictóricas y escultóricas como por la sorpresa de encontrarlo escondido entre hermosas forestas y antiguos cotos de caza, repletos de aves y animales y por las cuales se puede pasear —cuándo no— en bicicleta. Helene

Kröller-Müller fue una de las pocas personas que reconoció el talento de Vincent van Gogh mientras él vivía, y por esto el museo tiene una de las dos mejores colecciones de obras de Van Gogh. Aparte de esto tiene una impresionante colección que incluye obras de Picasso, varios impresionistas, Rodin, Rivera y Moore. Por sí solo, el museo en el parque ya es una joya escondida.

Pero regresando a las ciudades, cerca del museo y el parque está Arnhem, la capital de Güeldres, una ciudad importante en la historia reciente. Muy destruida por la Segunda Guerra Mundial, poco queda de la ciudad antigua. La catedral ha sido reconstruida y es ahora un museo. Desde su torre se tiene una vista magnífica de esta ciudad inesperadamente colinada. Uno de los hitos históricos que se aprecian es el puente sobre el Rin cuya trágica historia es narrada en la película de Richard Attenborough *Un Puente Demasiado Lejos*. Arnhem está repleto de atracciones como el Zoológico Burgers y el Museo al Aire Libre —una muestra de cómo se vivía en Holanda de los últimos siglos— y su zona comercial es particularmente activa y completa. En el Ecuador tal vez alguien reconozca también a Arnhem como la sede del Vitesse, donde "La Sombra" Espinosa pateó el balón un par de años.

La Universidad más antigua de Holanda es solo una de las atracciones de otra joya semiescondida: Leiden. Nuestra visita tuvo como meta principal uno de los mejores museos de ciencia del mundo, el Naturalis, realmente espectacular. Al salir de él, el paseo por la ciudad antigua nos reveló —nuevamente de manera sorpresiva— una ciudad encantadora, con canales, plazas y molinos de viento en Holanda Meridional y a orillas de uno de los ramales del Rin, que cruza el gran delta de los Países Bajos junto a otras vías fluviales. En realidad, Leiden puede ser la ciudad más típica de la imagen que tenemos de Holanda, pero el turismo en masas (¿afortunadamente?) no lo ha descubierto. La cantidad de museos, jardines botánicos y teatros es notable para una ciudad de poco más de 100.000 habitantes. Muy cerca se encuentra "el lugar más fotografiado del mundo", el parque de Keukenhof, con una colección alucinante de tulipanes y muchas otras plantas ornamentales que merece, al igual que Ámsterdam y Rotterdam, una reseña propia.

En el extremo norte están las provincias de Groninga y Frisia, donde se dice están los holandeses más altos (y rubios), lo que hace que muy posiblemente esta región sea la de gente más alta del mundo (disputada por los albaneses, los montenegrinos, los daneses y los Maasai de Tanzania y Kenia). En Groninga se habla groningués, que tiene un estatus semejante al lenguaje que se habla en Maastricht, pero en Frisia nadie disputa que el frisio o frisón sea un idioma independiente, aunque obviamente emparentado. Se dice que si Gran Bretaña no hubiera tenido tantas influencias celtas, normandas y vikingas, el idioma de las islas sería muy parecido al frisio. Un ejemplo fácil es la palabra para "queso", que es *kaas* en holandés, y *tsiis* en frisón, con una pronunciación muy parecida al inglés *cheese*. Frisia de hecho tiene una cultura muy idiosincrática y un orgullo regionalista compartidos por toda su población. Igual que muchos de los latinos de viaje afuera de su país, una persona de Frisia generalmente lleva en un lugar bien visible la banderita de su provincia (donde destacan los *pompeblêden* u hojas de ninfa amarilla). Otra característica de Frisia es la afamada vuelta de las once ciudades: una carrera de 200 kilómetros sobre patines de hielo que conecta las once ciudades de esta provincia. Ya que se necesita un invierno muy fuerte para que el hielo soporte más de 10.000 participantes y millones de espectadores, solamente se puede organizar en promedio una vez cada 10 o 15 años (lo que efectivamente sucedió en 2008). La imprevisibilidad de la carrera, las condiciones extremas y la locura generalizada entre la población frisona durante la carrera, hacen que cada vez más se convierta en un verdadero evento histórico.

La ciudad de Groninga es diferente a las mencionadas antes, que de alguna manera comparten un alma holandesa central, mientras que esta es más nórdica. Groninga, tal vez incluso más que Nimega, Maastricht o Leiden, es una ciudad netamente universitaria: sus 50.000 estudiantes hacen casi la tercera parte de su población y mantienen a la ciudad particularmente activa. A pesar de que allí se llevó a cabo la Batalla de Groninga en la Segunda Guerra Mundial, sus principales edificios centrales, civiles y religiosos no fueron dañados y la ciudad mantiene un hermoso casco antiguo que incluye la estación, la torre Martini (llamada cariñosamente "el viejo gris"), la catedral, la colorida iglesia de Aa y el ayuntamiento. Es una ciudad llena de museos, siendo el principal el de Groninga, que incluye el moderno edificio diseñado por el innovador arquitecto italiano Alessandro Mendini. También están los muesos especializados de ciencia y de cómics. Ya que en Groninga había una de las más clásicas fábricas de café y tabaco (van Nelle), allí se encuentra un excelente museo de tabaco.

Un poco al sur de Groninga está Drente. Esta provincia, la más rural del país, no tiene ciudades grandes sino un sinnúmero de pueblos muy tranquilos y con casa fincas antiguas y muy lindas. Assen, su capital, y Emmen, con uno de los zoológicos más premiados de Europa, son sus máximos referentes. Aparte del paisaje rural-natural, el mayor atractivo de Drente es su prehistoria. Aquí se han encontrado el barco más antiguo del planeta (de hace 10.000 años), la gran cantidad de cuerpos prehistóricos conservados en el suelo pantanoso y los sencillos, pero no por esto menos impresionantes, dólmenes llamados *hunebedden* ("camas de Hunos"). Son monumentos funerarios de 5000 años, hechos de enormes piedras y cuyo transporte al sitio y colocación definitiva hasta el día de hoy son un misterio. Es un hecho que los Hunos no tenían nada que ver, ya que estos dólmenes ya estaban 4000 años en su lugar en la fecha en Atila llegara con sus huestes.

Para terminar solo queda La Haya, Den Haag en holandés, contracción del nombre oficial ´s-Gravenhage. Es una ciudad cosmopolita, regia (porque allí vive y trabaja el rey) y una mezcla muy particular de rascacielos hipermodernos y tradición. Aquí están todas las embajadas, los ministerios y las cortes (incluyendo la famosa Corte Internacional de Justicia de la ONU), y un número sorprendente de palacios, museos, parques y galerías. En el centro de la ciudad está el Binnenhof, un conjunto cerrado de edificios que incluye el Parlamento desde 1446 y ha sido el meollo de la política holandesa desde la Edad Media. La plaza interna (que da nombre al complejo) es muy atractiva y está abierta al público. El museo "Panorama Mesdag" es único en su especie ya que contiene una pintura en panorama de Hendrik Willem Mesdag, de 14 metros de alto y una vuelta de 360º y 120 metros de largo. Se ven la playa de La Haya y la ciudad en 1881, y desde las ventanas sobre la obra de arte, se puede apreciar el mismo panorama 128 años después. Para el turista es especialmente llamativo Madurodam, un gran espacio al aire libre con exquisitas versiones en miniatura de edificios famosos de los Países Bajos. Ahí están las catedrales de Utrecht y Den Bosch, las obras hidráulicas de Amersfoort, el hotel de Wageningen donde se firmó la liberación holandesa en la Segunda Guerra Mundial, el puerto de Rotterdam, la estación de Groninga… todo a una refinada escala 1:25.

Y así podríamos seguir, porque estas joyas escondidas parecen multiplicarse sin fin. Se me acaba de ocurrir otra coincidencia entre Holanda y Ecuador (o, en general, entre Europa y Latinoamérica): así como nosotros poco sabemos de estas joyas urbanas escondidas, seguramente muy pocos de ellos conocerán algo de las nuestras. Habrán oído hablar, tal vez bastante, de Guayaquil, Quito y Cuenca… pero me atrevo a decir que Ambato, Azogues, Babahoyo, Biblián, Guaranda, Ibarra, Latacunga, Loja, Macas, Manta, Riobamba, Zaruma y tantas otras gemas grandes, pequeñas o diminutas de nuestra propia herencia mestiza, todavía están bajo un velo que, sin embargo, quizá les confiere un atractivo aún más misterioso y sorprendente que debe ser cuidadosamente promocionado.

Al pensar en las joyas de Holanda no puedo dejar de acordarme de dos personas que me hicieron conocer su país. Jasper van der Woude y Pascal Wittmer fueron mis compañeros en el mejor curso que he tenido en mi vida, el llamado "Spanish Practical", en el cual una veintena de estudiantes, la mayoría de maestría pero unos pocos de doctorado, fuimos a Valencia, España, a tener experiencias prácticas en el manejo del agua de riego. La gran mayoría tenían la mita de mi edad, pero jamás me sentí ni me hicieron sentir el ancianito de la camada. Me tocó un grupo maravilloso con dos holandeses, un chino y una gringa que se centró en el lago de la Albufera, cercano a la ciudad misma de Valencia, pero recorrimos buena parte de la provincia con todo el grupo. Estos peregrinajes incluyeron el embalse de Tous, que parece salido de una película de Star Wars, y un viñedo ecológico donde dimos rienda suelta a nuestros instintos viníferos. La Albufera solía ser una bahía que naturalmente se cerró y formó un lago. Entre otras cosas, es famosa porque allí se cultiva el único arroz que se puede usar para hacer la *verdadera* paella valenciana. También es célebre por los pueblitos tradicionales de pescadores que tienen las concesiones en el lago desde hace siglos y que se sortean el sitio preciso de pesca a través de una especie de tómbola ancestral. Nuestro trabajo era estudiar el conflicto que había entre estos pescadores, que querían que hubiera más agua en el lago para que los peces de agua salada del Mediterráneo pudieran entrar y salir, y los industriales arroceros, que querían todo lo contrario para aumentar la superficie de cultivo. Obviamente las fuerzas entre estos dos eran muy desiguales. Una vez regresamos desde Valencia hasta Albaida, donde estaba el hotelito donde nos hospedábamos, pero, rompiendo las estrictas reglas, no por la autopista sino por la carretera secundaria que bordeaba el mar. Paramos en un bar y llegamos tardísimo. La bien ganada amonestación que nos granjeamos valió mil veces la pena. Pero volviendo a mis amigos, Jasper y Pascal: el primero me llevó a su Frisia nativa, donde paseamos durante una semana por pueblitos y playas sencillamente cautivantes. Tuve el honor de recibirles a él y su novia, Jente, hace unos años y llevarlos por lo menos al monumento a la mitad del mundo para medio devolver la amabilidad. Pascal me llevó a su provincia, Drenthe, donde pude visitar el extraordinario museo arqueológico de Assen y los dólmenes de los que hablo en el texto. Ojalá algún día pueda también encontrarme con él en estas tierras, por qué no en las Galápagos, ya que es experto buceador.

PALABRAS

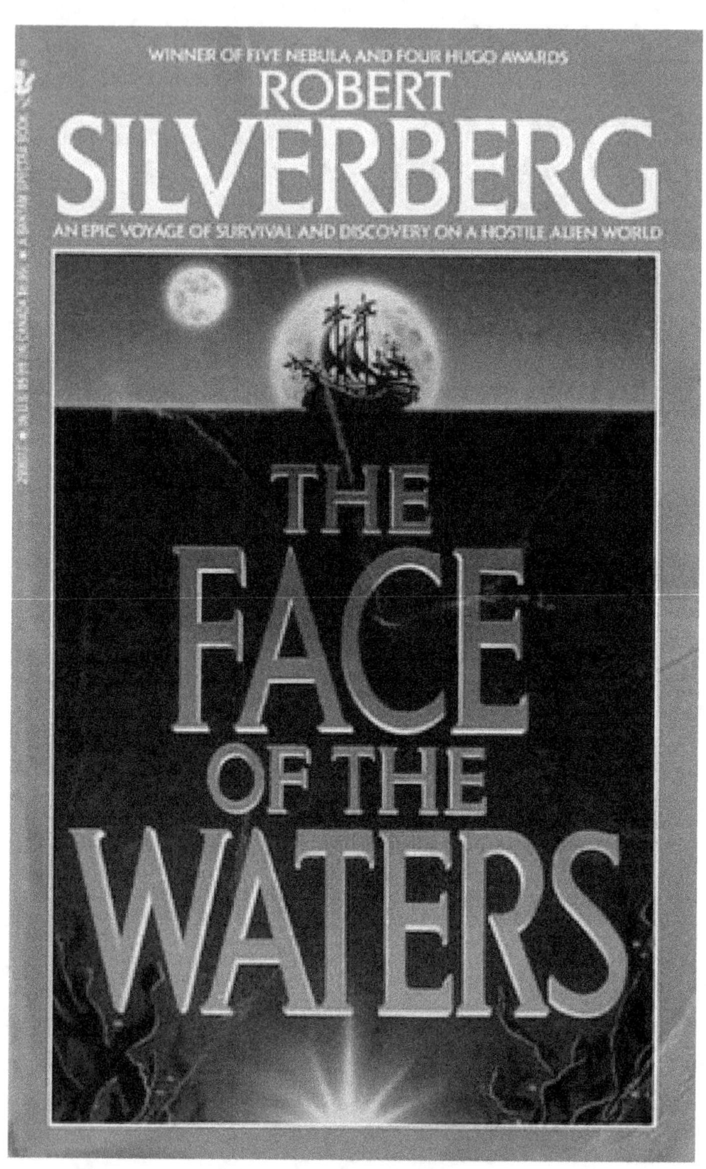

La portada del libro *La Faz de las Aguas* de Robert Silverberg (originalmente en color).

Los mitos de
la ciencia ficción

UNO de los últimos libros del autor norteamericano Robert Silverberg, *La Faz de las Aguas*, presenta una portada atractiva. Es un barco que se mueve en aguas profundas, con una luna enrome sobre la cual la nave se recorta a contraluz. Parece una aventura tipo Moby Dick. Pero las ganas de darle una oportunidad a esta obra se desvanecen en el momento de que nos percatamos de un detalle: en el firmamento se ven en realidad dos lunas. "Oh oh… es ciencia ficción".

El rechazo, o incluso desprecio, más o menos generalizado hacia la ciencia ficción se basa en preconcepciones y en juicios *a priori*: si es de ciencia ficción, tiene que ser malo o, a lo mucho, mediocre. El más condescendiente tal vez les dé a las obras de este género el calificativo de entretenidas. Y tal vez hay algo de cierto, puede ser que en la ciencia ficción hay más basura que en otros géneros tradicionalmente más respetados. Pero también es cierto que ningún género está exento de ella. Posiblemente hay más basura en la ciencia ficción porque es muy difícil escribir obras maestras dentro de ella.

Silverberg es un gran escritor que no tiene vergüenza de decir que lo que hace ciencia ficción, sin disfrazada de nombres eufemísticos como ficción especulativa, literatura de anticipación o cosas así. Él pertenece a lo que se ha dado en llamar la Nueva Ola de la ciencia ficción en referencia a una serie de escritores que surgió en los años sesenta y que incorporó a la parte ciencia otras disciplinas menos duras que la física, la química la astronomía y, hasta cierto punto, la biología. Los que han seguido más o menos de cerca este género se han dado cuenta de que las aventuras típicas del gran héroe tipo Buck Rogers luchando con engendros alienígenas con ánimo de devorar a princesas de escaso atuendo, busto generoso y altamente especializadas en dar gritos desaforados, han pasado a la historia.

Esa era la época de las *space operas*, las cuales de todas maneras han dejado grato recordatorio, aunque usualmente sean literariamente menesterosas. Ahora la psicología, la antropología, la sociología, la lingüística y otras ciencias blandas son parte de las obras de este género que, en ciertos países, ya son parte de la universidad y de talleres literarios especializados. Al menos dos grandes nombres han surgido más recientemente entre estos escritores más multidisciplinarios en la ciencia ficción, los británicos Richard Morgan y China Miéville. Especialmente el segundo me ha parecido magnífico por lo menos en las novelas La Estación de la Calle Perdido y La Ciudad y la Ciudad y Embassytown. Las tramas puramente aventureras han dado pasó a metáforas profundas con críticas sociales novedosas y caracterizaciones complejas. Esto destruye uno de los mitos de la ciencia ficción: este género sin mucho condumio solo es para gente joven, para adolescentes ávidos de aventura y sensualidad.

En primer lugar, esto no hace ningún favor a los propios adolescentes que no necesariamente por ser jóvenes son menos inteligentes. Por supuesto, tampoco le hace el favor a cualquier literatura dedicada a ellos. Por otro lado, de cualquier manera esta aseveración no es cierta: algunos temas de la ciencia ficción son decididamente adultos, tanto como para haber permitido que otro grande de este tipo de literatura, el desaparecido Harlan Ellison, editara dos libros de tamaño bíblico pero con un contenido que trata sobre los tabúes en cualquier tipo de literatura; me refiero a los dos volúmenes de *Visiones Peligrosas*.

Ursula le Guin es probablemente la mejor escritora de ciencia ficción de todos los tiempos y una de las desgraciadamente pocas grandes representantes femeninas del género con Alice Sheldon (tal vez más conocida por su seudónimo masculino James Tiptree Jr.)y Johanna Russ, entre otras. Le Guin dice en la presentación de su obra maestra, *La Mano Izquierda de la Oscuridad,* que muchas personas piensan que la ciencia ficción es solamente literatura de evasión, pero inmediatamente se contradicen aseverando que no leen ese género porque quedan deprimidas…

Entre las mujeres hay que mencionar a la canadiense Margaret Atwood, que logra un relato brutalmente efectivo en su novela *La Historia de la Mucama.* Junto a Le Guin ha estado varias veces postulada al Nobel de literatura y posiblemente lo logre ya que no ha escrito mayormente dentro del género. Úrsula, por el contrario, ya nos dejó y si no hubiera escrito sobre planetas alejados tal vez ya se lo hubiera ganado. Ellas solas rompen dos mitos de la ciencia ficción: que es literatura por y para hombres, que es literatura de evasión.

Uno de los grandes maestros de la ciencia ficción, Ray Bradbury, es de hecho uno de los más apreciados escritores norteamericanos y supo mantenerse hasta su muerte fiel a su estilo profundamente evocador y nostálgico. Sus *Crónicas Marcianas, Fahrenheit 451* y otras obras merecen mejor destino que el de ser solo consideradas clásicos de este género sin entrar en lo que llamamos el canon de la literatura moderna. En Bradbury las licencias científicas abundan, pero no molestan porque son obvias. Una atmósfera marciana adecuada para los terrícolas y unos marcianos demasiado humanos a pesar de las diferencias, por ejemplo, no estorban porque son parte del clima profundamente local que logra crear a pesar de que estaba hablando de cosas que pasan a millones de kilómetros y con seres de piel oliva y ojos de color lila. Bradbury ayuda a destruir el mito de la ciencia ficción sin calidad literaria, sin arte.

Otro mito es que solo los escritores del ramo la escriben. Algunos escritores de ciencia ficción a tiempo parcial nunca se llaman a sí mismos así, tal vez por vergüenza, tal vez por alguna otra cosa; pero el hecho es que, como Atwood, varios grandes escritores y escritoras "normales" han creado algunas de las obras maestras de la ciencia ficción.

Entre quienes se han atrevido a entrar en campo ciencia ficción está Kingsley Amis, que logra en ese campo lo que se lo que puede ser su mejor obra, *La Alteración*. Otros grandes escritores que se aventuran por estos rumbos son Kurt Vonnegut con *Las Sirenas de Titán*, y el Nobel de William Golding con *Los Herederos*. Jorge Luis Borges roza peligrosamente los fronteras con cuentos como *Tlön, Uqbar Orbis Tertius*, y él mismo hace la introducción a la edición argentina de las *Crónicas Marcianas* de Bradbury.

Obviamente, hay obras de ciencia ficción dura, es decir las que tienen elementos provenientes de la física, la química o la astronomía como plato fuerte y entre esos autores están Robert Forward, Hal Clement y el célebre Isaac Asimov. Sin tener ninguno de ellos un estilo literario recomendable por sí mismos, constituyen monumentos de una cualidad netamente humana: la imaginación y sirven mejor que muchos libros de texto para entender las leyes universales, aparte de que son muy entretenidos. Además, por lo menos Asimov logra profundizar en personajes y tramas más humanas en sus mejores obras. Se cae otro mito de la ciencia ficción. No se trata de ideas locas y puramente fantasiosas: están basadas en teorías científicas muy bien afincadas y son extrapolaciones muy lógicas en la mayoría de los casos.

Si hablamos de imaginación hay que referirse a John Varley. De este norteamericano se ha dicho que tiene la imaginación no de 10 humanos normales sino de 10 escritores de ciencia ficción normales. Su fantasía desbordante ha sido criticada como desenfrenada, pero por lo menos su obra *La Persistencia de la Visión* es tan buena como la mejor de la literatura canónica. Hay algunos escritores que logran equilibrios casi perfectos entre imaginación desbordada, una trama compleja, crítica social y estilo ameno. Posiblemente el que está cerca de la verdadera perfección es el canadiense William Gibson: sus historias sobre cibernética e inteligencias artificiales y humanas viviendo en un hiperespacio son sencillamente increíbles y difíciles de calificar. Muchos dejarán sus libros inmediatamente, pero quien logre pasar las primeros hojas no los soltará, aunque se esté muriendo de hambre. Incluso se le atribuye la creación de un nuevo género llamado *ciberpunk*, del que posiblemente es también su más brillante representante. Como Gibson son los estadounidenses Philip K Dick, tras cuya muerte le Guin ha dicho "teníamos a nuestro propio Borges y no lo veíamos". Muy reconocido es también Samuel Delany, apreciado en ámbitos semióticos junto a Umberto Eco. Frederik Pohl, otro gigante, tiene un estilo demasiado frío tal vez, pero con un poder satírico impresionante. Entre los ingleses, Brian Aldiss logró una verdadera cumbre con su trilogía *Heliconia* y el famosísimo Arthur C. Clarke es poseedor de un Óscar por haber escrito el libreto de *2001 Odisea en el Espacio* de Stanley Kubrick, y de quién no hay que perderse por lo menos una docena de cuentos profundamente nostálgicos y evocadores.

No hay que olvidar un escritor norteamericano veterano que logró reconocimiento tardío con su pentalogía de *La Tierra del Nuevo Sol*, Gene Wolfe. Él logra crear de una manera casi mágica una atmósfera profundamente antigua a pesar de que está hablando del futuro lejano. Además, quien goza de la lingüística encontrará en su obra algo fascinante.

Parece que la ciencia ficción es un fenómeno norteamericano e inglés básicamente, y efectivamente así es, pero no exclusivamente así. Incluso se puede decir que la cuna está en Francia con Cyrano de Bergerac y Julio Verne. Ya el astrónomo Johannes Kepler habló de aventuras en la luna y el Barón de Münchhausen se dio su paseíto astral. Una de la serie de novelas y películas más conocidas, *El Planeta de los Simios*, es originalmente francesa. Entre los españoles cabe mencionar a Juan Trigo y a la fabulosa Rosa Montero con sus novelas de *Bruna Husky*, entre los alemanes Herbert Franke y entre los rusos a Iván Efremov con *Andrómeda*. En años más recientes, la literatura de anticipación china ha empezado a dar mucho que hablar. Cabe mencionar de una vez al estadounidense de origen chino Ted Chiang, autor del cuento en que se basa la excelente película *La Llegada*, y a Liu Cixin.

Latinoamérica tiene pocos pero buenos. Ya se ha notado la contribución algo soslayada de Jorge Luis Borges, pero los argentinos también tienen a Eduardo Goligorsky. Confieso mi ignorancia, pero estoy seguro de que, por ejemplo, Brasil y México deben tener mucho que ofrecer. En nuestro país hay algo también, por supuesto. No hay como dejar de nombrar *El beso* de Alicia Yánez o *Profundo en la Galaxia* de Santiago Páez, en el que se entremezclan los planos de la ficción con los de la antropología.

También se ha dicho que la ciencia ficción carece de humor y aquí también hay algo de cierto. Arthur C. Clarke ha escrito un libro de cuentos chistosos para demostrar que sí puede haber humor en este género, lo que más bien prueba que no ha habido mucho.

Poco a poco este género injustamente maltratado y visto como de segunda va ganando su puesto merecido al lado de lo mejor de "lo normal". Los mitos se van derrumbando, aunque en nuestro país, como muchas otras cosas, a ritmo demasiado lento. Pero dentro de la misma ciencia ficción hay gente que la ve como un movimiento *underground*, un fenómeno surrealista tal vez, que no es para todos y que no se ha hecho para todos ni para competir con lo típico. Es tal vez un engendro inteligente y de algún modo elitista. Harry Harrison es autor de un cuento increíble contra el misionerismo interespacial como metáfora del misionerismo en nuestro propio planeta, *Las Calles de Ascalón*. Él es un autor de culto, alejado de las bambalinas muy a propósito. Y seguramente es feliz así. Escribió hace ya tiempo en un pizarrón durante una convención de escritores de ciencia ficción: "Devuelvan la ciencia ficción a las alcantarillas, que es adonde pertenece".

❦

Durante mi estadía en NYC me aloqué y leí ciencia ficción como condenado. Incluso me hice de un club del libro de CF. Pude traer la pequeña colección y aquí un buen amigo, Francisco Liu (también conocido como Man Fai) me pidió que se la prestara. Accedí feliz y se fue cargando el cajón repleto de tapas blandas. Los que conocen a Francisco sabrán por qué me sonreí sonrojado cuando me dijo que, con esa colección, yo era el hombre que más feliz le había hecho...

Parte de La Torre de Babel, de Peter Brueghel el Viejo (1563).

Los lenguajes:
seres vivos traídos y
llevados por el viento

LAMARCK es injustamente recordado como aquel que se equivocó. Sus ideas sobre la evolución de los seres vivos por caracteres adquiridos fueron desmanteladas por la teoría de la selección natural de Charles Darwin, expuesta tan solo 50 años más tarde (en 1859), aunque aceptada casi universalmente solo en el siglo pasado. Pero Lamarck es en realidad uno de los padres de la biología y bien podría ser la primera persona que expuso una teoría coherente sobre la evolución biológica. Los dinosaurios, otros famosos protagonistas de la historia de la vida, comparten con Lamarck una injusta mala fama: son recordados como aquellos que no pudieron sobrevivir ante el avance de los mamíferos, de donde finalmente salimos los seres humanos, la supuesta cumbre de la evolución. Pero en realidad, estos lagartos terribles solo sucumbieron luego de una catástrofe tremenda como fue la caída del meteorito en lo que ahora es Yucatán. Duraron como los amos del planeta por una cantidad enorme de tiempo y se acabaron, en un instante cósmico, hace 65 millones de años. Cuando los mamíferos, incluidos nosotros, hayamos durado tanto o más que ellos, podremos relamernos y decir que los dinosaurios no pudieron lograr lo que nosotros. Pero todavía falta mucho.

Lamarck y los dinosaurios sobreviven más allá de que hayan estado o no "equivocados". Así como los dinosaurios están en más películas y peluches que cualquier otro ser vivo (extinto o no), Lamarck y su teoría de los caracteres adquiridos también están muy presentes, aunque de manera menos obvia, en la evolución cultural de los seres humanos. Esta evolución es mucho más rápida que la biológica porque no debe esperar buenamente a que una mutación beneficiosa se esparza por los genes de una población y genere adaptaciones que, eventualmente, pueden generar diversidad y nuevas especies. No, en la evolución cultural los caracteres adquiridos pasan sin filtros naturales hacia las próximas generaciones. Es un hecho que los hijos de la jirafa, por el solo hecho de que ella estirara el cuello, no tendrán automáticamente cuellos más largos. Pero sí es cierto que nociones culturales como las costumbres alimentarias o los cultos religiosos, que no tienen necesariamente ninguna relación con la "supervivencia del más apto", aparecen y se dispersan por las poblaciones humanas con la velocidad del rayo. La fascinación general por los dinosaurios puede ser un buen ejemplo también.

Pero hay otra relación entre biología y cultura que, teniendo que ver con lo expuesto en los párrafos anteriores, posee características muy propias. Es el hecho de que los lenguajes, posiblemente la manifestación cultural por excelencia, comparten una serie de particularidades que hacen pensar que son entes de alguna manera vivos, y no en un sentido ni metafórico ni figurado. Estas similitudes se manifiestan a varios niveles, desde el origen mismo de seres vivos e idiomas, hasta el proceso contrario, el de la extinción.

La relación básica que comparten seres vivos y lenguas humanas es obvia: somos entes biológicos los que creamos y desarrollamos estas lenguas. El que las lenguas humanas sean adaptaciones generadas por selección natural es cosa de discusión. Es evidente que utilizar un lenguaje estructurado, sin parangón en el resto de la naturaleza (por más lenguajes que tengan las abejas, los chimpancés y las ballenas), es una ventaja para la supervivencia. El gran lingüista Noam Chomsky revolucionó su ciencia en los años 50 del siglo pasado con sus ideas de que hay una Gramática Universal con la que nacemos todos los seres humanos, más allá del idioma materno que vayamos a aprender. A pesar de que suena a que esta gramática universal es una especie de módulo genético que debe haber sido favorecido por la selección natural, el mismo Chomsky ha sido reacio a aceptar que la lengua sea una adaptación común y corriente. Lingüistas actuales, como Steven Pinker, siguen siendo chomskianos, pero aceptan con menos resquemores el origen selectivo de los lenguajes humanos: en palabras de Pinker, hay un instinto humano para el lenguaje.

Hablando de las semejanzas entre seres vivos y lenguas, una primaria es que ambos forman una especie de arbusto que nace de un tronco principal y se va ramificando de manera compleja con el paso del tiempo. Hubo una especie original de bacteria hace 3 mil millones de años, y hubo un lenguaje original único, hablado hace unos 150.000 años en el África. De esa bacteria descienden los millones de especies que pueblan y han poblado alguna vez la Tierra, y de ese proto-proto-lenguaje descienden los 6000 lenguajes actuales, a más de los miles que ya han desaparecido. Por otro lado, la abandonada idea original de la escalera de la vida, que hacía pensar en seres vivos que iban ascendiendo de categoría conforme evolucionaban, desde las humildes bacterias hasta los sublimes humanos (ya hasta los ángeles y los dioses), también ha tenido (y tiene) su equivalencia en la historia de las lenguas: en esta escalera, el habla de la gente primitiva en el África y otros sitios retrógrados del Tercer Mundo es la bacteria arcaica, mientras los grandes idiomas occidentales modernos están en niveles casi divinos.

Incluso se han hallado fósiles de estos seres primigenios. La cuestión de los fósiles de los idiomas es más compleja, pero posible. Hay, por ejemplo, rastros de los idiomas antiguos en los actuales, como las raíces griegas y latinas en el español y otros idiomas cercanos. Lingüistas como Merritt Ruhlen, de manera bastante controvertida, han llegado a determinar 27 palabras que pertenecían al primer idioma del mundo. Entre ellas están, por ejemplo, *tik* para "dedo", *ma* para "qué" y *aq'wa* para "agua". El problema que se le ve a esta hipótesis fascinante es que, al igual que en los seres vivos, los antecesores de ciertos organismos no se parecen en prácticamente nada a sus parientes actuales. Se ha logrado establecer con mucha dificultad y estudio que una palabra como *peponwi* en el idioma Cheyenne se ha transformado en *aa'* en el transcurso de pocos milenios. ¿Cómo se pueden saber comúnmente las relaciones entre las palabras actuales con la palabra correspondiente original en estos casos? Y este es solo un ejemplo de muchísimos. Un ejemplo más cercano es el verbo comer. A simple vista no tiene nada que ver con el *essen* alemán o el *to eat* inglés. Pero comer en el fondo significaba no solo comer, sino "comer en compañía" (algunos dicen "comer todo"); en el algún momento de la historia se transformó en la forma más abarcadora que usamos en el español actual. *Essen* y *to eat* so se parecen en nada a comer, pero sí se parecen al segundo de los componentes antiguos de *comedere*: *com-* ("en compañía" o "todo") más *-edere* ("ingerir"). Por otro lado, el catalán, el francés, el italiano y el rumano, entre otros, prefirieron otro verbo en latín para referirse a la alimentación: respectivamente *menjar*, *manger*, *mangiare* y *mânca*, provenientes de la misma raíz latina y que en español de todas maneras nos ha dado "manjar".

Por el otro lado, muchas palabras de lenguajes muy separados, como por ejemplo el español y el kichwa, tienen palabras parecidas para el mismo concepto, pero ¿por coincidencia y no por parentesco? (Por ejemplo, *yacu* y agua no parecen ser tan distantes y, de todas maneras, se podría elucubrar que ambas provienen de una raíz antiquísima). Entre el inglés y el japonés, también muy distantes en el arbusto de las lenguas, se pueden encontrar parejas como *name* y *namae*, que significan "nombre", o *mirror* y *miru* (que tienen que ver con "mirar" y "espejo") que no necesariamente son neologismos o puras casualidades. Entre los seres vivos también hay esto: seres actuales que no se parecen en nada a sus ancestros (por ejemplo, las ballenas no se parecen prácticamente en nada a sus antecesores terrestres, en una equivalencia del dúo *peponwi - aa'*), mientras que un delfín se parece bastante a un tiburón, o un cuervo a un murciélago, estando en realidad en ramas que se separaron hace mucho y que ahora están muy lejanas en el arbusto vital, como las parejas de palabras en inglés y japonés.

Entre los seres vivos hay manifestaciones muy barrocas y otras que podríamos llamar minimalistas. La selección natural ha hecho que, en determinadas condiciones, la simplificación sea el camino más exitoso, mientras en otros la complicación. Hay un pez en el que el macho es un parásito de la hembra; prácticamente para lo único que sirve es para producir los espermatozoides y alimentarse dentro de la hembra. Esta es una simplificación extrema. La cola del pavo real, los cuernos de los alces o los colores del gallito de la peña, por el otro lado, son sofisticaciones que nacen de la selección sexual, una clase especial de selección natural ejercida por la presión de las hembras al reconocer al macho más apto. En los idiomas también hay casos de barroquismos y minimalismos extremos, aunque aquí sí los procesos son bastante diferentes.

Los idiomas más sencillos son aquellos que se han desarrollado en situaciones en que varios pueblos subyugados que hablan diferentes idiomas desarrollan una *lingua franca* muy sencilla, basada generalmente en el idioma del pueblo dominador (por eso generalmente se basan en español, portugués e inglés). Estas versiones simplificadas se llaman *pidgin* y han sido estudiadas por lingüistas como John McWhorter. Las nuevas generaciones van transformando su *pidgin* en un idioma propiamente dicho, el *creol*. Los *creoles* son idiomas bien estructurados pero sin los barroquismos típicos de lenguas antiguas. *Creoles* típicos son los que se hablan en algunas islas caribeñas o en el estado norteamericano de Luisiana.

Otra forma de simplificar un idioma es que se vuelva muy hablado por mucha gente. El inglés actual se ha vuelto un idioma relativamente simple comparado con sus versiones anteriores, entre otras cosas porque todo el mundo quiere o debe aprenderlo; así se van limando ciertas características complejas y no estrictamente necesarias. A una escala menos amplia pero igualmente reveladora, el suajili es un idioma relativamente sencillo comparado con los otros miembros de su familia; la razón parece estar en que el suajili se ha vuelto un idioma muy ampliamente usado en el África oriental y, por lo tanto, se ha simplificado. En el otro lado del espectro están idiomas prodigiosamente complicados, los pavos reales de la lingüística, generalmente lenguas que se han desarrollado por mucho tiempo sin interferencia externa, como son muchos de los lenguajes amazónicos o de Nueva Guinea. Se ha acumulado una cantidad extraordinaria de complicaciones deliciosas y fascinantes (pero no realmente necesarias para transmitir mensajes) que hacen, por ejemplo, que en algunos casos los niños no puedan hablar bien su propio idioma sino hasta llegar a los diez años. Aquí se rompe el mito de la supuesta complejidad y sofisticación de los idiomas europeos o hegemónicos frente a los primitivos y atrasados de los pueblos tropicales.

Al contrario de lo que pasa con los seres vivos, en el caso de las palabras generalmente no se puede hablar de adaptaciones. A pesar de que los idiomas sí tienen que ver con el medio en el que están sus creadores, no se puede hablar de ventajas adaptativas como en la evolución biológica (excepto en casos muy especiales donde, por ejemplo, ciertos sonidos pueden escucharse a lo lejos en ecosistemas donde la proximidad es complicada). Pero la analogía puede mantenerse por lo menos hasta cierto punto: hay idiomas súper complicados y otros súper sencillos. Sin embargo, en esto no debe leerse un juicio de valor: la complejidad o la sencillez no confieren puntos a uno u otro idioma, ni a la cultura donde se producen.

Al representar gráficamente las relaciones evolutivas de los seres vivos y de los idiomas, los resultados también pueden ser notablemente similares. Particularmente tras el advenimiento de una teoría llamada cladística, que pone énfasis en las características únicas que definen los diferentes grupos de seres vivos y no en las similitudes generales, esta forma de hacer "arboles de parentesco" revela claramente las analogías entre seres vivos y lenguas. Las lenguas también pueden definirse por sus características únicas, que pueden ir desde el uso de ciertas pronunciaciones muy particulares (por ejemplo, la zeta española) hasta el uso de prefijos y sufijos de manera muy idiosincrásica. En latín, "vida" puede ser *vîta* / *vîtae* / *vîtam* / *vîtâ* / *vîtârum* / *vîtîs* / *vîtâs* según el caso gramatical. La terminación es la que cambia, pero en galés, un idioma celta que está todavía vivo en Gales, lo que cambia, según el artículo, es el inicio: "gato" se dice *cath*; "su gato (de ellos)" se dice *eu cath* (hasta ahí no hay lío), pero "su gato (de él)" se dice *ei gath* y "su gato (de ella)" se dice *ei chath* (esto hace que el uso del diccionario en idiomas de este tipo sea un infierno: ¿cómo sabes qué buscar si no estás seguro de cuál es la primera letra? Si buscas *gath* o *chath*, o no vas a encontrar nada o vas a encontrar algo que NO significa "gato"...). Estas y otras características únicas de los idiomas ayudan a ir formando los troncos, las ramas y las ramitas del arbusto biológico o lingüístico.

Algunas autoridades biológicas han sugerido que las especies de las que hablamos (gato doméstico, eucalipto aromático, la bacteria de la tifoidea) son solo abstracciones útiles para poner un poco de orden en un mundo extremadamente diverso. Más que realidades objetivas son solo construcciones humanas para poder entender el mundo, pero en realidad todo es un continuo sin cortes claros. Es igual, dicen, que el arco iris: una sucesión imperceptible e infinitesimal de colores a los que les ponemos fronteras y damos nombres arbitrarios (amarillo, violeta…). En esta misma vena, se habla de que los 6000 idiomas que existen actualmente son una construcción artificial que trata de poner orden a una variabilidad casi infinita de dialectos que cambian, en algunos casos, de casa en casa y hasta de persona en persona.

Más allá de que aceptemos que los idiomas humanos son solo un convencionalismo para ordenar una diversidad alucinante, algo que queda para el final en esta comparación es que tanto los seres vivos como los idiomas están desapareciendo. Al igual que con los seres vivos, las extinciones son una parte inherente de la evolución lingüística: las ramas se crean y se entrelazan, pero también se marchitan y caen. Como con los seres vivos, en la actualidad varios factores hacen que esta disminución de la diversidad lingüística sea más rápida y crítica que nunca. En ambos casos es la actividad de la especie humana. La acelerada extinción biológica actual se debe al calentamiento global, la deforestación, la destrucción de hábitats naturales, la cacería y pesca descontroladas, la contaminación de aguas, aires y tierras… En algunos casos, estas mismas actividades han sido las causas o han contribuido grandemente a la desaparición no solo de idiomas nativos, sino de culturas enteras. Pero la desaparición de la diversidad lingüística moderna tiene una vertiente más sutil, menos violenta, pero igualmente perniciosa: la globalización generalizada también se manifiesta en el mantenimiento de ciertas lenguas dominantes y la desaparición paulatina y lenta pero inexorable de la mayoría. Aquí parece resurgir una versión perversa y parcial del darvinismo: algunos idiomas sí tienen características que les hacen más aptos para sobrevivir, pero no por características intrínsecas sino por las contingencias sociohistóricas que han puesto a ciertos pueblos y sus lenguas como hegemónicos y preponderantes, un fenómeno bien explicado por Jared Diamond en *Armas, Gérmenes y Acero*.

La desaparición masiva de seres vivos por razones antropogénicas es una tragedia desde varios puntos de vista filosóficos, éticos, estéticos y eminentemente pragmáticos. Con los idiomas tal vez la cosa no está tan clara. ¿Qué importa que un par de idiomas amazónicos, hablados solo por unos cuántos cientos de indígenas nómadas, desaparezca? ¿A quién le importa que se vayan del todo lenguas milenarias y fantásticamente complejas, si los negocios y convenios que mueven al mundo jamás se llevarán a cabo usando sus vocablos? Mejor que haya un solo idioma planetario que permita que todo el mundo se entienda sin necesidad de traducciones e interpretaciones. Esta utopía se derrumba al notar que, de cierto modo, esto ya existe: si aceptamos que no hay idiomas sino una variedad casi infinita de dialectos que nacen, a la final, del primer y único idioma de los adanes y evas de hace 1500 siglos. Además, no solo se trata de usar más o menos las mismas palabras, sino de tener una visión del mundo que hace que el "español" hablado en Chihuahua sea algo muy diferente al hablado en Andalucía o Guinea Ecuatorial.

Pero más allá de eso, podemos aceptar que un valor universal humano es el de calificar como "buena" la diversidad, de aborrecer la monotonía y la estandarización (a pesar de que todos los McDonald's sean idénticos en todo sentido), de buscar cosas nuevas, de demostrar, incluso en este mundo globalizado, que se prefiere un jardín multicolor a un pavimento gris y uniforme. Así, la pérdida de un idioma, de un dialecto, de una manera particular y única de comunicarse, de una rama del árbol, es una tragedia comparable a la pobreza que se genera en un mundo sin jirafas, sin tigres ni papagayos, incluso sin tarántulas ni tiburones. El viento es el que transportaba al principio las palabras humanas entre las personas. Ahora, en la era del papel, la radio y el Internet, el viento ha cambiado y más bien es el que se encarga de llevarse para siempre una buena parte de lo que nos hace humanos, desde que alguien uso por primera vez, hermanando a Darwin y Lamarck, este maravilloso instinto del lenguaje.

De guagua creo que nunca pensé en los idiomas como sujeto de interés o de una futura profesión, pero ahora me pregunto por qué no me hice lingüista o algo así... Mi primer interés, creo, fue ser arquitecto, como mi padre. Me sigue encantando la arquitectura y, por ejemplo, haber visitado Notre Dame, la Sagrada Familia, el edificio Chrysler o el Centro

Pompidou, tras haberle visto a mi papá preparando clases de historia de la arquitectura para la Universidad Central, fue algo realmente mágico. Me acuerdo también clarito de cómo me sentaba a su lado para verle dibujando los planos, en la época de los rapidógrafos y las reglas de cálculo, y cuando el Autocad estaba a décadas de aparecer. Pero nunca pensé seriamente en matricularme en esa facultad. También flirteé con la ingeniería electrónica, pero eventualmente las ciencias de la vida ganaron y me fui a medicina, donde duré poco por circunstancias que algún día pondré en palabras escritas. Tras ese pequeño naufragio traté de entrar en Agronomía pero la facultad en ese entonces estaba cerrada, así que terminé en biología de la Católica. Al principio fue sinceramente porque no me quedaban muchas opciones, pero a la final le agarré el tino y me acabó seduciendo. Pero, repito, aunque leer siempre fue algo muy importante para mí, las lenguas nunca fueron sujeto de interés en sí mismas. Y no sé por qué el interés surgió o más bien se manifestó, pero cualquier germen existente debe haberse abonado durante mis estudios periodísticos en la Gran Bretaña. Nunca he seguido un curso formal de lingüística, pero es un tema que me apasiona, tanto que me he atrevido a escribir sobre ello, ojalá sin cometer demasiados pecados. Obviamente el paralelismo entre seres vivos y lenguas no ha hecho sino espolonear esta manía.

La Piedra de Rosetta (196 AC), una laja de granodiorita con inscripciones del mismo texto (un decreto) en tres versiones: jeroglíficos egipcios, egipcio demótico y griego antiguo. Fue clave para descifrar el significado de los jeroglíficos.

La larga sombra de las palabras

¡CUÁNTO hay detrás de nuestras palabras! Y no me refiero a las cargas emocionales o a las metáforas inconscientes que nos rodean en nuestro diario hablar y escribir. Me refiero la historia nueva o antigua que todas esas palabras llevan consigo, y a la que muy pocos prestan atención. Pero, ¿por qué darle importancia a la historia de las palabras?

"Lo que verdaderamente importa es lo que quieren decir aquí y ahora, no de dónde salieron o adónde van", dirán algunos. "Hay que ser prácticos", completarán otros. O habrá que ser lingüista, historiadora, antropólogo, psicóloga o algo así para adentrarse en estas catacumbas. Efectivamente, esos punto de vista especializados sobre las lenguas y su evolución traen pistas sobre mil cosas: la dinámica de las conquistas, la estructura de la mente humana y la relación entre las clases sociales, entre otras.

Por otro lado, los orígenes de las lenguas, de los seres vivos, los planetas o las locuras son parte de esa tarea humana de curiosear en el universo, de hacer entendible lo inexplicado; es decir, de hacer ciencia. Sin embargo, en el fondo hay casi una magia, un hechizo, un encanto visceral y primitivo en seguirle la pista a nuestra lengua y descubrir el mosaico ancestral y dinámico que ha llegado a nuestros días como el sinnúmero de verbos, sustantivos e interjecciones que llamamos español (o ruso o danés o suajili).

Los resultados de esta curiosidad pueden ser incluso simpáticos y sorprendentes: a lo mejor su apellido es celta o árabe. Posiblemente significa "la pradera de los venados" en vasco, a pesar de que su grafía actual no nos da ninguna pista. Tal vez tus tatarabuelos fueron visigodos y eso se nota en su nombre, sin que tuvieras idea.

La historia del español como lengua es interesante como pocas (aunque cualquiera podría decir lo mismo de la suya propia). Esta historia puede dividirse en una serie de etapas de las cuales conservamos en algunos casos solo restos casi insignificantes, fósiles vivientes (¿se dan cuenta de los paralelismos que siguen surgiendo con l evolución biológica?). Los rasgos de la historia de las lenguas se presentan en la actualidad de varias formas, muchas de ellas difícilmente descifrables; por ejemplo, se dice que la pronunciación de los norteamericanos no es una nueva y "fea" forma de pronunciar el supuestamente elegante y puro estilo inglés, sino una forma antigua que se perdió en las Islas Británicas. Como que cambia un poco la perspectiva, ¿no?; algo parecido sucede con el español de España y es nuestro: en Latinoamérica conservamos una serie de arcaísmos que en la madre patria desaparecieron hace rato.

Hay una manera fácil y amena aunque por supuesto incompleta de estudiar la historia de un idioma: a través de las distintas palabras modernas que provienen de los diferentes etapas de su historia. Antes de la conquista romana existían en la península ibérica varios grupos humanos de origen distinto.

Vale la pena señalar la existencia de pueblos con un idioma común que sobrevive hoy en día en el vasco, una lengua sin parientes modernos que tiene perplejos a los lingüistas. Se ha sugerido que es cercano al desaparecido lenguaje íbero, de una cultura posiblemente norafricana de la que deriva el nombre moderno de la península dado por los griegos, iberia. Ya en el 1100 antes de Cristo los fenicios fundaron la actual Cádiz. Este nombre, al igual que muchos otros, fue deformada por las subsecuentes culturas y llega a nosotros distinta al vocablo original, Gádir. La ciudad de Málaga tiene origen similar. Los cartagineses fundaron la nueva Cartago, hoy Cartagena. De origen púnico es el mismísimo nombre de España, originalmente Hispania o "tierra de conejos". Ibiza significa isla de pinos. De esta época, cuando íberos y helenos entraron en contacto, es la famosísima y encantadora dama de Elche.

Uno de los antiguos pueblos de indoeuropeos más interesantes cautivantes y misteriosos, que sobrevive actualmente a través de varias lenguas y la increíble música de varias partes de Europa, es el de los celtas. En la España antigua forjaron lo que se conoce como el celtíbero, aproximadamente desde unos 1000 años antes de Cristo hasta unos cuantos siglos cristianos; por supuesto, dejaron huellas en la lengua española. Por ejemplo, algunas ciudades actuales conservan componentes celtas como Coímbra y Segovia, las más conocidas. Coruña también nos llega del celta, así como apellidos como Ledesma.

Hay muchas palabras comunes en el español que no tienen raíz latina o de otras lenguas conocidas y seguramente vienen de alguna lengua prerrománica, aunque muchas veces no se sepa de cuál exactamente. Entre ellas están barraca, camisa, cerveza (comparen en *birra* del italiano, *Bier* del alemán, *beer* del inglés, *bière* del francés y *bir* del yiddish), así como colmena, silo y sima. Es notable que algunos árboles y hierbas comunes caigan en esta categoría: abedul, aliso, álamo y berro. Páramo viene posiblemente de una lengua precéltica. Algo muy curioso es que al parecer toro no viene del latín *taurus*, cómo es fácil suponer, sino del prerromano *taurom*; otro nombre zoológico en este apartado es puerco, que vendría de *porcom* y no de *porcus*.

El idioma Vasco estuvo mucho más extendido en el pasado, restringido hoy a una porción relativamente pequeña de España y Francia. Como muchas lenguas en predicamento semejante, ha experimentado una infusión de interés que lo ha sacado de una posible extinción. Por supuesto, es una parte muy fuerte de la identidad vasca. Los términos vascos más conocidos en el vocabulario español son sin duda los innumerables apellidos, algunos tan conocidos como Bolívar y Goríbar, y otros como Arregui, Larrea, Uzcátegui y Azkúnaga, que son sólo algunos de los nombres vascos, algunos Incluso con un aire muy quiteño (el último nombrado, Agustín, es el autor de la música del himno de la ciudad). Los aficionados del fútbol reconocerán inmediatamente a gente como Burruchaga y Bengoechea. En algunos casos los vasquismos nos han dado palabras que han vencido a sus equivalentes latinas o han coexistido con ellas con significados diferentes; el caso típico es el de izquierdo, de origen vasco, que venció a siniestro, del latín, y que en nuestro idioma con un significado diferente al original. Palabras comunes en el español salidas del vasco son aquelarre, pizarra, chaparro, zamarro, cencerro y bruces.

Dar ejemplos de la influencia latina en el español sería una tarea casi ridícula. Nuestra lengua es una lengua romance y, como tal, tiene como base a latín de este modo muchísimos términos que usamos diariamente vienen de ese idioma extinto. El estudio de la generación de las lenguas romances a partir del latín es en sí misma una disciplina fascinante e intrincada. El portugués, el gallego, el catalán, el francés, el provenzal, el italiano, las lenguas retorrománicas de Suiza, sorprendentemente el rumano y varios más, con sus cientos de dialectos, a más del español, son los descendientes actuales de latín. En general, fue el latín vulgar(el del pueblo general) el que dio la mayoría de los vocablos al español, pero la poderosa influencia del cristianismo hizo que palabras cultas se hicieran comunes en el romance: ángel, apóstol, catacumba, diablo, iglesia... Muchos de estos términos, tomados a su vez del griego, tenían sentidos diferentes. Por ejemplo, ángel significaba "mensajero", mártir significaba "testigo" y parábola quería decir "comparación". En ciertos casos la imaginación popular dio un vuelco metafórico a los significados: talento significaba "moneda" pero pasó a significar, por extensión, "dotes naturales" o "inteligencia".

En el comienzo del siglo III ya hay signos de que el Imperio Romano se desmorona. La invasión germánica también llegó eventualmente a España y así se establece la próxima etapa: la visigótica. Puede resultar sorprendente enterarse de que los bárbaros germánicos estuvieron en España, que generalmente se ve como un pueblo más bien mediterráneo, de ojos oscuros y tez morena. De origen germánico son vocablos comunes pertenecientes a diversos ámbitos; varios términos relacionados con batallas llegaron con los visigodos: guerra misma (que venció al *bellum* latino, de donde de todas maneras nos llega bélico), guardar, robar, guarnecer, guarecer, dardo, albergue, albergue, espuela, ganar y bandido, entre otros; vocablos domésticos como jabón y falda; términos musicales como arpa, y del mundo afectivo orgullo y desmayo. La onomástica germánica en el español también es rica: Álvaro, Rodrigo, Elvira, Gonzalo y Alfonso son algunos de los nombres góticos acomodados a la morfología y fonética romances.

La próxima gran etapa de la historia de España y de su lengua es la de la conquista musulmana y la posterior recuperación. Siete años bastaron para que los moros conquistaran casi la totalidad de la Península y se quedaran 100 veces ese lapso. La influencia sobre la cultura ibérica no pudo haber sido mayor y la lengua no es la excepción. Los conquistadores casi no trajeron mujeres y se unieron a damas hispano-godas. Los mestizos, llamados mozárabes, sufren persecuciones y logran independizarse hasta cierto punto o se islamizan. Se generó una cultura híbrida muy enérgica.

La influencia de esta época está no solo en la serie de vocablos que entraron a formar parte del español, sino que incluye construcciones gramaticales propias también. Veamos aquí sólo algunas palabras árabes que pasaron, transformadas, al idioma que hablamos: el artículo arábico al se mantenía además del propio español; de ahí que muchas palabras de origen árabe comiencen así: alhelí, alhambra, alforja, albahaca, alcázar, almohada, albañil, almuerzo, almendra, aldea... No es muy aventurado decir que cada vez que se encuentra uno con una palabra que empieza con al, es muy posible que sea de origen árabe (por supuesto, no es este el caso, por ejemplo, de alemán de Alfredo). Otra forma de encontrar posibles palabras de origen similar es ver si terminan en "ar" y que no sean verbos: nenúfar, azúcar y nácar.

En el siglo II en España se presenta una nueva fuente de influencia. Por su lejanía del resto de Europa, la península occidental había estado siempre una especie de aislamiento cultural, pero este se rompe un tanto y empiezan a llegar palabras francesas. De una serie grande ahora quedan algunas: homenaje, mensaje, menaje, vinagre, manjar y otras más. Durante la Reconquista de la invasión musulmana, que acaba en la época en que Colón divisa las tierras caribeñas, el idioma de Castilla empezó a ganar terreno y eventualmente llegaría a convertirse en el idioma básico de toda España. Por supuesto, las influencias no terminan ahí. Pero, de alguna manera, con la Reconquista se establece firmemente la base del español, a pesar de que no se lo considera moderno sino a partir del siglo XVIII. En vez de solo recibir influencias, se lanza a la conquista del mundo; en sus naves va también el idioma. Por eso nosotros hablamos español, aunque con algunas diferencias notables. En España los americanismos no son muchos pero existen: bohío y ancha son solo dos ejemplos. En esta parte del mundo, cada país ha incluido una serie de palabras aborígenes que han enriquecido el español globalmente. En el nuestro cabe citar algunos quichuismos: guagua, taita, shunsho, achachay; entre los muchos verbos que pueblan los dialectos en las diferentes provincias, uno particularmente útil y extendido es amarcar, que significa cargar a un bebé y que es muy poco español. En países como México y Argentina, la cantidad de este tipo de vocablos es impresionante. No solo se trata de palabras sino de ciertas construcciones: en el Ecuador andino decimos, por ejemplo, "dame pasando" para pedir que por favor se nos alcance algo y "asomarás" para indicar que extrañamos a alguien.

Las influencias más modernas se basan ya no en grupos étnicos que llegan a España y logran incluir algo de su idioma en el crisol español, sino más bien jergas técnicas, deportivas o de otro tipo, de lo cual la informática y la computación son posiblemente el mejor ejemplo: hay un sinnúmero de usualmente horribles (y a veces útiles) términos cómo formatear, resetear o incluso deletear (que tranquilamente puede ser reemplazado por borrar), que han entrado con fuerza extraordinaria en el diario hablar de los hispanoparlantes. Tal vez el único realmente necesario sea escanear.

Así que detrás de las palabras hay más de lo que uno se imagina, Incluso si solo se averigua de dónde vienen. Las palabras son como torres ante un sol de ocaso eterno que hace que proyecten una sombra cada vez más larga. Esas palabras, con historia extensa y repletas de símbolos para los especialistas en mil disciplinas, son las que nos permiten hablar, escribir, gritar, pensar (a ratos sobre ellas mismas) y soñar.

Una de las cosas que más nos definen es el idioma que hablamos y aún más el dialecto y el acento que usamos. Yo soy un hombre que habla un español, latinoamericano, ecuatoriano, serrano, quiteño, de clase media, de entre mediados del siglo XX y comienzos del siglo XXI. ¿Por qué terminé hablando así y no de cualquier otra manera? Aparte de generalidades históricas, cada uno tiene su propia saga en la cual los idiomas se unen a otros factores. No me ha interesado mucho saber mi historia genealógica detallada, pero más que nada por parientes a los que les fascinan esas cosas, como un querido primo de mi padre de más o menos mi edad, Jorge Paz Durini, sé ciertas cosas que a ratos creo que tal vez habría sido mejor desconocer... Por ejemplo, parece que el apellido Durini, actualmente típico de la zona del Tesino, la Suiza italiana, es originario de la zona de Milán, donde un famoso arzobispo, según se dice el segundo después del Papa en la jerarquía, tuvo un hijo "indebido", el cual fue enviado a las montañas para que fuera criado en el anonimato, pero de todas maneras con el apellido. De esa línea vienen los arquitectos y escultores que llegaron a Latinoamérica hace más de 100 años y aquí en el Ecuador hicieron y/o administraron la construcción, por ejemplo, del Banco Central antiguo (hoy Museo de Numismática) en el centro de Quito, o la mismísima estatua de la libertad en la Plaza Grande. Esa es la historia que más conozco, pero a través de mis apellidos, suponiendo que no sean cambios tardíos ya en estas tierras, mis raíces, a más de las típicas españolas y americanas, podrían ser (a más de italianas) vascas e irlandesas. El apellido Mena podría ser castellano o morisco... en cualquier caso, no me interesan mucho los orígenes en sí sino su variedad. Me enorgullece infantilmente el ser un champús étnico. Por supuesto, no creo en absoluto ser una anormalidad en ese aspecto. Pero sí me da un poco de pena que con los genes de tantas partes no hayan llegado los idiomas. Sería lindo hablar como nativo kichwa, gaélico, vasco e italiano, más allá de las cuatro palabras que uno balbucea. Soñar no cuesta nada.

Páginas VI-VIII del Códex de Dresde, un libro maya del siglo XII

Dominio público

Historias dilatadas y cautivantes

TENDEMOS a pensar que el mundo es básicamente inmutable. Obviamente, las cosas sí cambian: el cielo se encapota y comienza la lluvia luego de que había estado haciendo sol; cada generación parece ser más alta que la precedente; los modelos de los carros o de la ropa no son los mismos año tras año (aunque siempre hay la moda o el diseño "retro"); también los gobiernos, las ideas y las añoranzas cambian. Pero, en el fondo, la esencia del universo no varía; los cambios que vemos solo son superficiales, o pertenecen, en último caso, a ciclos permanentes. La médula misma está fija como un cimiento de concreto.

Hay dos instancias o fenómenos de todos los días en los que esta tendencia casi innata (aunque apócrifa) se manifiesta con claridad más meridiana: la vida y las lenguas.

Desde la Grecia antigua nos llega la idea platónica de que lo que vemos en el mundo no son sino imágenes imperfecta de esencias o ideas que están en una esfera superior incognoscible. Estas esencias son inmutables, y son lo que realmente importa. Los cambios en nuestra propia esfera solo son manifestaciones con su intrascendente imperfección.

Desde entonces, y hasta hace poco, el esencialismo dominó las ideas occidentales, creando un serio obstáculo para las ciencias históricas. El estudio de la evolución de la vida, un paradigma en este sentido, no pudo desarrollarse bien sino hasta que mentes como la de Charles Darwin pusieron las cosas en claro. Incluso ahora hay personas que se aferran ciegamente a la invariabilidad intrínseca del mundo.

El esencialismo platónico, captado por los escolásticos de la escuela de Aquino, se fundió con las ideas de la creación del Antiguo Testamento judío.. Las especies eran consideradas inmutables. Dios había creado el elefante, el tiburón, el calamar, el roble y el ser humano tal como los vemos hoy en día (si es que no se han extinguido). Pensar que había tenido lugar un proceso histórico de cambios, de extinciones y de especiación era admisible, inclusive si se sugería que el proceso mismo era obra de un creador.

En la actualidad, el proceso de evolución biológica es racionalmente aceptado por casi todas las instancias sociales, excepto por los religiosos más fundamentalistas, algunos de los cuales llegan a extremos increíbles. La gente rechaza la evolución, pero más por una falta de conocimiento que por un análisis, o más por consideraciones éticas discutibles (yo, ¡¿un pariente del chimpancé?!) que por convencimientos teóricos.

Dejando de lado estas consideraciones, el hecho es que hay suficiente evidencia como para aceptar las teorías de la evolución biológica como explicación de un fenómeno real y seguramente universal: la vida y los seres vivos no son entes inmutables. La aparente contradicción entre la experiencia diaria del ciudadano común de un mundo medularmente fijo frente a la evidencia científica de cambio de todo nivel se presenta simplemente porque los humanos tenemos una psicología y una manera de ver las cosas ajustadas a un hecho básico: vivimos menos de 100 años, y para experimentar los cambios de los que trata la evolución biológica se requieren generalmente miles y millones.

La metodología científica ha permitido que la humanidad comprenda (y hasta acepte) muchas cosas alejadas de lo que hemos dado en llamar el sentido común. Pero esto no significa que el entendimiento de los procesos estudiados por la ciencia llegue a todo el mundo. En cierto sentido, cada vez más gente sabe menos de estas cosas.

Y especialmente cuando hay connotaciones de ética y falta de conocimiento, el resultado es una carencia de aceptación un tanto tendenciosa. Algo parecido a lo que sucede con los seres vivos y su historia pasa con los idiomas y la suya, aunque sin necesariamente las connotaciones morales que la primera cuestión trae consigo. Las lenguas también han estado y están en el centro de profundas y candentes discusiones sociales (por ejemplo, el idioma inglés ha sido parte notable del conflicto en Sudáfrica).

También nos damos cuenta de que los idiomas cambian. Las palabras que usábamos en la secundaria han desaparecido o ya no significan lo que solían. Algunos grupos de gente tienen un vocabulario tan extraño que casi se necesitan diccionarios específicos. Pero, de manera similar a lo que sucede con eucaliptos y mariposas, hablamos de español o alemán o finlandés o swahili. Y el español que hablamos desde que aprendimos a hablar hasta que demos el último suspiro será básicamente el mismo, ¿cierto?

Aquí también pasa algo parecido lo que sucede con los seres vivos y nuestra experiencia diaria. Los idiomas también evolucionan y la evidencia es incuestionable. Cambian tanto o más que los seres vivos; tienen orígenes, extinciones, ramificaciones, mutaciones, derivaciones, redistribuciones y recombinaciones.

Aparte de las reverberaciones filosóficas y éticas de la evolución biológica frente a las que por lo menos aparentemente hay una inocuidad en la historia de las lenguas hay, otra diferencia básica entre un ser vivo y un idioma: los seres vivos evolucionan por selección natural y otros procesos semejantes, los idiomas lo hacen más bien como lo hace todo elemento cultural: a la manera lamarckiana, más rápida, más directa, menos selectiva.

De acuerdo con las ideas de la selección natural de Darwin, una nueva característica en un ser vivo se fija si es que esa característica le confiere cierta ventaja, como puede ser más rapidez, más inconspicuidad o más inteligencia; la descendencia, por supuesto, ya tendrá esta característica hereditaria y así, poco a poco, se generará una nueva especie, en un proceso que generalmente resulta tremendamente largo.

Se necesita primero que la característica aparezca y luego sea filtrada por la selección natural de acuerdo con las características del medio; por ejemplo, una característica buena en un medio frío puede ser fatal en otro tórrido. Por último, se necesita que las diferencias entre las generaciones se vayan acumulando hasta que sean tales que permitan la separación en especies, es decir, básicamente que ya no puedan producir hijos fértiles entre ellas.

En los idiomas y la cultura en general, los cambios no deben pasar por este proceso darwiniano largo y generalmente tedioso. De acuerdo con las ideas de Lamarck, que generalmente no funcionan en los seres vivos, un cambio que ha sido adquirido por un ser durante su vida pasa directamente a las próximas generaciones: una jirafa que logró extender su cuello más de lo común tendrá hijos con cuellos especialmente largos. Llevando al extremo la ejemplificación, querría decir que un boxeador que ha adquirido la fuerza y la flexibilidad por entrenamiento, pasará directamente esas características a sus hijos e hijas. Por supuesto, puede haber una tendencia genética para formar buenos músculos o ser flexible, pero los músculos y la agilidad adquiridos por preparación física no pueden pasar por esa razón a la descendencia.

Sin embargo, la herencia de caracteres adquiridos sí es posible en la cultura y los idiomas. Obviamente, estos caracteres adquiridos no pasan genéticamente a las próximas generaciones. Lo que sucede es que algo aprendido, o sea adquirido, sí puede ser heredado por un hijo sin pasar por filtros genéticos como el de la selección natural.

En los cambios culturales es difícil asegurar si estos son favorables o no; los seres humanos dentro de una cultura están dentro de determinado medio, al igual que los seres vivos que evolucionan en él (de ahí la célebre frase del biólogo ingles G. E. Hutchinson sobre "el teatro ecológico y el drama evolutivo").

En los idiomas, por ejemplo, ¿cómo se puede asegurar que los cambios hayan sido para "mejorar" la actividad (o lo que sea) de los pobladores que lo hablan? ¿Qué criterio se debe usar? ¿A qué nivel se debe considerar la supuesta ventaja? En los seres vivos y su evolución esto está bastante claro: hablamos a la final del éxito reproductivo, que es el que hace que una combinación genética se multiplique en la población. Peor en la cultura, donde el criterio puede ser esquivo y tal vez en la mayoría de casos totalmente neutro. Parecería no haber ventaja en decir "bacán" en vez de "chévere", pero bien podría ser que el factor de pertenencia a determinado grupo en la sociedad se ve reforzado por el uso de ese tipo de palabras.

En otro ámbito cultural, se puede hacer esta pregunta como ejemplo de lo expuesto en el párrafo anterior: ¿fue el cambio de tendencia político-económico-social en la Cuba del 59 adaptativamente adecuado para la sociedad cubana frente a las condiciones del medio? La discusión al respecto puede llegar a ser infinita: primero habría que definir tendencias, criterios, ideologías, grupos, etcétera.

Un cambio que puede ser considerado de alguna manera adaptativo en los idiomas es la generación de jergas que permiten la comunicación semi secreta entre ciertos grupos de la sociedad. La ventaja es para el grupo, pero ¿se puede decir que la ventaja es tal para la sociedad que está evolucionando? Cualquiera sea la razón, los idiomas cambian (unos dirán para bien, otros para mal, y tal vez la respuesta sea, ni lo uno ni lo otro; solo cambian).

Prácticamente cualquier cosa puede pasar a las próximas generaciones de esta manera (para horror de los puristas), y las historias de las lenguas son increíblemente dinámicas de interesantes, igual o más que las de los protagonistas de la evolución biológica.

Los cambios culturales son tan rápidos que han hecho que nuestra especie evolucione en estos tiempos de una manera más lamarckiana (cultural) que darwiniana (de todas maneras sigue funcionando como en cualquier especie, aunque de manera subyugada).

Las coincidencias y desavenencias entre los seres vivos y los idiomas (que de hecho son como seres vivos de otro reino) van mucho más allá. Todo un tratado podría hacerse al respecto, o al menos un buen artículo apropiado.

Sí, es fácil pensar que nuestros idiomas han existido más o menos idénticos desde siempre. En realidad, solo basta hojear una versión original del Quijote o El Cid, o incluso encontrar un cuaderno de la abuela. Leerlos con la perspectiva de encontrar evidencias de la historia de nuestras lenguas puede resultar altamente gratificante, hacerle todavía más deliciosa a la lectura, abrirnos una nueva puerta del conocimiento y permitirnos entender que nuestro mundo está lejos de ser un ente fijo, invariable, aburrido.

NOTA

Los escritos "lingüísticos" han sido escritos tomando en cuenta las siguientes referencias:

CHOMSKY, N. 2003. La Arquitectura del Lenguaje. Madrid: Kaipos.

DARWIN, C. 1999 (1959). El Origen de las especies. Madrid: Errepar.

DIAMOND, J. 2006. Armas, Gérmenes y Acero: Breve Historia de la Humanidad en los Últimos 13.000 Años. Madrid: Debate.

LAMARCK, J. B. DE. 1984 (1809). Zoological Philosophy. Chicago: U. of Chicago Press.

MCWHORTER, J. 2001. The Power of Babel. A Natural History of Language. Nueva York: Perennial.

PINKER, S. 2000. El Instinto del Lenguaje: Cómo Crea el Lenguaje la Mente. Madrid: Alianza Editorial.

RUHLEN, M. 1994. The Origin of Language. Nueva York: Wiley.

Jalca en Cajamarca, Perú; páramo en Mérida, Venezuela.

¿Cómo se llama
el páramo?

HAY algo detrás de este aparente disparate: el páramo se llama… ¡páramo, pues! Y lo que hay detrás no tiene que ver con el nombre que la gente que vive en el páramo le da a este pedazo de planeta. Cada pueblo o cultura tiene derecho a llamar como a bien tenga el sitio donde vive o de donde extrae su sustento diario, incluso con repeticiones o incongruencias. Es igual que con las plantas: lo que aquí se llama "uña de gato", unos pocos kilómetros más allá podría llamarse "pico de loro", "saferito" o cualquier otra cosa.

Por eso, entre otras cosas, existen los nombres científicos: para que el botánico japonés sepa de qué está hablando la bioquímica cubana cuando se refieren a una planta que en un país se llama "tagaki" y en otro "hojagorda", y que tiene el nombre botánico de *Pachyfolium darwinii* (por si acaso, todos estos nombres son inventados, pero bien podrían existir). Lo malo de la nomenclatura científica, con su obvio beneficio de estandarización y sistematización, es que solo sirve bien a una élite académica bastante especializada y reducida. Pero no existe el mundo perfecto. Por un lado está el maravilloso caos de Babel de los diferentes nombres vernáculos, por otro la frialdad científica de la taxonomía (que, de todas maneras, a veces se ve opacada por la taxonomía "primitiva" de algunos pueblos de las selvas). Lo mismo se puede aplicar, por ejemplo, para tipos de suelo, animales, fenómenos atmosféricos, etc., etc. Y, por supuesto, también para ecosistemas.

Pero, como digo, lo que hay detrás de la pregunta aparentemente tonta del título no tiene tanto que ver con los nombres vernáculos del páramo, sino más bien con el tratamiento científico de este término. Cada vez más se usa "páramo" para designar incluso a ecosistemas tan lejanos del típico páramo de pajonal en los Andes tropicales sudamericanos, como son las montañas este africanas o las de Papúa Nueva Guinea. Pero, al mismo tiempo, se discute si todo el páramo, desde la Sierra Nevada de Santa Marta en Colombia, en su extremo norte, hasta los Andes septentrionales del Perú, en su extremo sur, ¿es realmente páramo o estamos hablando de varios ecosistemas cercanos pero independientes? Se acepta universalmente, por ejemplo, que la puna, existente en el Perú, Bolivia, Argentina y Chile, es en efecto un ecosistema separado, con flora, fauna y clima especiales. Pero desde Santa Marta hasta por lo menos Loja en el Ecuador, poca discusión se presenta acerca de si es o no páramo lo que tenemos en frente. Sitios tan diferentes como la misma Sierra Nevada de Santa Marta, Piedras Blancas en Venezuela, los frailejonales en la frontera colombo-ecuatoriana, los pantanales en el oriente ecuatoriano o los arenales en el Chimborazo, todos son llamados, sin problema, páramos, aunque con epítetos que les confieren cierta individualidad (de frailejones, seco, húmedo, oriental, etc.). De hecho, la fitosociología puede llegar a clasificar a los páramos (o cualquier ecosistema) en muchas subdivisiones, a veces de manera impresionantemente detallada. Pero el punto es que prácticamente a nadie se le ocurría decir o pensar que todos estos ecosistemas NO son páramo.

En el Perú la cosa cambia: también se usa el término "páramo" pero aparece el término "jalca". Para unos, es un sinónimo de páramo. Es en esencia una forma autóctona, aparentemente la única que sobrevivió, de llamar a estos sitios altoandinos con pocos árboles. En la zona de Cajamarca, por ejemplo, ante esta dualidad se ha usado mucho el nombre compuesto "páramo-jalca", que evidentemente remarca la sinonimia. Para otros es un ecosistema transicional entre los verdaderos páramos (cualquier cosa que esto signifique, ante la diversidad señalada) y las punas (que en sí mismas también son heterogéneas). Para otros es un ecosistema separado y punto.

El análisis que sigue viene más de la coherencia metodológica que se debe seguir para proponer este tipo de taxonomías que de un análisis ecológico en sí mismo. Esta coherencia metodológica debe ser una de las guías antes de realizar clasificaciones, más allá de la cantidad de evidencia empírica con la que se cuente. Podría ser que en realidad la jalca sea otra cosa que el páramo, pero entonces, ¿qué mismo es el páramo si hemos visto que hay una gran diversidad intrínseca que tal vez vaya más allá de las supuestas diferencias entre páramo y jalca?

Antes de seguir, quiero introducir nuevamente un elemento de la botánica como analogía para lo que estoy argumentando acerca de los nombres del páramo. Cuando estudiaba mi maestría en Nueva York, mi buen amigo colombiano Ricardo Callejas, autoridad mundial en la familia de las Piperáceas (la de la pimienta), estaba en un dilema grande con respecto a su grupo de estudio. En las Piperáceas el gran género Piper tiene miles de especies que presentan una gran variabilidad. En algún momento, otro botánico estableció el género *Pothomorphe* con algunas especies que, según él, debían ser separadas de *Piper*. Todas las Piperáceas se caracterizan especialmente por una inflorescencia en forma de cola (las "velitas" de algunas especies ornamentales). Tanto *Piper* como *Pothomorphe* tienen este tipo de inflorescencia y por eso precisamente son Piperáceas. Pero *Pothomorphe* tenía varias diferencias con los típicos *Piper* que sugerían la necesidad de crear un nuevo género segregado del gran género *Piper* (por ejemplo, *Pothomorphe* tiene hojas redondeadas muy diferentes a las del típico Piper). Hasta aquí muy bien, pues así mismo es como progresa la taxonomía: la gente realiza estudios de diferentes grupos para ir refinándola, a veces creando nuevos taxones, a veces colapsando varios en uno solo (yo, por ejemplo, me centré en el género *Arcytophyllum*, un grupo pequeño dentro de la familia del café, que crece precisamente en los páramos).

El dilema de Callejas y sus Piperáceas estaba relacionado con la coherencia: el problema no era crear o no crear *Pothomorphe*, sino que al crearlo se generaba la necesidad de revisar todo el inmenso género Piper para aplicar los mismo criterios que se habían usado para erigir *Pothomorphe* y posiblemente generar así muchos otros géneros nuevos. En otras palabras, si se reconocía la existencia de *Pothomorphe*, por coherencia y lógica se debían reconocer muchos otros géneros, reales o potenciales, segregados de Piper, dejando en este solo un núcleo de especies súper típicas. Es necesario recalcar que *Piper* es un género inmenso y complicado. El dilema, finalmente, era práctico: si se trataba de ser coherente y lógico, lo más recomendable era fundir nuevamente *Pothomorphe* en *Piper* y dedicarse primero a aplicar los criterios a toda la familia, definir la estructura general del género, antes de crear un género que iba a estar huérfano a la par que se engendraba una obvia incoherencia taxonómica y lógica. Y eso es lo que pasó: según Callejas, *Piper* debe incluir a *Pothomorphe* mientras se vaya generando una taxonomía completa y coherente.

De alguna manera podemos metaforizar y pensar que *Piper* es el páramo y *Pothomorphe* es la jalca. Una diferencia fundamental que debemos considerar entre la nomenclatura botánica y la de estos dos ecosistemas es que *Pothomorphe* es un nombre inventado recientemente por una persona en particular (la autoridad botánica que decidió que se necesitaba un nombre nuevo para ciertas especies del género Piper). Siguiendo ciertas reglas bien establecidas, propuso en una publicación el nombre, que es una descripción corta en griego, y el nombre fue aceptado por la comunidad científica. Así no funcionan las cosas en el caso de nombres como jalca. No ha sido necesario que nadie se invente este nombre para determinado tipo de ecosistema. Es un nombre que pertenece a un conglomerado de gente que lo ha usado por siglos y que ha sido recogido por la comunidad académica. No responde a reglas que están recogidas en un código; incluso si todos los científicos del mundo dijeran que es un nombre "no válido", el nombre seguiría existiendo en el uso cotidiano de la gente. Así, páramo y jalca, a diferencia de *Pothomorphe* y *Piper*, tienen dos existencias paralelas: son nombres técnicos de ecosistemas y, simultáneamente, poseen acepciones variadas en el lenguaje vernáculo y que se relacionan de diversas maneras con el término académico. Evidentemente, por esta y otras razones, la historia de *Piper* y *Pothomorphe* no es una metáfora exacta para el caso de páramo y jalca: como cualquier metáfora tiene sus restricciones y debe ser manejada con cuidado. Pero, precisamente teniendo este cuidado y reconociendo las diferencias entre la taxonomía botánica y la clasificación ecosistémica, podemos seguir con el análisis.

Estamos hablando de los criterios que se usan para hacer la distinción entre páramo y jalca, con base en el caso botánico de *Pothomorphe* y *Piper*. Repito, no estoy diciendo que la jalca y el páramo necesariamente SON o NO SON lo mismo, sino que, en términos epistémicos, se debe hacer un análisis de coherencia semejante al que se ha hecho para las Piperáceas. En pocas palabras, si las diferencias que se esgrimen para aceptar la separación entre jalca y páramo son suficientes y lógicas, entonces deberíamos aplicar los mismos criterios para clasificar no solo entre "páramo" y "jalca", sino para todo lo que se llama "páramo y/o jalca". A pesar de que no tengo los datos suficientes, puedo pronosticar que si se aceptan las diferencias entre páramo (con todas las variaciones intrínsecas que hay en él) y jalca, entonces deberemos aceptar que, por ejemplo, el páramo de Piedras Blancas en Venezuela no es lo mismo que el páramo de Oyacachi en el Ecuador y que, si nos sometemos al paradigma de la dualidad páramo-jalca, deberíamos encontrar, o inclusive inventar, nombres, en lo posible de una sola palabra, que reflejen estas diferencias para todos los potenciales segregados del páramo.

Entonces, ¿qué es y que no es "páramo"? Si Oyacachi es páramo, ¿qué es Piedras Blancas? Si Piedras Blancas es páramo, ¿qué es Oyacachi? Y así podemos preguntar para cada tipo de páramo diferente, que a lo mejor es más diferente del páramo proverbial que la misma jalca… En efecto, no creo estar cometiendo una herejía al decir que entre la jalca y Oyacachi hay menos diferencias que entre Piedras Blancas y Oyacachi, a pesar de que estos dos son obviamente páramos. En resumen, hay que hacer un análisis mucho más holístico y detallado para poder entrar en una discusión seria acerca de qué mismo es el páramo y decidir si la jalca, la puna, las alturas escocesas y los pajonales hawaianos (o lo que sea) son o no páramos en un sentido ecológico. Posiblemente el criterio es puramente geográfico: las jalcas están muy al sur. Pero entonces Sierra Nevada también estaría "muy al norte". Tal vez los frailejones mandan: entonces, el páramo se acaba en el Carchi y la mayor parte del páramo del Ecuador… ¿debe ser jalca? Exactamente, ¿por qué se dice que la jalca no es páramo? Y lo que es más importante: ¿qué pasa si aplicamos esos parámetros de diferenciación a todo el páramo y no solo a lo que en el Perú se llama jalca frente a todo el resto de los ecosistemas de alta montaña de los Andes del norte y centrales?

Una preocupación obvia relacionada es esta: si en realidad tras aplicar a todo el páramo el criterio para separar la jalca resultan decenas de diferentes tipos de páramo equivalentes a la jalca, es decir, que merecen tanto como ella un nombre propio diferente a simplemente "páramo", ¿qué nombres vamos a aplicar? ¿Vamos a seguir simplemente poniendo epítetos como "seco" y "de frailejones" en vez de acuñar nombres de una sola palabra equivalentes a *Pothomorphe*? Si es así, ¿qué hemos sacado de todo este análisis si ya eso se hacía de todas maneras? ¿Qué sentido tiene toda la discusión acerca de si la jalca es o no igual al páramo, si cada diferente tipo de páramo puede entrar en la misma lógica, con la sola diferencia de que para la jalca resulta que existe un nombre tradicional de una sola palabra que ha sido adoptado por la academia? En términos sistemáticos estrictos, ¿qué diferencia habría entre "jalca" y, por ejemplo, "frailejonal" o "páramo sobre arenales"?

Tal vez se llegue a la final a dos cosas: primero, la solución arcoíris. Al ver los colores del arcoíris en realidad usamos un truco mental para ver franjas donde en realidad hay una continuidad absoluta. El amarillo poco a poco, casi infinitesimalmente, se va haciendo anaranjado y este rojo, pero nosotros percibimos los límites de manera bastante clara. El ecólogo inglés Paul Colinvaux ha abogado porque nuestras divisiones ecológicas, por lo menos en parte, también nacen de esa necesidad de limitar lo que no tiene límites "naturales". El bosque andino poco a poco se hace páramo (al menos teóricamente) y así también podríamos pensar en que, pasando de lo altitudinal a lo latitudinal, el páramo poco a poco se hace puna pasando por la jalca (que sería el anaranjado entre el amarillo y el rojo). Como quiera que sea, esta necesidad no debe nublar la comprensión de la diversidad y la complejidad de la naturaleza, sino ayudarnos a entenderla mejor. Por eso se necesitan métodos coherentes y lógicos que, en vez de generar discusiones poco fructíferas y confusión, hagan lo contrario de manera continua y dialéctica. En segundo lugar, siempre regresamos a la conclusión de que somos humanos y de que cada pueblo tiene derecho de llamar como a bien tenga a los sitios donde vive y de donde extrae su sustento. Si la gente nativa dice que su chacra amazónica es páramo, pues páramo es. Si los peruanos dicen que la jalca es jalca, pues es jalca, y no dejarán de llamarla así por más que invoquemos a las discusiones altisonantes entre los genios de la ecología. Lo importante aquí es respetar esta otra diversidad sin que por eso se empañe la búsqueda de la "verdad" objetiva y científica, que también es parte de la humanidad.

En resumen, la discusión académica acerca de si el páramo y la jalca son o no lo mismo debe seguir, pero enmarcada en una lógica taxonómica, estricta y pragmática a la vez, que permita, más allá de la mera nomenclatura, entender un ecosistema, o serie de ecosistemas, de manera verdaderamente interdisciplinaria y trascendente.

Nuevamente, y sin quitarle ningún valor a los demás elementos de estas partes de mi vida, creo que lo mejor de estudiar y trabajar ha sido la gente con que me ha tocado interactuar, incluyendo al mismísimo Ricardo Callejas, con quien compartí, durante dos años incomparables, un departamento cerca del Jardín Botánico de Nueva York en el Bronx. En los proyectos relacionados con el páramo, por ejemplo, tanto en el nacional como en el andino, la colección de amistades de los países parameros (Venezuela, Colombia, Ecuador y Perú) así como de otros países como Estados Unidos, Holanda y Nueva Zelanda, es un punto culminante. Y haber podido conocer a través de estas iniciativas sitios tan alucinantes como los propios páramos en esos países como otros en Argentina (Jujuy y Bariloche) y Missouri (San Luis), por ejemplo, es algo por lo cual agradezco a la vida cada día.

ARMONÍAS

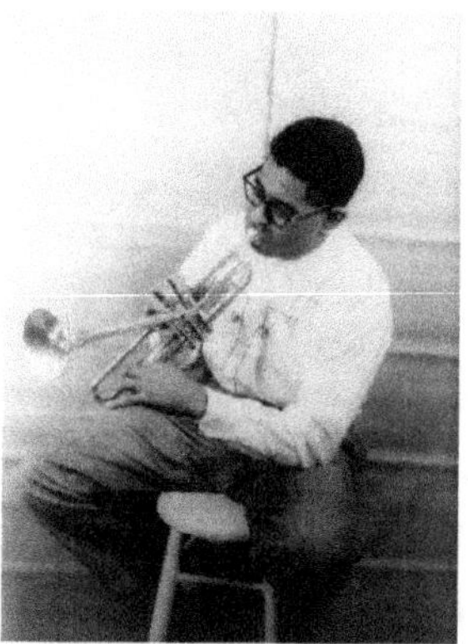

Miles Davis, Astor Piazzolla, Dizzy Gillespie y Stan Getz.

En jazz, cuando la gente muere, no se va del todo

UNA de las últimas acciones de Miles Davis en este mundo fue la de sentarse frente a una ventana de su apartamento y dejar que la magnífica cacofonía de Manhattan fuera transformándose dentro de su mente en su última contribución directa al desarrollo de la música de este planeta. Poco después, cuando plasmaba sus nuevas ideas en un CD que se llamaría póstumamente Doo-bop, se sintió un poco mal y fue al hospital para un examen casi rutinario. Algo muy rutinario sucedió entonces: Miles Davis murió.

Con Miles Davis no solo se fue uno de los grandes genios de la música contemporánea sino una de las personalidades más rutilantes, controvertidas e interesantes de nuestro tiempo. Huelga decir que solo se fue en carne y hueso, pues la música de él mismo y de una infinidad de músicos actuales y futuros quedará en esta y en muchas generaciones de los próximos siglos.

Miles Davis murió hace poco, en uno de los meses de este 1992 que también acaba de irse. Ese 1992 que fue tan parco y a la vez tan obsequioso en cuanto a la música popular. Ese 1992 que no solo se llevó a Davis sino a Stan Getz y a Astor Piazzola, y que le contagió a 1993, que a su turno se llevó a Dizzy Gillespie.

Todos estos grandes músicos murieron después de haber dejado un legado gigantesco dentro de su propio estilo, dentro de su propio subgénero. Tal vez Piazzola es el que más se aleja de los otros que, sin problema, caen dentro de eso que se llama jazz, un estilo tan rico como indefinible, tan claro como indescifrable, tan coherente como variado. Pero, de alguna manera, Piazzola también cae dentro de él, tal vez solamente por la energía y la espontaneidad que ponía en sus genialidades (aunque vale recordar que estuvo varias veces en los mejores festivales de jazz del mundo entero).

El tango, para que sea tal, (entre otras cosas) debe carecer de batería y dejarse llevar por el ritmo extraño del contrabajo y el bandoneón. Piazzola, siendo un revolucionario, entendió que las sublevaciones se basan últimamente en las mismas raíces de lo reaccionario y no metió percusión en su música tanguera (aunque sí en algunas otras composiciones). Tal vez con eso su identificación con el jazz hubiera sido mayor, pero, ¿a qué costo? Además: ¿quería Piazzola hacer jazz-tango? Tal vez. Lo que es seguro es que quería hacer un Nuevo Tango. Y lo logró. Contra viento y marea, contra los opositores que querían que el tango muriera antes de que se revitalice sin perder su espíritu.

Miles Davis también quiso hacer muchas cosas nuevas, y también alcanzó sus metas. Pocos hay en la historia de la música que hayan creado tantos movimientos y dejado tantos super jazzeros como herederos de su gigantesco legado. Basta mencionar a John McLaughlin, Chick Corea, Herbie Hancock, Wayne Shorter y Joe Zawinul para darse cuenta de la pléyade de músicos de primerísima línea que continúan con la tradición milesiana (o davisiana, si prefieren). Y solo estamos hablando del jazz rock que surgió de *Bitches Brew* o *Filles de Kilimanjaro*: muchos párrafos podrían escribirse también con respecto al be-bop o al cool jazz de décadas anteriores.

La personalidad brillante y ciertamente extravagante del trompetista puede servir para introducirnos a otro de los grandes jazzeros desaparecidos hace no mucho: el saxofonista Stan Getz. Davis no tenía pelos en la lengua y muchos de sus colegas recibieron serios latigazos verbales, entre ellos uno de sus más egregios seguidores, el trompetista Wynton Marsalis.

Con respecto a Getz, parece que a Davis le ponía los pelos de punta que alguien hablase mal de sus ídolos. Una vez se le ocurrió a Getz decir que Coleman Hawkins era "pasado de moda", a lo que Davis contestó diciendo que Getz simplemente no estaría tocando si no fuera por Hawkins. Dentro de esta misma línea, y frente a un comentario semejante contra Art Blakey, Davis dijo que si Blakey era anticuado, él era blanco (!).

Stan Getz, especialmente el de los años 50, tocaba el saxofón como un músico clásico, pero con un fraseo y un sentimiento que pocos músicos sinfónicos podrían alcanzar, ese sentimiento que se hizo una marca de fábrica y que ha creado una escuela dentro de la cual, aunque de manera muy diferente en realidad, continúan saxeros más modernos como Kenny G, que podrá tener un estilo a ratos insoportablemente meloso, pero de quien no se puede negar la calidad interpretativa.

Entre otras cosas, Getz es uno de los pocos músicos blancos que lograron crear blues en un mundo donde este elemento del jazz, tan indescriptible como su continente mismo, es patrimonio casi exclusivo de la gente negra. Dentro del cool jazz, posiblemente solo Dave Brubeck tenga ese alto honor. En otros campos suenan los nombres de Goodman y Clapton.

Getz comenzó su carrera en los años cuarenta y cincuenta del siglo pasado, durante la era del swing pero su larga trayectoria lo llevó a través de varios estilos que incluyeron el cool y varias fusiones, entre las que destacan las brasileñas junto a Joao Gilberto. De hecho, Getz es uno de los padres del "Bossa Nova Wave".

Una de las anécdotas más interesantes en esta aspecto es la siguiente: Charlie Byrd grabó con Getz una versión de *Desafinado*, de Gilberto y Antonio Carlos Jobim, en el álbum (qué mejor nombre) *Jazz*

Samba. Únicamente Getz se hizo acreedor al Grammy por esa versión, pues el solo de guitarra de Byrd fue cortado en la edición de la versión corta que salió en 45 rpm.

Getz conoció el mundo con sus bandas como pocos lo han hecho. El caso de que sea uno de los pocos super jazzeros (con Didier Lockwood, Paquito de Rivera, Freddie Hubbard, John Abercrombie, Chick Corea, Al Di Meola y –por qué no– Paco de Lucía) que tocaron en Quito es una prueba de ello.

Getz también creó controversia, aunque su personalidad era menos aparente que la de Davis para mantener el fuego ardiendo. Mucha gente le criticó diciendo que todo se lo debía al bossa nova, lo que definitivamente no es cierto pues Getz tiene firmes raíces en el cool jazz. Incluso algunos artistas brasileños llegaron a decir que sus aventuras de fusión eran una "bastardización" de la música propia de su país.

Para terminar esta sección dedicada a Stan Getz, copiemos lo que dice el crítico alemán Joachim Berendt: "desde mediados de los sesenta, tras la muerte del Bossa Nova Wave, Getz ha estado combinando su clasicismo y lirismo con elementos más fuertes tomados, por ejemplo, de Sonny Rollins. El rango expresivo de este gran jazzero se vuelve continuamente más universal y elevado".

Para continuar con Miles Davis como eje temático de este artículo y entrar a decir algo sobre Dizzy Gillespie, qué mejor que hacerlo diciendo que Davis comenzó su carrera como un imitador del gran trompetista de cachetes inmensos.

Hasta poco antes de su muerte Gillespie estuvo haciendo música emparentada con el estilo que ayudó a crear 40 años antes: el bebop. Este estilo surgió después del swing ("el mejor negocio musical de todos los tiempos"), que se había vuelto por demás comercial. Esto, como siempre, creó una reacción en un grupo de disidentes que se dedicaron a generar, casi inconscientemente, algo nuevo, primero en

Kansas City y luego en Harlem. El bebop tiene varios centros de origen, pero seguramente el Teatro de Minton en Nueva York era el foco principal. Y Dizzy Gillespie era uno de los grandes de Minton.

Categorizar y definir el bebop estaría más allá de los alcances de estas líneas. Basta decir, por el momento, que el nombre surge de la vocalización espontánea cuando se trata de cantar el intervalo más común en el nuevo estilo: la quinta llana; o, al menos esa es la explicación que el mismo Dizzy Gillespie daba. El bebop era una música nerviosa, acelerada, como tocada leyendo una transcripción estenográfica en vez de una partitura.

Del bebop surgió uno de los más grandes músicos de todos los tiempos: Charlie Parker, más conocido como Bird. Justo antes de su muerte y sintiéndola cerca, Parker corrió a visitar a su amigo Dizzy Gillespie y le imploró desesperado: "Toquemos juntos por una última vez antes de que sea demasiado tarde". Según su esposa, Dizzy sentía un gran nudo en la garganta cuando recordaba este episodio. Ambos músicos formaron uno de los dúos más famosos del jazz, lo que se hace más interesante al comparar sus vidas: casi en todos los aspectos eran diametralmente diferentes. Parker murió joven, no tenía una familia musical, tuvo que ganarse la vida desde joven y parecía más viejo de lo que era; Dizzy era todo lo contrario.

John Birks Gillespie nació en 1917 en Carolina del Sur y se convirtió en uno de los instrumentistas de jazz más virtuosos de todos los tiempos y los estilos. De él se decía que no había nada que no pudiera hacer con su trompeta. Aparte de haber sido uno de los pilares del bebop, incluyó en su música ritmos afrocubanos y también tuvo su propia Big Band. Se convirtió también en el primer "embajador musical" de los Estados Unidos cuando viajó con su banda en varios tours de jazz organizados por el Departamento de Estado en los años cincuenta.

Se cuenta que en Atenas, en plena crisis bélica, su concierto fue abucheado en un comienzo: los griegos querían armas para sacar a los ingleses y no jazz. Pero luego de los primeros compases las rechiflas se convirtieron en apoteosis. Dizzy era definitivamente el mejor diplomático que los Estados Unidos habían conseguido.

Al final de su carrera, es decir, hace pocos días, Dizzy Gillespie había logrado mantener el bebop vivo aunque fusionado con el cool, el free y el jazz rock, pero jamás dejó de ser el individuo simpático, altamente inteligente y profundamente virtuoso. Junto a Satchmo está definitivamente en la cumbre de los trompetistas, eclipsando incluso al gran Miles en algunos aspectos.

Así es: 1992, y el principio mismo de 1993, se han llevado el cuerpo de grandes jazzeros. Los que soñábamos con un concierto de Miles Davis ya perdimos definitivamente la esperanza y habrá que contentarse con la música y las imágenes grabadas. Los cachetes de Dizzy ya no se inflarán ni los dedos de Astor caminarán magistralmente sobre el extraño teclado del bandoneón. Los que fueron a ver a Stan Getz en el Teatro Sucre contarán con más gusto y con cierta tristeza el magno evento. Tampoco están Bird, Ellington ni Pastorius. Pero quedan Jarrett, De Johnette, Metheny, los Marsalis, Rubalcaba y muchos más que, de alguna manera lamarckiana, harán que los grandes desaparecidos estén tan vivos como siempre.

❦

Tampoco pensé que la música sería mi profesión y, a diferencia de la lingüística, sigo pensando que de todas maneras no quiero que lo sea. Y no por falta de interés, sino todo lo contrario. Tal vez equivocadamente, creo que estudiar música en vez de simplemente escucharla y practicarla (limitadamente) de manera espontánea y empírica haría que perdiera el encanto, la magia, la seducción que tiene y que son inmensos. Por supuesto, esto podría solo ser una excusa elaborada y semiconsciente para tapar mi fracaso como músico formal. Pero no creo. De guagua seguí clases de piano y guitarra y podía leer música bastante bien. Pero, a diferencia de la bicicleta y la natación, la notación musical sí se olvida, casi por completo, si no se practica. Espero no pecar de soberbio al decir que si me hubiera dedicado habría sido al menos moderadamente bueno en algún instrumento, pero el hecho es que ahora toco solamente el cajón peruano de manera autodidacta y algo de la flauta dulce que aprendí en el colegio. Modestia aparte, creo que toco el cajón bastante bien, aunque seguramente los puristas me acribillarán. A pesar de que siempre me encantó la percusión y de que siempre estaba dándole golpes a cualquier cosa que hiciera bulla (como sigo haciendo…), nunca aprendí a tocar batería. Haber comprado mi primer cajón en Lima fue una especie de milagro en ciernes. Tal vez algún día me atreva a pedirles a mis amigos músicos regados por el planeta que hagamos unos pequeños dúos, ahora que en la era de la pandemia parece que todo es posible a través del Zoom.

Portada de *Filles de Kilimanjaro* de Miles Davis (1968) (originalmente en color).

El jazz-rock y otras fusiones: historias de híbridos vigorosos

DESDE el colegio nos enseñan acerca del famoso vigor del híbrido. El ejemplo típico es el de la mula, combinación de caballo y burra (o viceversa) que resulta más aguantona y trabajadora que cualquiera de sus progenitores.

Dejando de lado el serio problema que tiene una mula (biológicamente hablando) de no poder dejar descendencia precisamente por tener padres tan parecidos y diferentes a la vez, es un hecho que la capacidad de trabajo y resistencia de este noble animal es superior a la de sus ascendentes.

También en plantas (donde la hibridación es incluso más fácil y común) hay ejemplos. Por caso, muchas frutas, como la manzana o el tomate de árbol, crecen en patrones que son especies diferentes (aunque generalmente muy cercanas) con una capacidad de soporte al clima o a los parásitos muy superior al de la planta original de los frutos. De una manera real, el fruto resultante también es un híbrido vigoroso.

En los seres humanos, muchas veces con un escondido, y acaso inconsciente pero claro (y desdichado) tinte racista, también se dice que "hay que mejorar la raza". De alguna forma, aquí también entra el concepto de vigor híbrido.

Estas ideas no necesariamente se encuadran en ámbitos biológicos o evolutivos. También se puede hablar de híbridos artísticos o culturales, por ejemplo; y el caso más claro de esto es el del jazz-rock y otras manifestaciones afines de la música contemporánea.

Algo muy interesante con respecto al jazz-rock es que no solo es un híbrido, sino también (y en el sentido libre de connotaciones negativas) un incesto. Esta palabra, que representa actualmente uno de los tabúes más fuertes, puede ser tomada de una forma objetiva al entender que representa un fenómeno que, de hecho, se produce en la naturaleza no humana (esto, por supuesto, no quiere decir que se deba desechar la connotación moral propia de nuestra especie).

Centrándonos en el tema: ¿por qué el jazz-rock es a la vez un híbrido y un incesto? Para contestar primero la segunda parte, debemos aceptar que el jazz y el rock son dos fenómenos relacionados pero independientes y que, por lo tanto, pueden juntarse para darnos algún tipo de fusión. Esta aceptación no parece ser difícil por ningún lado, como veremos luego.

Para explicar la primera parte de la pregunta del párrafo anterior es necesario acudir a los orígenes de la más joven de las dos manifestaciones: el rock. Ya que no se puede elaborar mucho en este espacio, vale la pena sintetizar el asunto diciendo que el rock es, por lo menos de acuerdo con cierto criterio, hijo del jazz. El nacimiento del rock se da, en parte, por una reacción de los músicos populares frente a la exagerada complicación a la que había llegado el jazz en los años cincuenta.

Si el jazz era originalmente una manifestación netamente popular, incluso de protesta por parte de los más marginados (los esclavos negros), la evolución del género llevó a que en esos años se diera un movimiento (cuyo epítome es el free jazz) donde se requería de virtuosismos extremos y de armonías extrañas que estaban cada vez más lejos del pueblo en general.

No debe ser la conclusión de todo esto el que el jazz de este tipo necesariamente era decadente. Muchas obras excelsas del jazz de todos los tiempos y muchos compositores e intérpretes de primera provienen precisamente de esos tiempos. El mismo rock, que pretendía acabar con este elitismo, llegó eventualmente a lo mismo, y de la época del rock sinfónico o progresivo (los setenta) también vienen obras alejadas del objetivo propio del género pero no por ello menos "buenas". En la actualidad hay todavía grandes manifestaciones de estas etapas "cultas" de estos géneros, y de seguro seguirán existiendo.

Lo que sí es cierto es esto: el jazz había perdido hasta cierto punto su raíz principal, la cual debía ser rescatada. Al igual que en los movimientos de este tipo a través de la historia, no hubo posiblemente una verdadera decisión consciente sino más bien una derivación automática de algunos artistas de la época hacia temas más digeribles, *cantabiles* y viscerales. Y así va naciendo el rock, un hijo renegado del elegante y complejo jazz de la época.

El rock and roll, que en los sesenta se redujo a rock, empezó con músicos blancos interpretando rhythm & blues (que es la columna vertebral del rock) pero sin el bagaje cultural e histórico de los artistas negros que lo inventaron (Hank Crawford, B.B. King, Muddy Waters). Los temas más influenciados por la música country se llamaron "rockabilly", de *rock* y *hillbilly*, que significa campesino (algo de la música de Elvis Presley, por ejemplo, era rockabilly). El resultado final ha dominado la música popular de una buena parte del mundo por más de 30 años, bastante más que el propio jazz y el swing, y se ha diversificado enormemente.

Por supuesto, no se puede ser tan simplista en un análisis de esta naturaleza. A pesar de que no es la intención de este artículo analizar los orígenes de estos géneros sino más bien de su fusión, vale la pena acotar también que el rock tiene en su base a no solo el jazz, el rhythm & blues y el country, sino también a los grandes cantantes pop como

Frank Sinatra y Perry Como. Las influencias han seguido acumulándose a través de los años.

En fin... En determinado momento hace unas cuatro décadas, jazz y rock eran efectivamente dos entidades. Y la red de influencias musicales (que es más enredada que una telaraña vieja) se complicó todavía más y surgió el jazz-rock, muchas veces equiparado con la música fusión (que obviamente es un término más amplio).

Los primeros representantes del jazz-rock pueden encontrarse en realidad tanto en el rock como en el jazz.

En el rock, algunos elementos jazzísticos típicos, como los instrumentos de viento de metal, empezaron a asomar en grupos como *Chicago*, *Blood, Sweat & Tears* y *Soft Machine*, aunque a la final no se produjo una verdadera integración sino más bien una mezcla apenas innovadora. Grupos de rock progresivo y sinfónico como *Emerson, Lake & Palmer*, *Focus* y *King Crimson*, entre otros, utilizaron también fraseos e improvisaciones propias del jazz, con resultados a ratos muy halagadores.

El jazz fue el que en realidad fundamentó mejor al nuevo género híbrido, aunque el vigor actual le viene de ambas vertientes. Hay especialmente dos discos, ambos del célebre Miles Davis, que en los años sesenta sentaron las bases para el jazz-rock definitivo. Estos dos discos son *Filles de Kilimanjaro* (68) y *Bitches Brew* (69).

Estas obras, muy importantes en sí mismas por la unión precoz de jazz con baterías rock, y guitarras y pianos eléctricos, y que generaron atención y polémica enormes, son básicas también porque de ellos salieron los músicos que afianzarían el nuevo estilo: nada menos que John McLaughlin, Tony Williams, Herbie Hancock, Chick Corea, Joe Zawinul y Wayne Shorter, entre otros. Cada uno de ellos, de igual manera, ha sido creador de obras clásicas de la fusión y también han sido semillero de las nuevas generaciones de jazz-rockeros. En la actualidad, muchos de ellos son todavía los motores del jazz-rock, aunque Davis, Zawinul y Williams ya nos dejaron.

Otra rama jazzera de la fusión viene de músicos como Ramsey Lewis (piano), un poco opacados por la personalidad absorbente y el genio gigante de Miles. Si Davis era el dueño de la improvisación y el lirismo, había también otros músicos que se desenvolvían muy bien en las arenas más *funky*, como Lewis. Este jazz-rock (en el amplio sentido de la palabra), más comercial y ligero, no dejó sin embargo de ser fiel a sus raíces y ha generado escuela propia.

Algo aparentemente inconexo pero que tiene que ver mucho en realidad con la generación de la fusión de rock y jazz es la experimentación, cada vez más avanzada, de aparatos electrónicos que terminaron dándonos los omnipresentes sintetizadores, que se volvieron parte casi fundamental del nuevo género (provocando el pánico de los puristas del jazz). En los sesenta, Walter Carlos (más tarde Wendy) lograba grandes éxitos interpretando a Bach en el Moog.

Aparte de los conjuntos semilleros de Miles Davis, hay otros que merecen consideración específica. Shorter (saxos) y Zawinul (teclas) formaron uno de los más grandes grupos de jazz que ha habido: *Weather Report*. Aunque de manera un poco inconstante y de calidad variable, en él se conjugaban y fundían, como en pocos, los elementos del jazz (virtuosismo, improvisación, "*swing*") con los del rock (energía, espontaneidad, rudo lirismo).

Chick Corea (teclas) formó otro super grupo: *Return to Forever*, de donde salieron los súper instrumentistas Al Di Meola (guitarra), Stanley Clarke (bajo), Joe Farrell (Flauta) y Lenny White (tambores). El estilo inconfundible de Corea, que ha hecho desde jazz altamente complicado y experimental hasta temas alegres y bailables, se manifestaba en la fusión de los *Return* de manera posiblemente insuperada (para muchos, este ha sido el mejor grupo de fusión de la historia). Chick Corea nos dejó de manera sorpresiva y dolorosa en el 2021.

Posiblemente el paradigma de la fusión está representado en el guitarrista inglés John McLaughlin, dueño de una técnica y una sensibilidad únicas. Especialmente cabe mencionar la existencia de su grupo Mahavishnu Orchestra, con el baterista Billy Cobham, el violinista Jerry Goodman, el bajista Rick Laird y el teclista checo Jan Hammer, que logró gran fama por el tema de *Miami Vice* en los ochenta.

Para Joachim Berendt, el célebre crítico alemán, McLaughlin "ha demostrado más convincentemente que nadie los efectos impresionantes, liberadores, deliciosos y espirituales que la fusión puede crear". Sus obras con Di Meola, y otro fusionador excelso, Paco de Lucía, son otra muestra de híbridos maravillosos.

Es interesante, además, notar que varios de los músicos claves en el jazz-rock parecen tener alguna inclinación espiritual especial. Por ejemplo, Corea es ferviente seguidor de la controvertida secta de la cienciología de L. Ron Hubbard (autor del *bestseller Dianética*) y McLaughlin siempre ha demostrado tendencia seria hacia las creencias de la India (de donde viene el nombre de su famoso grupo y, como lo demuestra la música de su segundo conjunto *Shakti*, de clara influencia india). Tal vez solo sea una coincidencia, tal vez no...

En la actualidad no solo la fusión sino el mismo jazz-rock como parte de ella se han diversificado casi infinitamente. Hay jazz-salsa, jazz-folk (de cualquier parte del mundo) y jazz-new age; mucho de lo que se llama "World Music" tiene bastante de jazz y rock con mil cosas más. La lista de artistas que puede de algún modo inscribirse en este género es interminable y viene de muchos países: de Alemania, *Passport*; de Inglaterra, *Nucleus, Brand X* y las varias asociaciones de Bill Bruford fuera de *Yes*; de Francia, *Magma* (bastante inaudibles) y Didier Lockwood, y de Holanda, Pork Pie. Didier Lockwood y su grupo estuvieron por Quito en los años noventa. Su concierto en el

Teatro Bolívar fue memorable. Al final del evento pudimos acercarnos al artista y, gracias que mi amiga Goy Paz cargaba su chequera consigo, pude obtener un singular autógrafo. En uno de los numerosos pero incruentos robos que he sufrido a lo largo de mi vida, perdí esa joya. No sé por qué lo mantenía en la billetera y no en un cajón o un marco… Didier Lockwood murió a los 62 años en 2018. A ratos, el también desaparecido Paco de Lucía se acercó mucho al jazz-rock. El conjunto peruano de Manongo Mujica es uno de los mejores ejemplos más cercanos a nosotros, así como *Tinku*, el grupo semi ecuatoriano basado en Boston, y el genial grupo quiteño *Pies en la Tierra*, entre otros.

Entre los norteamericanos, donde está por supuesto la más alta concentración de jazz-rockeros, hay que anotar además a Pat Metheny (guitarra), Gary Burton (vibráfono), Michael Brecker (saxo), *Yellowjackets* (tremendo grupo de fusión), Andy Narell (con tambores de acero caribeños) y Jean Luc Ponty (el violinista que, aunque es francés, ha hecho su vida musical en California y ha logrado una fusión impresionante, por ejemplo, con el rock africano), entre muchos otros. Algunos conjuntos como *Spyrogyra* y *Rippingtons* forman una pléyade que se podría considerar la progenie de Ramsey Lewis y su fusión más pop. Es de notar que muchos de estos músicos y grupos, de cuando en cuando, tocan jazz más "puro" también.

Pero… ¿por qué se puede considerar un género al jazz-rock? La pregunta más bien sería, ¿es siempre el jazz-rock un verdadero género híbrido o solamente una mescolanza coyuntural? A ratos sí hay una fusión verdadera de elementos, una nueva síntesis donde se generan nuevos elementos que no están en ninguna de las fuentes. El jazz-rock puede ser como el agua: es a momentos como la fusión de oxígeno e hidrógeno, pero mucho más que la simple suma de las propiedades de los dos. No es ni jazz ni rock: es otra cosa nueva, a veces con lo mejor de ambos y siempre con algo extra.

A diferencia de una mula, el jazz-rock ha dejado y dejará una descendencia larga y fuerte porque –como el agua misma– el jazz-rock y sus fusiones hermanas son elementos profundamente dinámicos y llenos de vida, más que el más vigoroso de los híbridos.

Una parte fundamental de los viajes que he podido hacer a sitios tan increíbles como Nueva York, donde viví por dos años, ha sido siempre la posibilidad de ver conciertos de artistas que van desde Kenny G hasta Andrés Segovia. Al llegar a NYC yo sabía que su vida cultural era intensa, tal vez más que en ninguna parte del mundo, pero a la vez consideraba que el vivir en el Bronx y no en Manhattan, con recursos financieros muy limitados y con estudios de por medio, no debía hacerme muchas ilusiones. Afortunadamente me equivoqué. A pesar de que durante la semana sí debía estar concentrado en cosas de la universidad y el jardín botánico, y de que prácticamente nunca salía a nada, en los fines de semana otro gallo cantaba. Ayudó mucho el que una familia muy querida, los Santamaría, que habían llegado desde el Ecuador hace décadas, vivieran en Broadway y la 97. Su departamento se convirtió en mi centro de operaciones en Manhattan y desde esa parte del West Side era fácil llegar adonde fuera a pata, en metro y en bus. Y prácticamente todos los fines de semana pude ir a conciertos fabulosos, incluso muchos de ellos al aire libre y gratis. Sitios como Lincoln Center, Carnegie Hall, Radio City Music Hall, Beacon Theater, Apollo Theatre y Madison Square Garden fueron los templos donde pude ver a gente como el propio Andrés Segovia, a John Williams (el guitarrista), Seiji Ozawa y Leonard Bernstein, en lo que podemos llamar "música clásica". En rock me ufano de haber visto entre otros a Peter Gabriel, *Emerson, Lake and Powell* y *Tangerine Dream*, y en jazz a Keith Jarrett, Jean Luc Ponty, Larry Coryell, Chick Corea y su *Elektrik Band*, Wynton y Bradford Marsalis. Un punto muy alto fue haber visto a B.B. King en el Apollo Theater de Harlem. Todo esto se completó impresionantemente al haber podido en Gran Bretaña admirar en vivo a gente como Pat Metheny, *Marillion*, Jan Garbarek, *The Chieftains*, Carla Bley, Sarah McLachlan, Christy Moore, *Jethro Tull* y *King Crimson*.

Afiche del concierto de *Irakere* en Quito (Juan Lorenzo Barragán, 1994) (originalmente en color).

Irakere:
la sencillez en la cumbre

EL jefe parecía una vieja gloria del básquetbol. El que entró luego parecía más un físico nuclear o un cirujano famoso que otra cosa. El de más allá era un maestro de escuela, el de al lado un oficinista del gobierno y los que llegaron luego el defensa y el delantero de una selección de fútbol de cualquier país latinoamericano. El más pequeño y pintón podría ser actor de telenovelas. Sí, un montón de gente heterogéneo como pocos. Pero cada uno de ellos era en realidad parte básica de una de las agrupaciones musicales más coherentes y destacadas del mundo: *Irakere.*

Por supuesto, la rueda de prensa comenzó un poco tarde. Al principio solo había unos cuatro, pero poco a poco llegamos a una veintena. Jesús "Chucho" Valdez entró primero, seguido de Carlos Averhoff, Carlos Morales, Enrique Plá, Miguel Díaz... Se sentaron al frente de los periodistas y aficionados al jazz que estábamos en la sala del Oro Verde y, tras la presentación por parte de Roberto Rubiano (parte del adorable equipo que trajo a *Irakere* a Quito), esperaron las preguntas.

Nadie las quería hacer, al parecer por la pura timidez típica de nosotros. Pero eventualmente se rompió el hielo y comenzó un diálogo delicioso...

Es que los integrantes de *Irakere* no son solo unos artistas de primera magnitud sino personas de calidad extraordinaria. Uno ya conoce a los caribeños: extrovertidos, inteligentes, burlones, buena gente.

Pero en este caso hubieran tenido buena razón para ser además un poco arrogantes: tanto halago a lo largo de 20 años se le sube a cualquiera. Menos a Chucho Valdez y sus compinches...

Chucho fue el que más habló, pero casi todos tuvieron algo que decir. A continuación se transcriben, lo más literalmente posible, sus ideas acerca de un montón de cosas. Estuvimos juntos por un par de horas que corrieron como segundos y que nos dejaron con un sabor exquisito en la boca y el corazón. Si no está especificado de otra manera, es el magnífico pianista el que habla:

Sobre el público en diferentes partes del mundo

En general, ha habido poca información acerca de la música no solo del Caribe sino de toda Latinoamérica. Pero en nuestro caso particular, con más de 20 años de vida artística, el público de cualquier parte ya sabe lo que espera de *Irakere*. Así, en Alemania o Japón, por ejemplo, se presenta una reacción semejante a la que se da en Cuba y en Latinoamérica, tan parecida que te puedo decir que es igual.

Sobre la tardanza de *Irakere* en venir al Ecuador

No creo que nos hemos demorado un poquito... ¡sino un pocote! Hemos estado en Venezuela y en Colombia, por primera vez allá el año pasado. Posiblemente el fenómeno se deba a que nuestro empresario es inglés y su fuente de trabajo y sus conexiones están en Europa más que en América. Es curioso que seamos más conocidos por allá. Sin embargo, nosotros mismos estamos tratando de balancear esto porque, como quiera que sea, estos son los lugares con los que tenemos mayores afinidades de cultura, de raíces históricas. Está comenzando el trabajo.

Sobre el número de integrantes de *Irakere*

Siempre hemos estado entre 9 y 11 integrantes. Diez parece ser el número más apropiado para hacer nuestra música sin poner demasiada gente y sin escatimar recursos. En algunos grupos el número reducido responde a cuestiones comerciales: es menos costoso movilizar a 4 que a 10 pero con instrumentos electrónicos con los que hacen maravillas, y cuesta menos pagar hoteles y esas cosas. Desde el punto de vista musical... esa es otra historia.

Sobre los instrumentos "nuevos" versus los acústicos

La tendencia a minimizar la calidad personal y la espontaneidad propia de los instrumentos acústicos frente a los nuevos instrumentos altamente tecnológicos es algo relativo. Nosotros hacemos música afrocubana con los instrumentos originales. El público de *Irakere* quiere ver los tambores originales y no los computadores y sintetizadores; los ritmos africanos tocados por el hombre y no por un secuenciador.

Ahora, tampoco vamos a cerrar las puertas al desarrollo. Vamos a usar de eso algo como un elemento para darle cierta contemporaneidad a nuestro trabajo, pero como un elemento secundario, de color. Nosotros preferimos la tecnología afrocubana original del siglo XVI (Chucho se ríe ante la aparente incoherencia), cuando llegaron los esclavos negros, y las trompetas reventando, porque eso es lo que realmente el público aprecia, creo yo.

Sobre el "electrosón"

Irakere experimentó con el "electrosón" (son tradicional con buena carga de instrumentos eléctricos y electrónicos) durante un tiempo pero hemos vuelto atrás para hacer algo de lo anterior pero con otro sentido, por ejemplo, con más riqueza armónica, con otro tratamiento de la orquestación y rítmico, y un toquecito de la electrónica; no tocamos la misma cosa que hace veinte años. La electrónica está en su lugar, sin desplazar el trabajo natural del hombre y sin perder el espíritu del son. Tenemos sones muy buenos pero con un desarrollo en el tratamiento.

Sobre el género en el que *Irakere* se inserta

Latin jazz, mambo jazz... son variantes... el latin jazz es una etiqueta que se le ha dado al jazz que se hace con elementos del Caribe o afrocubano; muchos grupos norteamericanos hacen latin jazz como Cal Tjader y otros más. Algunos lo llaman afro jazz, o jazz afrocubano, o cu-bop (bebop cubano). Mambo jazz no porque el mambo es un género aparte entre lo cubano. Los que deciden son los productores de los discos: le pusieron "salsa" al son para vender este tipo de música, así mismo latin jazz para comercializar la música nuestra.

Carlos Averhoff complementa: No somos un grupo de jazz. Somos un grupo de fusión de varios elementos, mayormente jazz y música afrocubana, pero también hay cosas andinas (como en la Suite Andina), boleros, música "clásica", etc. Pero un grupo de jazz, no.

Sobre las experiencias con grandes del jazz

La primera visita de Dizzy Gillespie a Cuba, en abril de 1977, con Stan Getz entre otros, y de lo primero que hicieron fue preguntar por *Irakere*. Es que un año antes *Irakere* estuvo en Canadá y ya se había corrido la voz. Se hizo una *jam session* en el Hotel Habana Libre y fue el primer encuentro después de muchos años con los norteamericanos. Al siguiente año la CBS apareció en Cuba contratándonos para hacer un disco, que eventualmente ganó el Grammy en 1980. Este disco era la grabación de lo que hicimos al cerrar en 1978 el Festival de Newport después de que tocaron Bill Evans, McToy Tyner, Marylou Williams, Larry Coryell y que duró tanto que los empleados de Carnegie Hall dijeron que había que pagarles horas extra para no parar el concierto (nuevamente Chucho se ríe).

En 1979 se llevó a cabo el Habana Jam y bajó una hemorragia de músicos: *Weather Report* en su mejor época, apareció Dexter Gordon, Hubert Laws, Anthony Williams, John Mclaughlin y Jaco Pastorius, que hicieron un trío electrizante. Una verdadera hemorragia de músicos. Además estaban todos los de la *Fania All Stars...* y una delegación cubana fuerte con nosotros incluidos.

Luego hicimos una gira por 26 estados de los Estados Unidos junto a un grupo dirigido por Stephen Stills, un rocanrolero fuerte de la época de Presley. Sacamos otro disco en estudio que tuvo otra nominación al Grammy... Pero ahora que hablen los compañeros...

Carlos Morales: me he encontrado con personas que yo nunca me imaginé. Inclusive ellos se montaron en el escenario y compartieron el show con nosotros. Me refiero a John McLaughlin, Al Di Meola, Larry Coryell y Jack Wilkins. Para mí fue impresionante porque son personas que uno ha idealizado por muchos años. En esa época no se conocían los videos y eso, y no es lo mismo ver una persona ahí en vivo y en directo y poder hacer comentarios con ellos. Es muy interesante el intercambio.

Carlos Averhoff: en veintipico de años hay infinitos festivales grandes y pequeños donde uno se sorprende de encontrar a algunas personas. Uno de los festivales que yo más recuerdo es aquel en Viena, en el que compartimos con *Manhattan Transfer*, George Benson y empezaba a promocionarse Kenny G, que ahora es famosísimo. Hemos estado juntos con los *Steps Ahead, Yellowjackets...*

Retoma la palabra Chucho: hay una anécdota interesante con Chick Corea, pero ¡habla tú, muchacho...! (se refiere al joven y virtuoso saxofonista César López, quien dice:)

Era mi primera gira con *Irakere* por Europa. No había trabajado profesionalmente antes pues había salido hace poco de la escuela. Me encontré frente a músicos que durante la vida de estudiante había escuchado y estudiado. En 1988, en Cerdeña, compartimos el escenario con Corea, Di Meola y Billy Cobham. Los tres pidieron tocar con el grupo y fue algo muy bonito. Al Di Meola quiso particularmente tocar un número con Miguel, el percusionista.

Sobre el jazz en Cuba

En la última intervención del jefe, Chucho Valdez comenta sobre el gremio jazzístico en Cuba: "Nosotros no somos diferentes a nadie. Nuestra música es muy parecida a la que se hace en el Caribe. Hay muchos y muy buenos músicos en Cuba por el impulso que se ha dado. Vayan ustedes a ver cómo funcionan las escuelas de música en mi país. En los festivales de jazz y de otro tipo de música encontramos sorpresas nosotros mismos, con grupos increíbles que vienen del interior. Vean lo que está haciendo, por ejemplo, el grupo de fusión *Cuarto Espacio*.

Últimas palabras con el baterista

Ya en la sobremesa de la rueda de prensa, cuando todos nos despedíamos cautivados por la simpatía, la inteligencia y las anécdotas de los Irakeres, Enrique Plá nos sorprende un poco al decirnos que uno de sus bateristas favoritos es Neil Peart, el [desaparecido] canadiense del trío de rock *Rush*; por lo menos yo esperaba que dijera algo como Jack de Johnette, Tony Williams, Gene Krupa o algo así. Pero la sorpresa dura poco después de un análisis: en primer lugar, Peart es insuperable tras los tambores; en segundo lugar, no es sorprendente que personas de mentalidad tan abierta como Plá y los demás nombren a gente que podría parecer una alternativa poco ortodoxa frente al tipo de música que hacen.

Sobre los que se fueron

El mismo Plá nos deja pensando mucho con su último comentario antes de abandonar la sala, con respecto a Paquito de Rivera, Gonzalo Sandoval y tantos otros que dejaron la isla y ahora están básicamente en Estados Unidos: "Cada uno tiene derecho de vivir donde más cómodo se sienta; pero una cosa sí te digo: ve a ver lo que están haciendo los percusionistas cubanos que salieron de Cuba en los ochentas; están haciendo lo mismo que en los ochentas. Y mira lo que están haciendo los percusionistas actuales en Cuba...".

***

Pocos días después fue el concierto; los que estuvieron allí se quedaron con un pedazo de su memoria y de su corazón lleno para siempre de evocaciones imperecederas.

Pero esa es otra historia. Una historia que seguramente tendrá un nuevo gran capítulo cuando otro gigante de la música actual, también cubano, el pianista Gonzalo Rubalcaba, nos visite de nuevo en septiembre. Por favor, no se lo pierdan.

Mucha agua ha pasado bajo el puente desde esas épocas. En 1998 fuimos con Rossana a Cuba y arrendamos un carro. Íbamos oyendo una entrevista a Chucho Valdés y yo me moría de ganas de llamar a la emisora a saludarle y recordar el concierto en Quito. Pero los celulares recién comenzaban y, en todo caso, no teníamos uno con nosotros... Por otro lado, Quito definitivamente se ha convertido en algo mucho más atractivo para artistas internacionales y han pasado por aquí gente como Chick Corea, Al DiMeola, John Abercrombie, Pedro Aznar, Sting, Paul McCartney, Alan Parsons, Lito Vitale, *Deep Purple* y muchos más que sería difícil listar. Ojalá la pandemia se acabe pronto y cualquier normalidad nueva que quede permita que se vuelvan a llevar a cabo espectáculos grandes y sin problema. Mi ejemplar del fantástico afiche que Juan Lorenzo Barragán creó para el concierto de *Irakere* está bien y tiene autógrafos de todos ellos. Un tesoro.

Sobredosis de talento: a pesar del nombre, este es el verdadero *Yes* (menos Chris Squire, bajos): Rick Wakeman (teclas), Jon Anderson (voz), Bill Bruford (batería)y Steve Howe (guitarras). La portada es de Roger Dean (1989) (originalmente en color).

Renacimientos incompletos: la agridulce historia de las reunificaciones en el rock

EL resurgimiento de los dinosaurios a través de películas y novelas como *Parque Jurásico* puede tener reverberaciones insospechadas. Al parecer, el renacimiento de los monstruos del pasado no solo afecta a los tiranosaurios y los velocirráptores sino a los rockeros ya entrados en años.

En este caso, por supuesto, la diferencia frente a los dinosaurios es fundamental: hacer que efectivamente los reptiles antediluvianos regresen está (al menos por el momento) lejos del alcance de la ingeniería genética. Pero los músicos de los años sesenta y setentas que vuelven a mover la colita son seres vivos y, como tales están inmersos en todo el drama, la acción y la comedia de la vida real, sin necesidad de mayores efectos especiales.

La mayoría de ejemplos de revivificaciones rockeras se refiere a los dinosaurios del rock progresivo o sinfónico inglés de los años setenta (los del llamado "tecnorock"), por alguna razón que rebasa el alcance de este escrito. Pero, claro, no son los únicos.

Vale la pena hacer una aclaración extra: muchos de los grandes músicos de los grupos de esas décadas, extrañamente lejanas y cercanas a la vez, han seguido haciendo música, ya sea como solistas o con otros grupos. Son muy pocos los conjuntos que se han mantenido más o menos incólumes a lo largo del tiempo. Incluso en estos escasos ejemplos, las diferencias entre el grupo actual y el original casi claman por un cambio de nombre.

En esta categoría, la de los que supuestamente nunca desaparecieron, está *Jethro Tull*, el grupo británico liderado por el cantante, guitarrista y flautista Ian Anderson, que ya sacó un álbum conmemorativo de sus 25 años de vida. También podemos nombrar al grupo alemán *Tangerine Dream*, pionero del rock electrónico hace ya 30 años, que tiene como único sobreviviente del staff original al guitarrista y teclista Edgar Fröse, ahora acompañado de su hijo. Edgar Fröse falleció en 2015 tras una carrera fantástica. *Tangerine Dream* sigue existiendo; a pesar de que ya no hay miembros originales, la historia de *Tangerine Dream* jamás se cortó.

Entre los que tal vez nunca desaparecieron podría también nombrarse a *Genesis*, que hizo maravillas en los setenta; pero sus discos son tan esporádicos frente a las carreras bien establecidas como solistas de sus integrantes, especialmente del cantante Phil Collins, que este grupo no parece ser un buen ejemplo.

Hablando del mismo *Genesis*, entramos en la médula del artículo para referirnos a las reintegraciones de grandes grupos desaparecidos. En este caso, si se reintegraran efectivamente los cinco clásicos del grupo: Collins, Peter Gabriel, Steve Hackett, Tony Banks y Mike Rutherford, entonces sí podríamos hablar de un renacimiento de *Genesis*. Eso no creo que suceda. Increíblemente, una reunión de al menos tres integrantes de Génesis (Collins, Rutherford y Banks) sigue siendo una posibilidad. Por culpa de la pandemia, su gira del 2020 quedó postergada pero se espera que en el 2021 sí se lleve a cabo, pese al precario estado de salud del baterista (remplazado en la manipulación de las baquetas por su hijo Nicholas).

Ha habido otros grupos que por un buen tiempo sí han desaparecido como tales y que se han reintegrado, por lo menos hasta cierto grado. No se puede establecer una norma fija (no estamos hablando de física o química) para decir cuándo realmente un grupo ha desaparecido: ¿ha sido largamente planificado su próximo álbum? ¿Han decidido tomarse unas extensas vacaciones? ¿Se desintegraron definitivamente y no pueden ni verse entre los miembros? Además, la chismografía y los trucos publicitarios propios de estos ámbitos hacen muy difícil poder contar con datos totalmente creíbles.

Pero sí se puede llegar a un límite medio empírico para decir, sin mayor problema, que *The Beatles*, por ejemplo, sí se desmembraron definitivamente y que una reunión entre ellos sería una verdadera resurrección. Casos más ambiguos son, entre otros, *Pink Floyd*, *Deep Purple, Emerson, Lake & Palmer, Led Zeppelin* y *Yes*, cada uno con una historia propia.

Pink Floyd, después de todos los relajos con la salida de Roger Waters, continuó haciendo buena música e incluso después de poco comenzará una gira que (como siempre) llegará cerca del Ecuador pero no ingresará en nuestro país. A mi modo de ver, el grupo sin Waters no merece seguirse llamando *Pink Floyd*, pues perdió toda la esencia que los llevó a hacer obras singulares como *Dark Side of the Moon* a mediados de los setenta. El grupo del guitarrista David Gilmour, donde el propio teclista original de los Floyd, Rick Wright, es ahora un simple asalariado de su compañero, es un capítulo de estos renacimientos incompletos. Rick Wright, a pesar de haber sido, junto al baterista Nick Mason, algo opacado por Waters y Gilmour, compuso algunas de las piezas más icónicas de Pink Floyd, entre la que sobresale la soberbia *The Great Gig in the Sky*, y contribuyó sustancialmente al sonido inconfundible de la banda con sus teclados; sacó un par de obras en solitario bastante buenas y falleció de cáncer en 2008.

El caso de *Yes* es incluso más complicado. Se produjo un cisma en este gran conjunto inglés, en los ochenta, por alguna desavenencia interna; el ya desaparecido bajista Chris Squire se quedó con el nombre, dejando afuera a otros miembros del grupo, entre ellos el corazón de *Yes*: el cantante Jon Anderson. Él, junto a Steve Howe, Bill Bruford y Rick Wakeman (musicazos de la cima misma) creó un cuarteto que tenía como nombre solo sus apellidos. En buen cristiano, ESE era el verdadero *Yes* y no los que se quedaron solo con el nombre. Después de arreglar los problemas, *Yes* volvió en pleno, pero se notaba claramente que unas canciones eran del grupo de Squire y otras del de Anderson. Se espera que saquen un disco más coherente pero hay quienes piensan que más va a ser una reunión de excompañeros de colegio que un verdadero conjunto reactivado.

Un ejemplo muy claro de resurrección es el de *Emerson, Lake & Palmer*, el trío de súper instrumentista ingleses que combinó (con resultados a veces increíbles) el rock con la música clásica y el jazz. Keith Emerson, Greg Lake y Carl Palmer se separaron tras una triunfal carrera en los setenta, para seguir derroteros por separado. Cuando quisieron reunirse a mediados de los ochenta, Palmer no estaba disponible, así que se formó el grupo *Emerson, Lake & Powell* (Cozy Powell, notable baterista salido de ámbitos metaleros). Cuando quisieron nuevamente juntarse, el que faltaba era Lake, y se estableció un trío que se llamó *Three*, con el cantante Robert Berry. Finalmente, hace pocos años, el trío, todavía con algo de su fuerza y originalidad, se reencontró para sacar una interesante obra en estudio. Hace poco salió un excelente disco en concierto.

Obviamente, los críticos se han refocilado reprobando estas obras sobre la base de anacronismo y desenfoque. El disco de *Anderson, Bruford, Wakeman & Howe*, por ejemplo, es una obra muy bien concebida pero vituperada con celo excesivo y análisis escaso.

En los últimos tiempos se ha hablado de la reunificación de otro grupo que hizo furor en los años setenta: *Led Zeppelin*. A pesar de que tenía un componente "pesado" muy claro, había un refinamiento de fondo muy especial, responsable de piezas tan sobresalientes como

Stairway to Heaven. La muerte del baterista John Bonham marcó tal vez el comienzo del fin. Un intento de reunirse hace unos cuantos años fracasó por el choque de egos: no se pusieron de acuerdo en si debía ir primero el nombre del guitarrista Jimmy Page o el del vocalista Robert Plant. Pero se habla de que en estos días van a volver a tocar juntos y el baterista sería nada menos que el hijo de Bonham, con lo que la reunión sería casi perfecta. De hecho, Jason ya ha remplazado a su padre en presentaciones de Led Zeppelin tras la muerte del gran baterista.

Pero ahora llegamos a "la" reunificación que todos esperábamos y que se truncó violentamente cuando, en 1980, un loco asesinó a John Lennon. Los *Beatles*, los padres de la música popular moderna y cuya influencia obvia se ve igualada solo por su sutil intervención en muchas instancias menos evidentes, se quedaron sin su mejor cuarta parte cuando ya estaban separados por largos años.

Y, sin embargo, ahora se habla de que los *Beatles* van a tocar de nuevo... Paul McCartney, George Harrison y Ringo Starr estarán al frente de sus fanáticos otra vez, como cuando hacían chillar y desmayara las jovencitas hace ya 30 años... Sí: *Yesterday, Hey Jude, Let it be*, interpretadas con las voces originales (aunque ajadas) de los ciudadanos más famosos de Liverpool. Parece mentira.

Y tal vez lo sea, porque esta reunificación, "el evento del siglo", tiene de cualquier forma características especiales: no se van a reunir (al menos en principio) en un concierto o algo así para tocar piezas antiguas. De lo que se trata es de hacer música para una serie de televisión inglesa acerca del conjunto. Entre lo que compongan habrá una o un par de piezas cantadas que serán llevadas al video. Además, ya ha habido problemas entre Paul y George, según dicen. Paul hasta ha dicho que la reunificación es falsa (refiriéndose, al parecer, a un concierto). Pero se puede dar por hecho que la reunión sucederá, aunque no sea precisamente lo tan esperado. Falta por determinar si va a ser

Julian Lennon, el hijo mayor de John y dotado de una voz parecida, quien asome en representación de su padre.

Entonces, ¿serán realmente los Beatles los que se reúnan? ¿No será una réplica muy incompleta de lo que sucedía en aquellos tiempos? Tal vez eso es, de hecho, lo que en realidad ha sucedido con todos los grandes revividos, que aprovechan algo de lo que queda (y de los que quedan) para exprimir unas gotas más a una fruta que era jugosa.

En cualquier circunstancia, los *Beatles* son especiales; por eso, una reunificación será algo distinto a lo que ha sucedido con otros grupos. Su singularidad trasciende la esfera racional y analítica, y entra en lo fabuloso y legendario, como lo han hecho los dinosaurios genuinos. Una reunión puede ser un éxito rotundo (pero de todas maneras efímero) o un ladrillo chueco en esta leyenda que se sigue construyendo. Veamos qué pasa, si es que pasa. En cualquier caso, creo que los *Beatles* nunca volverán realmente a tocar juntos, mucho menos tras la muerte de George Harrison en 2001.

Y ¿saben qué?: también creo que eso en verdad importa poco, pues los Beatles –como los dinosaurios genuinos– nunca han perdido actualidad y jamás han dejado de estar con nosotros: así como los dinosaurios siguen viviendo en las aves, hay grupos actuales que, de algún modo y más allá de las resurrecciones, también ayudan a mantener muy vivo el excepcional espíritu del rock progresivo de los setenta.

❧

A pesar de que en la casa siempre hubo música, especialmente clásica y francesa porque mi papá estudió en París, a mí me llegó más bien tarde la afición más amplia. Me acuerdo de que mi primer disco de rock fue un LP con una colección de los *Beatles* y mi primera exposición a cosas más *heavies* fue un casete de *Wish you were here* que me prestó mi querido compañero del colegio David Paredes. Pero el punto de quiebre se dio cuando conocí a Ranferí Aguilar, un guatemalteco que estaba en el colegio por unos años y que tocaba la guitarra como los dioses. Empezamos a llevarnos y entre las cosas que descubrimos en su casa estaba una serie de discos raros, de grupos como *Yes, Genesis* y *King Crimson*. "Rock progresivo", nos dijo que se llamaba. Después llegaron *Renaissance*, Mike Oldfield, *Camel* y *Tangerine Dream*... conocer a Ranferí fue como haberle puesto turbo y gasolina de avión a mi motor musical y desde ahí no ha parado. Incluso tocamos juntos en un conjunto, y haber compartido escenario con él y otros queridos colegas ha sido sencillamente único. Posiblemente al alguien suena el nombre. Pues Ranferí Aguilar regresó a Guatemala y sacó discos de música étnica fabulosos, especialmente *El Hacedor de Lluvia*. También fundó el súper grupo *Alux Nahual*, que aquí no ha sonado mucho pero que en Centroamérica y partes de Estados Unidos es un ídolo. Aunque se acabó hace rato, *Alux Nahual* se volvió a unir y seguirá rugiendo, como los buenos dinosaurios, para siempre. Sin embargo, también es cierto que muchos dinosaurios ya se fueron, al menos físicamente. John y George de los *Beatles*, John de *Led Zeppelin*, Chris de *Yes*, Keith y Greg de *ELP* y mi batero favorito, Neil Peart de *Rush*, son los que más inmediatamente me vienen a la memoria...

Relación cronológica, notas y medio original de los artículos

COMO se deducirá de la siguiente tabla, no soy muy bueno manteniendo registros claros. En la mayoría de los casos logré encontrar las revistas o periódicos en los que salieron los textos, ayudado por gente como Andrés Vallejo de *Ecuador Terra Incognita*, Juanita Ordóñez y Sonia Espín de *Mundo Diners* o las versiones electrónicas en la computadora; sin embargo, quedaron unos pocos para los que solo puedo calcular el año. Unos pocos artículos no salieron publicados.

TÍTULO	FECHA	MEDIO
El jazz-rock y otras fusiones: historias de híbridos vigorosos	ca. 1991	Traffic
Renacimientos incompletos: la agridulce historia de las reunificaciones en el rock	ca. 1991	Traffic
Carlos Lineo: el hombre que puso nombre y apellido a los seres vivos	Noviembre de 1992	Diario el Comercio
Zoológicos: algo más que muestrarios de animales cautivos	Febrero de 1993	Diario El Comercio
Con un pie en la Antártida	Diciembre de 1993	Diario El Comercio
La última lectura de Al Gentry	Enero de 1994	Diario El Comercio

El gallito de la peña: nuestro propio patito feo	Enero de 1994	Diario El Comercio
Historias dilatadas y cautivantes	Marzo de 1994	Diario El Comercio
Los dinosaurios: el *boom* mal aprovechado	Abril de 1994	Diario El Comercio
La larga sombra de las palabras	Abril de 1994	Diario El Comercio
Los mitos de la ciencia ficción	Junio de 1994	Diario El Comercio
Reciclar, Reusar, Reducir: como todos podemos ayudar a salvar el mundo (publicado como Un mundo que se desvanece)	Agosto de 1994	Diario El Comercio
Una buena inclinación	Agosto de 1994	Diario El Comercio
Irakere: la sencillez en la cumbre	1994	No publicado
Los lenguajes: seres vivos traídos y llevados por el viento	1995	No publicado
La biodiverciudad de Quito	Septiembre de 2002	Ecuador Terra Incognita
El hielo: crisol de la diversidad	Noviembre de 2002	Ecuador Terra Incógnita
Espagueti junction	Octubre de 2003	No publicado
Patrimonio natural	Agosto de 2004	Ecuador Terra Incógnita
Gales: el otro país británico	Enero de 2007	Mundo Diners
Machu Picchu	Enero de 2007	Mundo Diners
Cuando Dios hizo el Edén... ¿pensó en América? *Segundo premio en el Concurso de Reportajes de Biodiversidad de Conservación Internacional 2007.*	Febrero de 2007	Mundo Diners

¿La última rueda?: el ambiente en el mundo y el Ecuador. *Edición especial por el número 300.*	Mayo de 2007	Mundo Diners
Lo que se viene y lo que nos toca. ¿Cómo prepararnos para el calentamiento? *Primer premio de los artículos sobre cambio climático convocado por Acuerdo Ecuador.*	Agosto de 2007	Ecuador Terra Incognita
El Gran Cañón: vivencias al borde del abismo	Diciembre de 2007	No publicado, presentado a Mundo Diners
Los árboles, ¿buenos para todo?	Diciembre de 2009	Ecuador Terra Incógnita
El perro llucho de América	Abril de 2010	Ecuador Terra Incógnita
Un jardín botánico dentro de otro	Julio de 2010	Revista Q?
Las joyas escondidas de la corona holandesa	Noviembre de 2010	Mundo Diners
El patrimonio natural de Quito: un complicado balance entre activos y pasivos	ca. 2010	Revista Q
De desechos, gallinazos y otras cosas asquerosas	ca. 2010	Revista Q
¿Hace falta luxarse el tobillo para tomar conciencia?	ca. 2010	Revista Q
El extraño bosque de Jerusalem	Febrero de 2011	Revista Q
Los lagartos terribles. ¿O eran pollos? Publicado como Los lagartos (¿o pollos?) Terribles. *Mención de honor en el Concurso de Reportajes de Biodiversidad de Conservación Internacional 2012.*	Junio de 2012	Ecuador Terra Incognita
El Parque Nacional Cayambe Coca: la escalera viva	Abril de 2013	Ecuador Terra Incognita
Sangay: el parque de volcanes, grandes bestias y pájaros trastornados	Agosto de 2014	Ecuador Terra Incognita

Waterloopbos: un bosque antiguo de 70 años en Holanda (publicado como *Holanda: un bosque antiguo de 70 años*)	Noviembre de 2014	Mundo Diners
Extinción: la sexta ola. *Introducción a la edición especial de extinciones*	Abril de 2016	Ecuador Terra Incognita
El universo emplumado. *Introducción a la edición especial de aves*	Febrero de 2018	Ecuador Terra Incognita
La vida en los Andes. *Introducción a la edición especial de montañas*	Abril de 2018	Ecuador Terra Incognita
Μ ι α π ρ ο σ ε υ χ ή δ ε ν α ρ κ ε ί	Agosto de 2019	Nea Selida, Grecia
La importancia de las áreas protegidas	Marzo de 2020	Verde Galápagos
De vacas, virus, torbellinos y flores: la corta vida de un pequeño emprendimiento	Julio de 2020	VerdEcuador
Encuentros cercanos del último tipo	Septiembre de 2020	VerdEcuador
Quito, la biodiverciudad de la perpetua primavera	Noviembre de 2020	VerdEcuador
Reservas, Patrimonios y Geoparques: más allá de las listas y las categorías	Diciembre de 2020	VerdEcuador

El autor

Nací en Quito en 1959. Estudié en el Colegio Alemán desde el prekínder hasta la graduación de Bachiller en Humanidades Modernas; todavía mantengo contacto regular con muchos de mis compañeros y compañeras de esas épocas. Tras una par de incertidumbres iniciales, que me llevaron entre otras cosas a hacer el preuniversitario de medicina en la Universidad Central, decidí estudiar la carrera de Ciencias Biológicas en la Pontificia Universidad Católica en Quito. Allí también se presentaron incertidumbres: me sedujeron la genética por el lado "laboratorio, y la ecología por el lado "campo". Finalmente fue el botánico danés Henrik Balslev, entonces director del herbario QCA de la PUCE, quien me subió a la camioneta de las plantas y más específicamente de la fitoecología de los páramos. Mi tesis de licenciatura en el páramo de El Ángel discurrió sobre la evolución paralela de los páramos sudamericanos y los ecosistemas equivalentes en las alturas de las montañas del este de África. Tras trabajar en la PUCE por un par de años conseguí una beca Fulbright-LASPAU gracias a la cual cursé una maestría en botánica en un programa conjunto entre el Jardín Botánico de Nueva York y la City University of New York. Mi tesis fue una revisión taxonómica del género *Arcytophyllum* de las Rubiáceas. Al regresar a Quito continué trabajando por un tiempo en la PUCE pero en algún momento decidí unirse a compañeros de la universidad que también habían hecho un posgrado recientemente; así nació la ONG EcoCiencia, que ya lleva trabajando por la conservación de la biodiversidad y el manejo sustentable de los recursos naturales por más de 30 años.

Mi interés en la comunicación, y más específicamente en la divulgación científica, me llevó a optar por una beca a la Gran Bretaña junto a mi esposa, Rossana Manosalvas, también bióloga. A pesar de que a la final los cursos en la Universidad de Gales en Cardiff no fueron precisamente sobre el tema escogido, obtuve una maestría en periodismo con una tesis de análisis de películas de Hollywood supuestamente ambientalistas (el cine siempre ha sido otro de mis temas preferidos, al igual que, muy tardíamente, la cocina. Por algún motivo desconocido, ninguna de esas temáticas ha llegado a este libro, como si lo hicieron la música, los viajes y las lenguas). Tras mi segundo regreso a Quito me dediqué a trabajar en varios proyectos con EcoCiencia, mayormente en temas relacionados con el páramo, pero esta vez no solo en términos ecológicos sino de manejo y planificación participativa. He tenido actividades académicas varias no solo en la PUCE sino también en la Universidad Central, la Universidad San Francisco y la Universidad Internacional del Ecuador. Un contacto más bien fortuito con la Universidad de Wageningen, vinculado con mi trabajo paralelo de traductor y editor independiente, llevó a una relación muy fructífera con esta institución holandesa que terminó con una graduación virtual (por la pandemia; nuevamente, como en el caso de la Antártida, me quedé con un pie en Europa pues ya tenía hasta el pasaje para la graduación presencial). Fue la culminación de mis estudios de doctorado en ecología política; la tesis analiza los conflictos socioambientales relacionados con el agua de riego en la zona agrícola y florícola de Cayambe y Tabacundo. De algún modo, bajé con el agua recogida en los páramos a ver qué pasaba con ella en las tierras bajas. A lo largo de todos estos años y capítulos siempre he estado activo escribiendo en varios medios artículos como los que constituyen la médula de esta publicación. Estoy casado y con Rossana tenemos un hijo, Mateo.